ALBERTO CORAZON
EDITOR

JUAN LARREA

CESAR VALLEJO
Y EL SURREALISMO

VISOR - MADRID 1976

LIBRO I DE LA COLECCION VISOR LITERARIO

© Juan Larrea

© De la presente edición
VISOR. Alberto Corazón, Editor.
Roble, 22. Madrid-20.

I. S. B. N.: 84-7053-158-1.
Depósito legal: M. 1.271-1976.

Impreso en España. *Printed in Spain.*

Talleres Gráficos Montaña.
Avda. Pedro Díez, 3. Madrid-19.

PREAMBULO INELUDIBLE

Antes de iniciar su lectura y aún de procurarse este libro, el posible lector debiera tener presente que, aunque su texto contenga no pocos motivos de estudio y reflexión, no se ajusta a las costumbres de los ensayos normales. En realidad no es un ensayo, es un *documento*.

Es un documento, y como tal, más que con el discurso de la filosofía tiene que ver con algunos sucesos vividos en el ámbito literario y, por lo mismo, con el andar de la Poesía —la cual no excluye, claro está, cierta reflexión filosófica.

De otro modo, no ha sido este texto concebido en las playas selenitas del mar de la serenidad, sino que es fruto de circunstancias que, como producidas en el cráter polémico del siglo XX, tuvieron la virtud de poner sobre el tapete algunos de los temas más apasionantes que la conciencia española puede plantearse en nuestros días.

A ello se ha de añadir que cierto linaje de lectores aficionados a medirse con los problemas de fondo, no debieran dejarse confundir por lo que podría parecerles hojarasca literaria, correspondiente a las cuestiones que dieron origen a este escrito. Ni otro género de lectores cuya atención prefiere no distanciarse de los temas contiguos a la inmediata superficie de la realidad, deberían dejarse intimidar por las honduras a que en ocasiones se entromete aquí el pensamiento. Y ni unos ni otros deberían llamarse a escándalo frente a perspectivas que podrían interpretarse como salidas por la tangente hacia, digamos, los cerros de Ubeda. Que si bien se mira, esto de los cerros de Ubeda es categoría auténticamente española que, por serlo, en día aún no muy lejano, se transfiguró de pronto, en los cerros de los Andes, desbordantes de epopeyas, y que, merced a otro pronto, podrían convertirse en la terraza que hoy enfrenta al pensamiento con un Cosmos incontrastable, no sólo en el orden de la naturaleza llamada inorgánica, sino en el de la Imaginación sin límites de un Universo indulgente para con el espejismo de las epopeyas.

7

De otro lado, y puesto que aquí se parte del significado de un poeta oriundo de esos cerros andinos, en cuyos labios agónicos quedó resonando la súplica, *¡España, aparta de mí este Cáliz!*, en principio no cabe sorprenderse de que sus obras den pie para que se examinen algunos de los temas cardinales de nuestros países y de nuestra época.

Difícil es negar con argumentos firmes que la mente española se encuentra hoy en vísperas de un gran tránsito. Su experiencia cruelísima y, en algún modo, trascendental de los años treinta —con lo que éstos trajeron y sustrajeron— fue de índole muy distinta a las que en el resto de Europa y aún de otros continentes han producido las inmensas transformaciones de todo género que vive hoy la humanidad. Nada más congruente, pues, en la euritmia de una lógica poética, que dicha tragedia tenga que llevar a desenlaces muy otros, aunque quizá no menos trascendentes, pero en sector distinto, a los de los demás países. En el presente siglo de descubrimientos e invenciones en cadena y de naturaleza tal que han trastocado las concepciones aceptadas acerca de la realidad viviente, así como las de la actualidad y sobre el futuro, en España no se ha descubierto ni inventado nada. En estas inquisiciones cuantitativas no nos acompaña nuestro modo de ser. («¡Que inventen ellos!»). La era atómica o de penetración a la sustancia material y sus aplicaciones prodigiosas ha sido puesta en marcha y fomentada por las conflagraciones bélicas, la decisiva iniciada precisamente en nuestro suelo, portentos que por cauces que no son los nuestros, han transformado y siguen transformando los fundamentos de una existencia material de la que no pasamos de ser beneficiados espectadores. Nada hemos inventado nosotros, con nada hemos contribuido hasta ahora al surgimiento de la nueva humanidad que tan vehementemente se nos entroniza; con nada fuera del desencadenamiento del demonio de los fraticidios en que hemos resultado ser especialistas sin parangón, y quizá de ciertas actitudes desmesuradas que reputamos morales. ¿No es ello innatural para una patria tan gloriosa e imaginativa como lo fue la nuestra, absurdo?

Desde los días de Alonso Quijano nuestro problema capital ha consistido y consiste en saber si hay o no hay Justicia creadora al menos en potencia. Si hay o no hay Ser en el Universo de que formamos parte. Si las virtudes cardinales, morales y teologales, presididas por la Verdad, son energías en curso dentro de ese mismo Universo o especies inventadas, acomodaticias y trampeables por los ganosos de poderes y privilegios.

Si el cielo se abre o no se abre cuando hasta él ascienden aldabonando en masa los pecados contra el Espíritu, y si entonces resuena o no la séptima trompeta al crispar la Revelación sus raíces en los arenales del tiempo.

No era mi propósito competir con los satélites siderales de las grandes potencias, cabalgando sobre el Clavileño, cuando en 1967 empecé a escribir las páginas de este libro al acicate de una intervención extranjera. Pero por sus derivaciones naturales, ellas mismas me condujeron a un punto en que las anteriores y otras preguntas no menos provocativas se hicieron dueñas de mi mesa de trabajo. He de concederles la palabra:

Nuestras vidas de individuos y de grupos humanos ¿no han de tener en el mundo que se entreabre algún sentido trascendente? ¿Se ha de reducir nuestro paso por la vida y no sólo el nuestro, sino el de la Humanidad entera, a hacerlo en términos animales de nacer, crecer, existir seudo engendrando, disputándonos sobre infinitesimalidades en expresiones que por lo pretenciosamente estulto pueden parecer de comadrejas, sobre todo, si se los compulsa con la infinita majestad y complejidad del Cosmos? ¿Todas nuestras excelencias consistirían en defendernos y defender nuestras ilusiones, como vestimentarias, contra la resaca del tiempo, a la espera de ser arrojados al hoyo envueltos o no en latines o en cualquier idioma muerto, para que otros prosigan nuestro ir y venir, esquivando el tráfico, hablando y requetehablando en lenguas de hojarasca otoñífera... y así sucesivamente, generaciones tras generaciones, ahora mecanizadas, en el circuito cerrado de los milenios? ¿Toda nuestra satisfacción, independientemente de las sensuales que en realidad nos domestican, se reducirá a saber que contribuimos con el sudor de nuestras frentes y angustias a la creación de un Leviatán Todopoderoso que a todos nos torne felices metiéndonos materialmente en cintura? Ante tan envilecida situación ¿no existirán ni subter ni superfugios?

En cuanto a nosotros, españoles, ¿no pertenecemos al género humano, y nuestra península al globo de la Tierra? ¿Y carecerán tanto uno como otro de sentido, o sea, de destino suficiente que nos erija en participantes libres, porque elucidados, en la Realidad creadora del Universo infinito en más altas y justificantes dimensiones que las hoy aceptas? ¿Cómo no rivalizan en estrellarse el cráneo contra estos paredones carceleros los filósofos y los teólogos? ¿Por qué los sociólogos no conciben explicaciones que satisfagan las ansiedades profundas que han roído al ser humano desde el paleolítico y han evolucionado en distintas formas y matices, pero consubstantivas todas, aunque en varios niveles, a lo largo y extenso de las eras y de las culturas? ¿No necesitan sentido de Vida Real nuestras existencias, de un sentido que para nosotros, españoles, no puede consistir en el inquisitorial que nos legó la Contrarreforma como tope o dique equivalente al *Non Plus Ultra* de las columnas mediterráneas? ¿No existirá otro sustituto de los otrora admirables mitos y ritos, que el que para batallar unos con otros en gran escala nos ha suministrado el marxismo, relegando el plazo de nuestra «felicidad» a un más allá de las calendas chinas, en que no nos falte que comer en forma que, insensibilizadas, se ordeñen y consuman nuestras vidas sin molestias? ¿Viviremos un ayer ininterrumpido e ininterrumpible, o nos desalentaremos en vano tras un mañana inalcanzable, sin que quepa redención erguida en el fiel de la balanza para nuestro *Hoy* que es lo único con que contamos los que en él vivimos? Contesten ustedes, Iñigo de Loyola y Carlos Marx, si lo consideran posible y oportuno.

Puesto que ni uno ni otro se apresuran a respondernos, y como las circunstancias lo propician, hemos de dedicar por nuestra parte unos cuantos párrafos a tales propósitos.

Para orientarnos mejor, ataremos el hilo de nuestro discurrir a un cabo significativo y no muy remoto de nuestra península. Es el de ésta un territorio en que durante siglos fueron concentrándose, siquiera como prendas simbólicas, las aspiraciones allendizantes de fenicios, griegos, hebreos, romanos, cartagineses, de los godos y musulmanes, es decir, de cuantos pobladores de la cuenca mediterránea, movidos por el ansia de un más allá, se acercaron en su demanda a las costas del Finisterre greco-latino. Su mezcla sucesiva y con los primitivos pobladores constituyó, así pues, un compendio de impulsos específicos hacia el más allá. Consigo trajeron esas gentes sus peculiares actitudes religiosas sobre las que, tras largas vicisitudes, acabó en nuestro suelo por prevalecer el cristianismo.

Doblados los siglos, henos en los umbrales del Renacimiento. Por todo el Occidente se venía fundiendo el invierno medieval y se henchían las yemas de una primavera empeñosamente apetecida. Proliferaban las inquietudes filosóficas, científicas y hasta religiosas al incentivo de una nueva razón que pugnaba por abrirse camino. A ello se añadían los descubrimientos prácticos y culturales que todos conocen, nuevos planteos y vislumbres de perspectivas más rosadas, inclusive en el orden económico.

En España, mientras tanto, se proseguía especialmente la

lucha contra los últimos residuos de la siete veces secular invasión agarena, y se tendía a remediar, por crecimiento, la fragmentación de los distintos estados regionales. Se procuraba la unidad, lograda al fin bajo el escudo de la dualidad unificada y unificante de los Reyes Católicos y de su águila apocalíptica, cosa ésta que no debiera olvidarse nunca. Pero un año sonó con estruendo maravilloso:

1492

Fueron expulsados los moros, representantes de una religiosidad bien avenida con el horizonte de las satisfacciones sensuales. Fueron expulsados los judíos, exponentes de un abolengo étnicamente privilegiado, no insensible a los favores del mundo adinerable. Y por el rumbo de las carabelas, descerrajado el *Non Plus Ultra,* se difundió en la conciencia de Europa la buena nueva o evangelio del nuevo continente con sus «cielo y tierra nuevos», y con él la redondez planetaria. Con precisión peregrina, ese mismo año se imprimía la primera gramática de nuestro idioma castellano ya listo para fraguar una literatura ciertamente admirable, cuyo género místico no conocería paralelo.

Razones no faltaban para que embriagada de universalidad, la euforia española fuera fácil presa de megalomanía en varia dirección, encaramándoseles por las venas a sus testas coronadas. Es obvio que sin Carlos y Felipe muy distinto hubiera sido el desarrollo psico-religioso de Occidente. Uno y otro fueron propiciantes y paladines de la Contrarreforma en cuya virtud el estado de Espíritu de la Roma mediterránea siguió irradiando las luces de su incontinencia abarcadora sobre el mundo.

Con la rotura de los diques tradicionales y sus columnas, se precipitó la avalancha que a la ensimismada alma española la extravertió febrilmente por el vertedero de las conquistas geográficas. En menos de un siglo España se convirtió en el centro del imperio más dilatado de que existía memoria y, en cierto modo, de cuantos podrían existir puesto que abrazaba la rotundidad del globo. Incontenible fue la explosión que a la ambición hispana la proyectó a soñar con el dominio de Europa entera, sobre el del resto del mundo, a la vez que en Europa se consumaba no incruentamente, el desgajamiento que en lo religioso se plasmó en la Reforma que, dentro del Cristianismo permitía establecer una transacción a nivel individual entre los intereses celestiales y los terráqueos. De esta suerte se liberaron

11

los instintos creadores en la esfera de las utilidades, así como en la del conocimiento científico natural que permitió formular el sistema de Copérnico. En cierto modo, puede sostenerse que en aquel trance de extraversión incontenible, a la vez que la Tierra, se abrió el Cielo. Mas, divorcio significativo. Mientras en Europa propagaban su actividad las ciencias naturales, en España conocía un desarrollo extremado el sentimiento místico, autor de una literatura o manifestación poética del verbo castellano, vigente, en contraste con el latín, en los salones de espera de un saber sobrenatural, supuestamente absoluto.

Mas no tardó mucho en producirse en España el despertar de su desorbitado sueño de poder, en el que tanta participación tuvo el abuso de los alcaloides infinitos de su introversión subjetiva que al orientarse hacia el mundo, fracasó en su intento de enfundarlo a éste en su nocturnidad contrarreformista. En unas cuantas décadas se hizo sensible la mudanza. La parcial y fugitiva extraversión de un día nupcial con el planeta entero, vino a refugiarse en la introversión aún más intensa de un alma en cinta, que en pasos sucesivos sumió a la conciencia peninsular en los laberintos de una noche oscura con todos los sinsabores de la decadencia. («Miré los muros de la patria mía»...) En el solar de nuestro idioma castellano nos habíamos quedado solos con nosotros mismos. Y esa declinación trajo consigo la disparidad aún más pronunciada con el resto de Europa, consumándose una bifurcación que dotó a lo español de una peculiaridad tan ostensible como por lo general entendida de través.

¿Qué había quedado del maravilloso sueño nupcial? En lo temporal había quedado el naufragio de una empresa formidable, y junto a él los derroteros desflecados de un mundo nuevo; las vislumbres de un más allá colmado de porvenires merced a un pasaporte para hablar con Dios en la lengua de Nebrija ya llamada de Cervantes; el andamiaje monumental para una gran decadencia, algo así como el bosquejo inconmensurable de Don Quijote; y un vivero de futuras naciones al otro lado del Océano.

Sabido es que Felipe II se identificó con el destino de la Contrarreforma. Se sentía reservado por la divina Providencia para el cumplimiento de una misión que creía ligada a las promesas de universalidad de que gozaba el *catolicismo* de la Iglesia romana y que habían sido gravemente ultrajadas por la herejía mortal de Lutero. Si Roma era por decreto divino la capital religiosa del mundo, al poner Felipe la grandeza del poderío español a su servicio, se atribuía la jefatura de los negocios temporales. De seguro no eran pocos quienes en aquel trance transformativo tan convulsionado, imaginaban conocer la clave interpretativa de la Teodicea o justicia de Dios. Y entre ellos el rey Felipe que era un soñador intoxicado por ciertos efluvios y supersticiones de la época, que en su ambición erigían una fábrica cuya severa cuadratura se aprecia arquitectónicamente en el monasterio del Escorial. Precisamente, detrás de los muros de esta pétrea caja de caudales religiosos se conserva un testimonio singular que, por la luz que arroja sobre el contenido psíquico de aquella circunstancia requiere aquí nuestra atención. Se trata del cuadro famoso *El Sueño de Felipe II*, pintado al óleo por el Greco hacia 1580, y en cuyo paisaje se distingue, *tal vez*, entre lejanías, el bulto del monasterio y hasta *quizás* el perfil del Guadarrama —aunque personalmente carezco aquí de medios para asegurarlo . Contemplaremos la pintura.

Se ve en ella al rey Felipe, de negro riguroso, arrodillado en un punto desde donde se percibe, de frente, en primer lugar, un grupo de varones en círculo, arrodillados también, y más allá una compacta y confusa muchedumbre sin límites. Unos y otros se muestran conmovidos por el espectáculo que sobre ellos se desarrolla en el espacio celeste. Que allí arriba, entre un torbellino de ángeles voladores, destácase el anagrama de Jesús, IHS, con una cruz sobre la H del medio, es decir, la insignia de la Compañía de Jesús, que atrae las miradas de todos. A la espalda del monarca abre sus fauces enormes, negras también, el siniestro Leviatán que, simbolizando a la muerte y al infierno, según tradición establecida, engulle a otra multitud, sin duda de réprobos, desnudos en el primer plano pero enseguida tornados esqueletos. El tema de este sueño pintado se refiere, evidentemente a la salvación (Jesús, «Salvador»), conforme al paradigma clásico del juicio más o menos final, que separa a los buenos de los malos y da a cada cual según sus obras. Y hasta no es improbable que el escenógrafo de tan extraordinario tema, tuviera en mente aquel verso del evangelista referente al Advenimiento del Señor en los días del Juicio: «Entonces aparecerá el signo del Hijo del hombre en el cielo» (Mat. XXIV, 30).

Llama en el cuadro la atención que, mientras la muchedumbre vuelve sus ojos y sus gestos al espectáculo celeste, la mirada y los ojos del rey Felipe se tienden, así como sus manos, en dirección horizontal. Parecen clavados en un personaje medio lampiño, de expresión más ardiente que las demás figuras, el

13

cual, con sus manos cruzadas sobre el pecho, en actitud de arrobada adoración, como suele pintar el Greco sólo a los ángeles y a la Virgen, contempla el signo celeste IHS. (¿Ignacio de Loyola?).

Sobre ese telón de fondo, procede recordar ciertos pormenores de la historia que para el espíritu poético podrían ser de valor considerable.

Refieren las crónicas que, cuando Felipe II acariciaba ya la idea de trasladar a Madrid la capital de España, entonces en Valladolid, su padre el Emperador estimó oportuno amonestarle de este modo:

—Si quieres, hijo, conservar tus dominios, no muevas la capital de donde está. Si quisieras acrecentarlos, haz lo posible por establecerla en Lisboa, cabe el Océano. Pero si prefieres perderlos, trasládala a Madrid.

Felipe fue sordo a estos sanos consejos. A los cinco años de subir al trono trasladó su corte a Madrid. ¿A qué razón, ya que no a la estrictamente racional, obedecería medida semejante? Es ésta una interrogación abierta desde entonces ante cualquier persona que caiga en cuenta del disparate que significa situar la capital de un imperio tan vasto y complejo en el lugar más incomunicado y de acceso difícil desde todos los puntos de la periferia peninsular, sin vías fluviales y cuando los medios de transporte sólo contaban con la velocidad de caballos y de mulas.

La clave explicativa del fenómeno radica en la introversión. Evidentemente, las razones de los molinos subjetivos de su sueño, eran en la mente del rey más fuertes y atendibles que las objetivas. Madrid era el centro exacto de la península, o sea, el correspondiente en lo territorial al sentimiento de los místicos para quienes la comunicación de la humanidad y la divinidad se verificaba en «el centro del alma» —«de mi alma en el más profundo centro», diría en su *Llama de amor viva* San Juan de la Cruz—. ¿En qué otro lugar más adecuado y por lo mismo eficiente en el orden trascendental, podría situarse la capital del lenguaje para hablar con Dios, sino allí donde se establece la conjunción de lo divino y de lo humano, y en cuyo «lecho florido» se consuma en definitiva, el matrimonio místico? ¿Y a qué se debe que la mística española gire en torno del «Cantar de los Cantares»? La figura es de tan perfecta adecuación que no parece consentir incertidumbre. Si a la vez el nombre mismo de Madrid, asociado a la Madre y a la matriz, contribuyó a la decisión de Felipe, refrendándola, es cosa que puede presumirse pero que quizá no llegue a demostrarse nunca.

Lo extraordinario de todos modos es que el sueño contrarreformista del rey Felipe fue factor eminente en la introversión del alma española que por entonces desgajó su destino secular del extravertido del Renacimiento europeo. Sin duda posible, ese sueño fue el correspondiente a la «noche del alma» española, retirada a su cavidad umbilical u *onfalós,* al tiempo que los Luises, las Teresas y los Juanes con sus copiosas comitivas, colaboraban mediante sus plumas, sus actividades misioneras y la divina dulzura de sus cánticos, a la propagación de un ideal afecto a la universalidad según a ésta se la entendía en el hemisferio espiritual de la noche que, si no excluía, al menos amortiguaba gravemente la complementaria realidad de los valores inmediatos. A pesar de que a la sazón se proseguía la conquista de la América meridional, las zonas de lo temporal y de lo eterno quedaron así deslindadas en la psicología europea y en sus proyecciones geográficas.

Esta puntualización es imprescindible para comprender, en el panorama del universo terráqueo, el sentido y alcance del destino español, identificado con el retraimiento centrípeto de la Contrarreforma. Ello se discierne mejor en cuanto se advierte que al fraguarse el sueño de Felipe II entraban también en el juego psíquico, sin saberlo, los naipes de otras barajas. Tanto en dicho sueño como en el horizonte de la conciencia mística ejercía su validez, «toda ciencia trascendiendo», una extraña *geometría* o «medición de la tierra». Que si «Dios geometriza en el Universo», según añejas intuiciones que modernamente se ha complacido en refrendar el pensamiento científico, dista de ser inarmónico que, cuando asciende a sus cumbres esenciales, la imaginación humana geometrice a su vez. Sobre todo que en el mito basal sobre el que descansa todo lo humano en el judeo-cristianismo, el nombre de *Adán* o representante de la unidad de nuestra especie, significa *Tierra,* y de que el jardín paradisíaco de su reino era un esquema geométrico a su vez. Como lo es asimismo lo ciudad nupcial del Apocalipsis en que termina el Nuevo Testamento.

No hay duda, por consiguiente, que si los místicos geometrizaban psíquicamente al referirse al «centro del alma», ésta, el alma española geometrizaba por su cuenta al situar su capital en el centro exacto de la península por arbitrio de su monarca, quien a su vez geometrizaba personalmente al ambicionar convertirse en el centro geométrico del mundo —geometrizaba símbólicamente, claro está. Pero éste era, a no dudarlo, el modo como se tornaba comprensible para el intelecto humano un realidad harto más profunda, puesto que el lenguaje sólo puede existir sobre la base de algún género de símbolos, es decir, expresando una cosa por medio de otra: un contenido o realidad mental —espiritual—, merced a alguna especie de fenómenos representativos, físicos, como en los sueños.

Más aún: ocurre que utilizando la geometría o configuración real de nuestro planeta, la Imaginación, mas ya no una mediatizada imaginación humana personal, como naturalmente era la del rey Felipe, ni, pese a su continuado comercio con la divinidad, la de los místicos españoles, estaba, sin que ni éstos ni aquél se percatasen, construyendo mediante ellos, un o una *mandala,* esa configuración de lo cuadrado y de lo redondo, con un centro unitario, que las culturas orientales han introdudo en la conciencia cultural de Occidente el último medio siglo. Que la península ibérica, situada en la arista fronteriza que separa a la vez que une los mundos mediterráneo y universal con sus historias, es fundamentalmente un cuadrilátero, con sus cuatro costados vueltos hacia el norte, sur, este y oeste. Sucede así que, contemplada en el centro de la redondez de la Tierra que la circunda, por ella descubierta, con su capital en el centro, según se ve, por ejemplo, en la fotografía del globo terráqueo publicada en *Rendición del Espíritu* (vol. I, p. 28), se propone a nuestra consideración como una mandala universal o cósmica. Lo cual ubica a la realidad española en un horizonte extra-humano, absolutamente inconcebible, tan fuera de tiempo y de espacio como de razón, dejando entender que el planeta mismo es una mandala aunque ya no en la medida bidimensional de lo plano, sino en la de lo esférico, cuyo centro finca significativamente en Madrid.

Ahora bien, si las mandalas hindúes son claves plásticas que incluyen el itinerario psíquico adecuado para la progresión entre los accidentes y obstáculos del «camino al centro» de que hoy se ocupa cierta rama de la antropología cultural, al modo de los viejos laberintos, ¿qué pensar de esta mandala cósmica que humilla y menoscaba las más atrevidas especulaciones del sentimiento místico, anclado en la subjetividad individual de todas las latitudes, y que concierta, a insabiendas de unos y de otros, con las experiencias psíquicas impersonales lo mismo del Occidente que del Oriente? (Recuérdese que la planta del Templo del Cielo de Pekín, la Piedra del Sol azteca y cierta Casa del Sol, del Cuzco, son asimismo figuras mandálicas muy notables). ¿Cuál pudiera ser el significado que contiene y traduce, en primer lugar para la conciencia española, pero también para la del mundo, configuración tan «sobrenatural» en apariencia, en la que se coyuntan unificativamente los símbolos místicos con la realidad geométrica del Universo? ¿Qué misión en acuerdo con su cosmicidad y carácter, a fin de cuentas intrínseco, podría corresponderles a la lengua y mentalidad españolas dentro de la redondez del mundo hoy sometido a la extraversión de las cosas del hemisferio materialista, el cual, soñando que no sueña, se obstina en insacular la vida planetaria y para siempre en su sectarismo hemipléjico pretendidamente absoluto?

Antes de intentar una respuesta nos tomaremos un momento del respiro. Durante él admiremos cuán lógico era que tras su vuelo nupcial de sus tiempos de oro, el destino español se deslizara por los taludes que en lo racional conducen a la decadencia. Cuán lógico que, no obstante los esfuerzos de algunas mentes ilustradas, todo se confabulase para que el apartamiento español de los destinos europeos ensanchase más y más su brecha, al grado de permanecer al margen de las dos grandes guerras intercontinentales de nuestro siglo. Que quizá no fuera el Africa sino el Nuevo Mundo lo que empieza en los Pirineos aunque no para una generación ni para dos.

Y si, idénticamente a España, los países jóvenes que se expresan en su idioma se muestran poco inclinados a competir con las naciones extravertidas que fueron ganando colonias mientras España perdía las suyas, y enriqueciéndose por la dedicación de sus aptitudes a los negocios materiales y exclusivamente sociales, a alguna razón compleja tendrá ello, en la esfera de lo genérico, que obedecer. También estas naciones, no obstante su plétora de energías juveniles parecen ir desganadamente a remolque de los países desarrollados en dichos menesteres prácticos, como si sobre la Madre y las Hijas gravitase el sueño de Felipe II, o sea, la fatalidad de la Contrarreforma. Tampoco estas patrias hispanoamericanas han descubierto ni inventado nada en el campo ya tan labrado de las cosas naturales, como si sobre sus pueblos y devenires pesase una suerte de maldición o pecado original que amengua cuando no anula las aptitudes y capacidades de sus proles. Parecería, en fin, que nuestra personalidad conjunta, la de ambas orillas del Océano, la de nuestro Verbo o lenguaje, vibra en

17

una onda distinta a las demás y como reservada —¿complementariamente?— para otros cometidos.

Transcurrió el siglo XVIII con sus fatuidades y acedías. Sobrevino el XIX, que trajo consigo el desprendimiento de las Repúblicas, inmaturas aún, de su maternidad madrileña, lo que a España la sumió todavía más a fondo en las tinieblas de su noche agobiadora, plagada de tristes vicisitudes. Precisamente en esa noche se soñaron los aguafuertes de Goya, siendo entonces cuando, vuelta sobre sí, se iniciaron en la península las guerras internas, fratricidas. Pero he aquí que cuando, pese a los románticos, no quedaba en España una voz comparable a la de Quevedo para clamar ante los muros ya desmoronados de la patria, empezó a escucharse entre tanta maleza una voz dulce y clara, como de arroyuelo en estado naciente, pero en la que resonaban con la suavidad de un eco muy lejano, las perspectivas del Sueño de Felipe II. Ello fue que, en su ingenuidad, se atrevió esa vocecilla a proferir:

> *Yo sé un himno gigante y extraño que anuncia*
> *en la noche del alma una aurora...*

Noche del alma... ¿la individual del poeta? ¿Sería acaso el yo personal de Bécquer ese gran YO inicial de las *Rimas?* ¿La de España, puesto que el himno gigante y extraño no corresponde a las medidas de un modestísimo vate augurador? Ni tampoco la *Aurora* de ese Himno gigantesco puede ser la soñada para sí por un humilde poeta de cortos vuelos, enfermo y desvalido. ¿No será la voz del verbo, la imaginaria voz de la lengua y del alma española que, en efecto, tras ser engrosada por la de los poetas que a su conjuro melódico empezó, desde entonces, a aducir síntomas en la península y en los países de allende, de disponerse a despertar? ¿No recordaremos especialmente al egregio cantor de «los países de la Aurora» y de las «ínclitas razas ubérrimas», emplazadas a cantar «nuevos himnos», a partir de su pequeña y escondida Nicaragua natal?

Como obedeciendo a una contraseña, empezaron a manifestarse y congregarse entonces las inquietudes que algo después, perdida la postrer colonia, se erguirían en un revuelo que, aunque ha dado más que hablar que revelar y que actuar, pudo interpretarse como un pre-renacimiento cargado de presagios favorables para nuestro siglo. Una vez más no fueron las ciencias ni la filosofía las aportaciones originales del alma española.

18

Su expresión auténtica fue la de la creación verbal. Por doquier manaron las aguas del arroyuelo becqueriano, mostrando ser ésta la actividad peculiar del alma española encarnada en su lenguaje, que se desperezaba, con acento popular, tras la postración de su sueño de siglos.

Nada extraña que fuera entonces, ya avanzado el nuestro y saldada la primera guerra mundial, de la que la nazarena España permaneció desentendida, cuando irrumpe en el escenario con todos sus acompañamientos, la realidad incorruptible. Entonces es cuando la mandala del alma española insinúa su posible significación. A resultas de unas elecciones municipales, pueblerinas, el descendiente borbónico de Felipe II se desciñe la corona y se aleja del suelo nacional, mientras las multitudes baten alas y palmas de entusiasmo al surgir la áurea hora de España. Ha alboreado para ésta un nuevo día, caído como del cielo, que reciben con enajenado clamor en torno a Madrid los gentíos de aquende y allende.

Pero, ¡ay!, los carmines literarios de la aurora tenían en realidad que provenir de las fuentes vivas de la sangre. Y a esas indecisas luces, semitenebrosas, fue cuando se vio desencadenar por tercera vez el demonio fratricida que convertiría a Madrid en el centro volcánico de la mandala universal imaginada, sin imaginárselo, por Felipe II. Allí, ante los desmoronados muros de las lamentaciones de Quevedo, era donde la contrarreforma del sueño de ese rey, y en complicidad con ella los destinos de la Reforma, iban a reñir su batalla en el alma popular de la República. De poco sirvió que millones de ojos esparcidos en el orbe de la Tierra permanecieran clavados aunque en vilo, como por imantación, al modo de las fuentes del Océano, en el centro del alma española, acaudalada en soledades; en el corazón transverberado de Madrid. El Leviatán del *Sueño de Felipe II* tenía que engullir una monstruosa infinidad de cuerpos españoles antes de retirarse a digerirlos. (Considérese otra vez el cuadro del Greco). De nuevo la sombra contrarreformista del rey fanático, constituida en la actualidad por la iglesia mal llamada española en connivencia con la romana lupa eterna y sus órdenes religiosas, presididas por la jesuítica, tenían que esforzarse en apagar a fuerza de capuchas el incendio auroral con ánimo de re-insacular a España y con ella al mundo, en su noche de siglos y vestigios. Ese sistema placentario de creencias en mitos sobreseídos, de ideas solteronas, de sentimientos, costumbres e intereses arraigados en la literalidad de los símbolos trascendentales, valiosísimos en su

19

día pero hoy trasmudados en mascarones de popa, pugnaban por robustecer y prolongar indefinidamente a guisa de alborada, la validez de su calcáreo huevo duro. Dieron testimonio, como Caín lo dio junto al cadáver de su hermano. Europa, con la brutalidad de italianos, germanos y otros fulleros, ganó en España su guerra territorial, siendo así que parecía no deber ganarla. En cambio, perdió su pugna defensiva quien parecía no poder perderla.

Pero, ¿la perdió de verdad?... ¿O su ganancia era otra? El contenido significante del centro del alma española y de su mandala, ¿era acaso, podía ser acaso del orden físico y material con exclusión del metafísico y espiritual, como el político de uno de esos países europeos, decapitados incontinenti, de cuyo destino el español tan radicalmente difería? El futuro de su sueño nupcial, de aquel su sueño concebido en el punto donde «rota la tela de este dulce encuentro», lo divino y lo humano se entreveran y copulan, y con ellos «cielo» y «tierra» en el actual alumbramiento cósmico, ¿podría reducirse acaso a una victoria político-militar sin más? ¿Podría ello justificar el compendio de allendidades en que cifraba su destino lo español, nuevamente en discordancia con el del plenario de la Sociedad de las Naciones que, aunque ésta condenaría al agresor, se mostró incapaz de impedir la ultimación del agredido? ¿Y en qué cabeza cabría, por otra parte, que el fruto del vientre de la Madre España se redujera a ser el parto —tan lleno de entorchados como el tigre— de los cerros de Ubeda?

Además, ni en el sueño cesáreo de Felipe II, ni en la guerra llamada civil, pero de innegable sustancia internacional y Religiosa, con mayúscula, Madrid representaba exclusivamente el centro del alma peninsular. Por el sentido ecuménico de su naturaleza contrarreformista a la vez que por el área que cubría el imperio de los Austrias, por la emoción universal que despertó la reciente tragedia española y por la sangre que vinieron a mezclar con la suya derramada las gentes de muy diversos confines, bien puede sostenerse que la capital de España se definió en nuestra época como el centro de la mandala del mundo. En otros términos, fue en nuestro siglo una expresión, en el plano moral, del esquema ideado por la ambición de quien fundó en aquel lugar la cabeza de su reino. Siendo esto así, ¿no tenía ahora que erigirse allí, significativamente, la balanza de la Justicia, de manera que lo que se perdía en el paño de los hechos políticos, se ganara en la bóveda espiritual, extravertida no a la simple corteza de lo terrestre, sino a la inconmensurable profundidad del Universo? ¿No tenía esa lucha verificada en el preciso y profundo centro del «alma» que perderse, si había de ganarse, a la manera como allá en Jerusalem, Alguien perdió la suya personal en la balanza de la Cruz, porque su reino no era de aquel nivel y mundo, para ganar más allá de su muerte redentora, con su «ascensión» de lo físico a lo metafísico, la de todos al Uno, al absoluto de la Universalidad donde lo divino y lo humano, el Creador y la Creatura se condonan por Amor sus sendos pecados originales? ¿A qué otro lenguaje podrían pertenecer todos esos símbolos indeliberados sino al definitivo de un Verbo que sobrepasa infinitamente los niveles que nuestra cultura reconoce a lo natural?

Si esto por el reverso, por el anverso —o viceversa— más que obvio se nos antoja que la universalidad sugerida por el fuero inconsciente en el sueño del adalid de la Contrarreforma al fincar su capital en Madrid, no podía ser en realidad la del triunfo de su descomedido imperio sobre la Reforma, sino la auténticamente universal de un mundo nuevo, superador de uno y otro bandos político-religiosos, y de la que la universalidad cesárea ambicionada por el catolicismo de Felipe era sólo símbolo contrahecho. Lo que bajo los pinceles del Greco solicitan sus personajes es el Advenimiento del Ser Salvador del género humano, por quien se clama en el último versículo del Apocalipsis y del Nuevo Testamento («Ven, Señor Jesús»). Es decir, reclaman la intervención de aquel principio que puede otorgar conciencia creadora a una auténtica cultura a la vez universal y de mundo nuevo: la realidad adviniente del Ser infinito y su presencia auroral en virtud de sus símbolos *verbales,* con independencia de su literalidad mortífera, que lo tornen inteligible y convivible, con los nuevos sentidos y dimensiones, materiales y espirituales, de su Reino, donde introversión y extraversión conversifican su dualidad y la diluyen. ¿Quién, pues, sino el causante de la mandala geográfica que hemos visto reproducida, no querida ni imaginada por Nadie, sino por la constitución misma de la Realidad intrínseca del Universo, insumisa a nuestro tiempo y a nuestro espacio psicofísicos?

Se anuncia un reino nuevo

profetizaba a plena voz Rubén Darío, en su *Salutación,* a «los países de la Aurora», al tiempo que imploraba: «Ven, Señor, a hacer la gloria de ti mismo».

¡Toda la sangre de España por una gota de luz!
¡Toda la sangre de España por el destino del Hombre!

clamaba con su vozarrón leonino el poeta, también Felipe, trascendido en aquella circunstancia por la impulsión del espíritu genérico. Era la misma que vociferaba:

ESPAÑA CRISTO

cuando Vallejo yacía ya en el lecho de su agonía y en vísperas de que las multitudes representativas del alma española, acaudilladas por sus poetas, derramaran su destierro por el orbe terráqueo, como para reconocer la redondez espacial no sólo del lenguaje español, sino el del Verbo en el mundo.

No cabe olvidar que nuestro profético, don Miguel, había abierto la marcha mediante su propio destierro, clamando:

Cristo agonizó y murió en la cruz con efusión de sangre, y de sangre redentora, y mi España agoniza y va acaso a morir en la cruz de la espada y con efusión de sangre... ¿Redentora también?

Si el lector se da cuenta de que César Vallejo, el poeta indo-hispano venido al mundo en el *ultreja, esuseja* o en el *más allá, más arriba*, de los cerros de los Andes, al amparo de Santiago Apóstol del mito compostelano, o sea, nacido bajo el mismo patrocinio de nuestra representativa figura nacional, fue un testigo que significativamente vino a morir, investido con inequívocos atributos del Arquetipo cristiano, en esta configuración estupenda, «sobrenatural» ciertamente,

y se apercibe de que en su HIMNO a los Voluntarios de la República se unían en cierto modo «cielo» y «tierra», así como lo material y lo espiritual en la utopía de un reino nuevo,

es decir, predicando la unión del verdadero Sueño colectivo y de la realidad de una auténtica Realidad Universal —y no como la que ha pretendido imponer al mundo el surrealismo individualista y psicosomático de baja estofa—,

verá abrirse en él los ojos de una Imaginación que no es su individual imaginación retenida en el estanquillo de las cuestiones inmediatas.

Comprenderá que el pobre y azaroso paso por el mundo del poeta para morir clamando un día de Viernes Santo, *Espa-*

ña, aparta de mí este cáliz! y otros propósitos extraordinarios, es un *signo,*

es un *signo* como el aparecido en el cielo del *Sueño de Felipe II;*

es un *signo* del Advenimiento del SER, con el que terminan las Escrituras cristianas del Nuevo Testamento.

Y sabrá el lector que él mismo, en cuanto conciencia específica, empieza a pertenecer al más allá de su autoconciencia personal estrictísima y fugacísima.

Pues bien, lector que has llegado hasta aquí en la consideración de estas páginas liminares, tira este libro si te atreves. Quema inquisitorialmente, si te atreves y te es posible, sus contenidos, en la creencia de que así destruyes el porvenir cósmicamente indescriptible del destino hispánico y del globo que tan necesitado se encuentra de un sentido de Mundo Nuevo que subsane su lamentabilísima carencia de sentido.

Si no, léelo. Entre sus páginas, que circunstancialmente pueden darte la impresión de que caminas sobre zarzales y de que a veces masticas paja, te saldrán al paso perspectivas que aunque repugnen a las convicciones que ha imbuido en ti el medio en que has nacido y vivido, y que juzgas tuyas, verás, si las contemplas con serenidad, no pocas cuestiones que te parecerán dignas de ser recapacitadas y atendidas. Te lo asegura quien antes que tú ha recorrido, sin proponérselo deliberadamente, estos parajes escarpados que por los más impensables caminos le han transportado, por el Sueño de España, a despertar en el Centro universal del Nuevo Mundo.

Córdoba (Argentina), 15 de agosto de 1975

23

Antecedentes sobre la «Respuesta Diferida»

En la Facultad de Filosofía y Humanidades de la Universidad Nacional de Córdoba (Argentina), funciona desde hace unos años una pequeña institución denominada *Centro de Documentación e Investigación César Vallejo,* dedicada al estudio de cuanto se relaciona con la vida y la obra del poeta peruano. Fue creada en agosto de 1965 en reemplazo de otra entidad, el *Instituto del Nuevo Mundo* que incluía al mencionado *Centro,* ambas creadas y dirigidas por el autor de estos escritos.

El primer acto público del *Instituto del Nuevo Mundo* fue la organización de un Simposium acerca de «César Vallejo: su Vida, su Obra, su Significado», en agosto de 1959. En sus sesiones intervinieron profesores y alumnos de las Universidades argentinas y de algunas extranjeras, y sus Actas con las ponencias y debates consiguientes se recogieron en el segundo volumen de la revista «Aula Vallejo», fundada entonces y hoy madre de trece números en cinco gruesos volúmenes.

Transcurrieron algunos años antes de que las actividades del ya para entonces titulado *Centro de Documentación,* etc., pudiera dar nuevas e importantes señales de existencia hacia el exterior en forma colectiva. Que interiormente proseguía, aunque casi sin medios, sus tareas silenciosas, reuniendo y utilizando cuantas noticias le resultaban asequibles acerca de Vallejo, recogiendo toda clase documentación, engrosando sus ficheros y archivos, redactando verso a verso un diccionario del vocabulario poético del poeta, prosiguiendo la publicación de su revista y otras labores auxiliares.

Por fin, en julio de 1967, logró el *Centro* organizar un segundo ciclo de «Conferencias Internacionales» acerca del *Humanismo de César Vallejo.* Se celebraron en la misma Facultad e intervinieron en ellas los siguientes poetas, profesores y críticos:

Ramiro de Casasbellas, de Buenos Aires.
André Coyné, del Servicio Cultural de la República Francesa.
Washington Delgado, de la Univ. de San Marcos de Lima, Perú.
Clayton Eshleman, de la Univ. de New York, Nueva York.
Juan Carlos Ghiano, de la Univ. de La Plata, Argentina.
Uruguay González Poggi, de la Univ. de Montevideo, Uruguay.
James Higgins, de la Univ. de Liverpool, Inglaterra.
Juan Larrea, de la Univ. Nacional de Córdoba, Argentina.
Alejandro Lora Risco, de la Univ. Nacional de Santiago de Chile.
Jorge Puccinelli, de la Univ. Nacional de San Marcos de Lima, Perú.

El texto completo de las Actas de estas reuniones, con las ponencias de los nombrados y de los debates consecutivos, se recogieron en el vol. 8-9-10 de «Aula Vallejo».

A consecuencia de la extraña riqueza y hondura de la obra lírica de Vallejo, así como por el hermetismo misterioso en que se envuelven muchas de sus composiciones; por lo dramático de su existencia, asociada a los temas políticos más candentes de nuestro siglo; por las circunstancias que rodearon su fallecimiento y también a causa de las pasiones que enciende entre sus lectores, el caso es que la figura del autor de *España, aparta de mí este Cáliz!* ha venido tornándose desde hace algunos años en un motivo polémico que hasta ahora no ha dado síntomas de apagarse. Invita el poeta a ser considerado desde tantos ángulos diferentes, los poemas suyos ofrecen con frecuencia tantas líneas interpretativas, que no es maravilla la falta de unanimidad en su apreciación, aunque sí reine en cuanto a su importancia inusitada. Pero ese clima apasionado no se restringe a sus admiradores ocasionales y al periodismo. Incluye también a las personas que le fueron allegadas en vida y a otras muy próximas, y a estudiosos que se les sumaron tras su desaparición. A ello se debe que la revista «Aula Vallejo», empeñada en el estudio riguroso del fenómeno vallejiano y por lo mismo enemiga nata de las deformaciones caprichosas o sectarias que desfiguren arbitrariamente la realidad factual y el valor genuino de la experiencia del poeta, se haya convertido desde su primer número, que dio ya lugar a una polémica periodística, en un auténtico órgano de discusión en diversas direcciones. El segundo de sus volúmenes, donde se recogieron las Actas del primer Simposium, contenía los gérmenes de algunas disposiciones polémicas que con el tiempo fueron ensanchando sus discrepancias. Dio todo ello como resultado que el volumen siguiente (5-6-7), se consagrara en buena parte a desvirtuar algunas afirmaciones lo mismo literarias que de otro género, que uno de los participantes al Simposium de 1957 pretendió imponer al fenómeno.

Más interesante en este momento es saber que el cuarto grueso volumen de la revista (número 8-9-10), publicó juntamente con las Actas y debates de las «Conferencias Internacionales» de 1967, un extenso apéndice titulado «Respuesta Diferida sobre *César Vallejo y el Surrealismo*». Por haber sido imposible realizarlo en la sesión oportuna, intentaba evitar que prosperasen algunas afirmaciones no sólo discutibles del Dr. Coyné, sino dedicadas más que a estudiar la calidad y proyecciones del humanismo vallejiano, a hacer la apología del surrealismo francés y de su personaje capital, André Breton, sugiriendo la prioridad y superior importancia del movimiento galo sobre la actitud humanista de Vallejo. También se proponía dicha «Respuesta» corregir notorias y a veces considerables faltas de información, y reexaminar la validez de algunas perspectivas nuestras sobre el significado de nuestro mundo español e hispanoamericano puestas en entredicho.

Este documento es el que se reproduce aquí. En él se cuestionan no pocas de las afirmaciones tendenciosas del Dr. Coyné, no habiéndose podido ello realizar en las «Conferencias» por absoluta falta de tiempo. Como la publicación de las Actas y de la «Respuesta Diferida» iba a demorarse demasiado a causa de las limitaciones de la imprenta universitaria, se dio a conocer previamente un ensayo más corto en la «Revista de la Universidad Nacional de Córdoba» bajo el título «César Vallejo frente a André Breton» (julio-octubre 1969, pp. 797-858).

El lector del presente volumen no podrá disponer ni de este último ensayo ni de las Actas de las «Conferencias» donde figura la intervención de André Coyné a que responden las páginas que siguen. De interesarle el asunto tendría que procurarse el núm. 8-9-10 de «Aula Vallejo» o, en su defecto, la ponencia que con algunas modificaciones nos envió su autor algo después y que posteriormente se publicó en la «Revista Iberoamericana» de la Universidad de Pittsburg (núm. 71, abril-mayo 1970), segunda versión a que se alude en el texto de este libro.

La colección VISOR ha estimado que pese a estas insuficiencias, el interés de la «Respuesta Diferida» era suficiente para editar su texto por separado, siendo esta la razón por la que ve la luz.

Introducción

La tercera sesión de las *Conferencias Vallejianas* incluyó las exposiciones de Ramiro Casasbellas, de Clayton Eshleman y de André Coyné. Había el último anunciado que su disertación sobre «César Vallejo y el Surrealismo» sería muy larga. Lo fue, en efecto.

Lo que no había anticipado Coyné es que su intervención iba a ser, además, decididamente polémica; y polémica no sólo en muy dudoso valimiento de Vallejo, sino enfocada en particular contra una de las personas allí reunidas. Por lo mismo, las proposiciones de Coyné, así como algunos de los conceptos literarios que sostuvo, reclamaban a continuación un debate no menos extenso en el que los concurrentes expresaran sus reacciones ante los pronunciamientos tan imprevisibles y, en no pocas perspectivas, objetables del expositor, y en primer lugar quien esto escribe, blanco contra el que se aguzaron las críticas más intencionadas del disertante francés.

No pudo efectuarse tal debate. Cuando Coyné terminó su discurso se había ya consumido con largas creces el tiempo disponible. Como para entonces se los estaba esperando a participantes y organizadores en un domicilio amigo donde iban a reunirse con las autoridades universitarias y sus familias, apenas pudieron articularse unas pocas frases atropelladas y en general obstruidas por el conferenciante antes de levantar la sesión.

Tampoco al día siguiente fue posible discutir los términos de la polémica suscitada, por hallarse esta sesión final dispuesta para el homenaje a Rubén Darío en conexión con Vallejo. Se sabía, además, que las intervenciones de Juan Carlos Ghiano y de quien esto escribe, nada cortas a su vez, iban a colmar el horario.

Las opiniones de André Coyné quedaron, por consiguiente, dueñas absolutas de la cátedra. Lo que dista de significar que, al menos en varios de sus planteos y dictámenes, sin excluir los relativos al Surrealismo, no sólo merecieran, sino que reclamaran aclaración e inclusive intentos de corrección.

Ha de estimarse beneficioso que sucediera como sucedió. Nunca las contestaciones improvisadas precipitadamente en el estado de confusión a que dio lugar lo inopinado del enjuiciamiento de Coyné, hubieran podido oponerle las razones oportunas. Esta es cosa que ya en parte se ha efectuado con posterioridad a las Conferencias en el trabajo *César Vallejo frente a André Breton* que ha de aparecer en la Revista de la Universidad Nacional de Córdoba, al que remitimos a quien se interese por el tema (*). Mas como sólo lo ha sido en parte, parece que aquellos aspectos o cabos pendientes de la polémica suscitada no considerados aún, piden que aquí y ahora se les expongan los datos y consideraciones que hubieran debido aducírsele en su día. Como el propósito de las Conferencias era aclarar el cuadro de los valores antropológicos en que había evolucionado la personalidad significativa de César Vallejo, sigue siendo de interés general debatir, en las mismas condiciones de reflexión de que gozó el expositor, aquellos aspectos de su tesis que lo reclaman, a fin de hacer cada vez más trasparente y expreso el sentido del mensaje humanísimo de que fue portador existencial el poeta de Santiago de Chuco.

Esto en lo que se refiere a la trascendencia del fenómeno bio-poético de Vallejo y a la índole de su humanismo, según podrá advertirse en el mencionado trabajo *Vallejo frente a Breton*. Por lo que me atañe en cuanto persona, estimo también pertinente precisar y esclarecer, en la medida de lo posible, el grado de solidez de algunas de las ideas que profeso, tan entrañadas en cierta forma al significado de la experiencia vallejiana, única razón por la que, aunque por caminos arbitrarios, pudieron ser traídas a pública opugnación en las Conferencias. A mi entender, también en este orden de valores se encuentra más en juego el interés cultural que el llamado «mío». De aquí que me disponga a emprender en uno y otro campo la tarea aclaratoria que me imponen las circunstancias.

(*) P. S. Véase año X, núms. 3-4, julio-octubre 1969, pp. 797-858. Las cifras entre paréntesis son las de las páginas de *Poesías completas*, Losada, 1949.

I

Consideraciones iniciales

Quedaron ya reseñadas en *Vallejo frente a Breton* mis cavilaciones durante los días previos a las Conferencias, y la sorpresa en que me tomaron los enfoques y eslabonamientos de Coyné. Era de todo punto imprevisible que al ocuparse del «humanismo de César Vallejo» se hiciera comparecer al Surrealismo con el que Vallejo nunca había mantenido contactos, y que, ya en esta orientación, se estimase digno de extenso tratamiento todo un aparato artificioso constituido:

1, por una frase banal de una recensión periodística francesa debida a una persona cuyo nombre no merece, según Coyné, recordarse por su insignificancia, frase recogida al pasar por la viuda del poeta sin otra intención que la muy comprensible de dar lustre a la imagen de su marido;

2, un artículo, también periodístico, de Vallejo, *Autopsia del Superrealismo,* del año 30, denunciando el gravísimo estado de desintegración en que se encontraba en aquel momento el grupo surrealista, dividido en facciones furiosamente antagónicas, y en cuyo texto un militante marxista (Vallejo) atacaba a otro militante marxista (Breton) por mantener este último una actitud que años más tarde sería desautorizada por todos —menos uno— los compañeros distinguidos de su facción, cuya gran mayoría acabó por situarse del lado de Vallejo.

3, un ensayo poético-cultural, *El Surrealismo entre Viejo y Nuevo Mundo,* publicado en México por quien esto escribe veintitantos años atrás, sin actualidad alguna —Coyné ignoraba que por esos días se estaba reimprimiendo en la capital azteca—, donde apenas se menciona muy de pasada el nombre de Vallejo una vez en el texto y otra vez en nota, y tan fuera estas menciones de la estructura del ensayo que hubieran podido suprimirse sin que el escrito perdiera un adarme de su significado ni de su poética validez.

4, las ideas que mantengo acerca del porvenir cultural hispanoamericano, que a Coyné le parecen, a lo que se deduce, dignas de erradicación.

Evidentemente, se trataba de una fábrica racional tan caprichosa y ficticia como un castillo de naipes, máxime teniendo en cuenta que de cuando en cuando emitía Coyné, en lo que a mi ensayo poético se refiere, aserciones muy precisamente inexactas sobre su realidad. En otras palabras: por su enfoque, por lo excesivo de sus proporciones y desproporciones, por su sentido en mengua del humanismo vallejiano, el asunto manifestábase extraño y complejo, aunque no indigno, eso sí, de cierto retorcido ingenio surrealista.

Venía a complicar la cuestión, el hecho de que las más expresas críticas del conferenciante estuvieran dirigidas contra el organizador de las Conferencias, desconociendo los miramientos convencionales que suelen regir en esta clase de actos académicos, y que lo hiciese con motivo de un librito ya olvidado que no tenía que ver en modo alguno con el autor de TRILCE. Nada le impedía haber hecho la crítica de mis ideas en cualquiera otra ocasión sin inmiscuirles a Vallejo ni al Surrealismo, puesto que habían sido expuestas en textos mucho más importantes. Para mayor aturdimiento, contra dicho organizador y contra sus convicciones acerca del futuro cultural americano estaban asestadas las páginas finales de la disertación, aquellas que habitualmente se dedican a enunciar las conclusiones en que se resume el espíritu del trabajo, de manera que desde un riguroso punto de vista, Vallejo parecía haber servido de pretexto e inclusive de instrumento con miras a no otra finalidad. Resultaba asimismo, por contera, que deliberadamente o no, se trataba de desautorizar, en dudoso beneficio del peruano, a la persona que a éste más atrevidamente lo enaltecía.

Quien desee despejar sus dudas, si las tuviere, acerca del desequilibrio interno del texto de Coyné, puede tomarse por sí mismo el trabajo de descomponerlo analíticamente, a fin de precisar las proporciones y signos que asumen los distintos ingredientes que lo constituyen. Imagino que, aunque la materia sea en ocasiones un tanto ambigua, llegará a resultados similares a los obtenidos por mis cálculos. Estos arrojan las cifras siguientes. El Surrealismo y su historia, con especial énfasis en la exaltación apasionada de Breton, de quien sólo se ignoran sus insuficiencias y desaciertos, ocupa aproximadamente el 45 por 100 de la ponencia de Coyné. Vallejo, mas un Vallejo

30

disminuido cuando no censurado con severidad y puesto en comparación desventajosa principalmente con Breton, pero también con Julien Gracq, con Benjamín Péret y hasta disimuladamente con César Moro, es decir, subordinándolo en buena medida a la conveniencia del Surrealismo francés, el 40 por 100. Larrea, en relación o no con el Surrealismo, pero sin ninguna con Vallejo, el 15 por 100, también aproximadamente. En suma, Vallejo sólo ocupa el 40 por 100 de la disertación que en modo alguno presenta ni para él ni para su humanismo aspectos constructivos, mientras que los intereses del Surrealismo de Breton, en pugna con Vallejo y con mis ideas acerca del porvenir cultural americano, dominan ditirámbicamente el texto de punta a punta.

No menos claro resulta el análisis de lo que, por ocupar la parte inicial o introducción de la conferencia, podría denominarse su exordio. De las primeras 123 líneas mecanografiadas, se le dedican a Vallejo *tres* para afirmar que los poemas primeros de TRILCE se escribieron en 1918; *seis* para sostener que transformó radicalmente las composiciones de su libro en 1920; y *una* para declarar que Vallejo confundió la poesía con «la taumaturgia del espíritu».

A estas *diez* líneas dedicadas a Vallejo, se le suman *once* para anticipar la discrepancia del expositor con las convicciones de quien esto escribe.

Las restantes son para puntualizar minuciosamente la gestación del movimiento surrealista y algunos rasgos de su humanismo. En otras palabras, de las 123 líneas del exordio, más de *ciento* se dedican a circunstanciar los antecedentes y primeros conatos del Surrealismo, como si ello tuviera algo que ver con el humanismo de Vallejo, cifra que delata el grave desequilibrio que, en favor de los intereses de dicho movimiento, impera en el trabajo de André Coyné.

Tras este examen preliminar hemos de ir debatiendo aquellas afirmaciones del expositor que han quedado sueltas luego de redactar nuestro alegato *César Vallejo frente a André Breton*, la mayor parte de las cuales figuraban en las notas que habíamos tomado durante su discurso.

«Autopsia del Superrealismo»

Contemplado el estudio de André Coyné en su conjunto, llama y no poco la atención que, como participante en unas

Conferencias destinadas a celebrar el «humanismo de Vallejo», renunciase a última hora al tema que tenía anunciado sobre «La expresión del ser hombre en Vallejo y el conflicto del lenguaje en que procura expresarla» para optar por el que le brindaba el artículo *Autopsia del Superrealismo* que es, a juicio del expositor, «*la página menos honrosa —es poco decir— de toda la obra*» vallejiana —subrayamos—. ¿Por qué, pues, se pregunta uno, lo habrá hecho en esa ocasión objeto de sus preferencias?

Más aún, si se trataba de definir la calidad del humanismo del poeta peruano en contraste constructivo con el peculiar de otra actitud coetánea en el terreno de la literatura, sorprende que se decidiera por el Surrealismo francés, pues resulta no tener con éste más relación que la de inferioridad. Más aún, inclusive en este caso no parece que Coyné tuviera razones muy sanas para hacer hincapié en una crónica donde advierte —volvemos a subrayar— «*sólo errores en los datos, carencia en la información, saña, hasta calumnia en sus juicios y mejor no hablar del estilo*». Lo lógico sería, al parecer, que ante un traspié tan sin atenuantes de Vallejo, hubiera Coyné tratado, si no de ignorarlo caritativamente, al menos de ser comprensivo y de hacer la torpeza del autor comprensible a sus auditores. Poco le costaba haber manifestado que el artículo en cuestión no era un estudio crítico literario, ni tenía por qué detenerse el autor de TRILCE a especificar aquellos aspectos miopes que sólo interesan a un historiador de la literatura. Podía haber dicho que se trataba de una crónica periodística de carácter político, cuyo propósito era llamar la atención hacia los valores de la ortodoxia marxista, respondiendo al modo de pensar de los escritores soviéticos con los que Vallejo acababa de cambiar impresiones en Moscú. En un cuadro de esta naturaleza, ciertos pormenores, como si el Surrealismo nació en tal año o en tal otro, y si estuvo constituido por tales o cuales personas, carecen del menor significado.

Sin embargo, la actitud de Coyné fue precisamente la contraria. Se entretuvo en detallar, poniéndolos en relieve casi podría decirse que con delectación, todos y cada uno de los errores en que Vallejo había incurrido —algunos inexistentes y otros perfectamente discutibles, como sabrá quien leyere *Vallejo frente a Breton*—. Mas todo ello le proporcionaba al disertante oportunidad para ir acumulando datos favorables al Surrealismo.

De otro lado, si Coyné hubiese querido al menos dar pruebas de ecuanimidad y de algún prurito de información equitativa, de manera que sus oyentes y lectores no especializados pudieran formarse una idea correcta de la realidad, parece que debía haberse tomado la molestia, él tan meticuloso en otros aspectos, de esclarecer el contexto circunstancial de que forma parte la *Autopsia*. Que sólo de este modo contextual, en el centro de un sistema de correlaciones expresivas, puede apreciarse el verdadero valor de los fenómenos y, por consiguiente, fundamentar su juicio equilibrado. Mas tampoco fue cosa que Coyné estimara oportuna. De aquí que por tratarse, como decimos, de algo imprescindible para articular un juicio correcto, sea ante todo necesario suplir esta no parva deficiencia. Es lo que a continuación hemos de intentar por nuestra parte.

Vallejo redactó su crónica malhadada en febrero de 1930. No mucho antes, el 15 de diciembre de 1929, se había hecho público el *Segundo Manifiesto del Surrealismo* de André Breton, precisamente cuando el peruano acababa de regresar de su segundo viaje a la Unión Soviética. En dicho *Manifiesto,* su autor se complacía en echárselas de energúmeno, según hoy está al alcance de cualquiera comprobarlo. Todo en sus páginas eran desatentadas desmesuras, empezando por el clima que había hecho posible semejante documento, producto de un egocentrismo tan sin pudor como sin restricciones. André Breton arremetía violentísimamente contra cuanto se le ponía por delante y muy en especial contra un buen número de los que habían sido sus correligionarios más íntimos, como Soupault y Desnos, estampando sus nombres, denunciándolos uno a uno en largos períodos aparte, y sacando a baldón los que estimaba hechos delictuosos de los mismos. A unos y a otros los invectivaba sañudamente con la mayor elocuencia de que su estilo, siempre inclinado a zarandearse por las ramas, se estimaba capaz, y con errores e injusticias tales que años después él mismo se sentiría obligado a desdecirse de muchas de sus manifestaciones. He aquí como Vallejo juzgaba el episodio.

En cuanto al resto de su Segundo Manifiesto, Breton lo dedica a atacar con vociferaciones e injurias personales, de policía literario a sus antiguos cofrades, injurias y vociferaciones que denuncian el carácter burgués de íntima entraña, de sus «crisis de conciencia».

Pero Breton ni siquiera detenía ahí su furia, puesto que embestía contra sus propios antecesores muertos: contra Rim-

baud («Rimbaud se engañó, Rimbaud quiso engañarnos»),
contra Baudelaire que rezaba a Dios todas las mañanas, llegando a decir, por ejemplo, del desventurado y tan digno humanamente de compasión, Edgard Poe: «escupamos al pasar sobre Poe» —cosa que Baudelaire hubiera calificado de
infamia—. ¿Y por qué tan necio ultraje? Por el hecho de
que sus obras lo hubieran convertido en «maestro de los po-
licías científicos» (de Sherlock Holmes a Paul Valéry) —he
aquí el motivo básico por el que, en respuesta, Vallejo lo til-
da a Breton de *policía*—. Advertiremos que nombrado en esta
forma Valéry, quedaban incluidos en el escupitajo no sólo
este mismo y Baudelaire, sino Mallarmé. Que lo importante,
por lo visto, no era manifestar su desacuerdo con los demás,
a fin de definir su propia postura, sino presumir ante el público, como desde un escenario de guiñol, de enfurecido ma-
tasiete.

Que ya en otro terreno, llegaba el definidor del Surrealismo a estampar frases tan humanistas como su tan famosa:
«El acto surrealista más simple es echarse a la calle empuñando unos revólveres y disparar al buen tuntún mientras se
pueda contra la muchedumbre». Sobre este basamento, cuya
primera piedra había sido colocada por el Lafcadio de *Les Ca-
ves du Vatican* de Gide [1], la imaginación del lector estaba
convocada a presumir libremente cuáles podrían ser para po-
nerlos en práctica, los actos surrealistas más complejos.

Si se juzga desapasionadamente, ¿cómo es posible asom-
brarse, en tales condiciones, de que una persona escandalizada
ideológicamente como lo estaba Vallejo en aquella oportunidad, se contagiara un tanto del estilo tajante y mandoblan-
te de Breton, acusando al responsable de semejantes desco-
medimientos de «polemista estilo Maurras», o sea, del más
irrefrenado y frenético invectivador de Francia, y de «anarquista de barrio»? Los ataques personales rebozados en dic-
terios, ¿eran comparables en su estilo a los de Maurras, sí o
no? Y la frase de los revólveres al frente de otras de parecida
calaña, ¿es o no anarquista? ¿Y se trata de un elevado anar-

---

[1] Lo reconoce el mismo Breton en *La Confession dédaigneuse* (1920):
«'Dada' n'existait pas encore, et Jacques Vaché l'ignora toute sa vie. Le
premier, par conséquent, il insista sur l'importance des gestes, chère à
M. André Gide». Añade más adelante que en el *Rat Mort* Jacques Vaché le
mostró varios estudios para un «Lafcadio» (*Les pas perdus*, París, 1924,
páginas 18 y 22). Recuerdo también haber visto en la revista ultraísta
Grecia (1919) un texto de Breton titulado «Lafcadio».

quismo teórico, a la altura, digamos, del de Bakunin, o digno de un libertario de la Villette?

Se ha de tener en cuenta que varios del grupo de los agredidos, encabezados por Ribemont-Dessaignes, entre los que figuraban personas tan prominentes dentro de la «capilla» como Soupault, Desnos, Prevert, Leiris, Baron, Masson, etc., acababan de responder con otro manifiesto contra Breton, en el mismo tono, que, dándole por fenecido, titulaban *Un cadavre;* y que Desnos por su parte había reaccionado con un *Tercer Manifiesto* contra Breton, poniéndole a éste, con toda clase de pelos y señales, de chupa de dóminc, aparte de Antonin Artaud que había lanzado poco antes su *A la grande nuit ou le Bluff surréaliste.*

Habiendo perdido dos de sus tres iniciadores, Aragón y Soupault, además de otros secuaces, no para Vallejo, para París entero el Surrealismo se manifestaba entonces en descomposición, en plena y mortal agonía y por lo tanto al borde de las deshonras fúnebres. ¿Era tan pecado imperdonable juzgarlo así en una crónica fugaz obligada a nutrirse de eventos sensacionales? ¿Cuántos serían en los círculos ilustrados de París, empezando por los firmantes de *Un cadavre,* los que pensaban de otra manera? ¿Cómo transcurrido más de un tercio de siglo se justifica el olvido de todas estas calificaciones para centrar la atención en ínfimas nimiedades a fin de levantar agravios contra Vallejo al ocuparse universitariamente de su humanismo? Sobre todo que el texto de Vallejo, *básicamente político,* decía así: «A la hora en que estamos, el superrealismo —como movimiento marxista— es un cadáver». El tiempo se encargaría de demostrar la ninguna inexactitud del juicio, cuando las restantes figuras del movimiento —salvo Péret— lo abandonaron a Breton para pasarse al bando de enfrente, es decir, al marxismo de Vallejo, mientras que, como para evitar confusiones, Breton se declararía *fourierista.* («Los delirios de Fourier no merecen la pena de burlarnos de ellos», E. Poe, *Eureka.* Esto para lo del escupitajo).

¿Y el «error», por lo visto inexcusable, de dar al Surrealismo por nacido en 1924, y tan importante que para corregirlo se vea inducido Coyné a llenar no pocas páginas al tratar del humanismo de Vallejo? Me parece que a tal propósito ha quedado ya lo bastante elucidada la gestación del Surrealismo, a la zaga de Dada, en *Vallejo frente a Breton.* Pero si tan escrupuloso es Coyné en lo tocante a las fechas que le parecen inexactas, ¿por qué en vez de descargar sus censuras contra

un malaventurado poeta extranjero que escribía periodística-
mente en 1930 para su lejano país, no inicia una cruzada nacional si no internacional contra el *Petit Larousse Ilustré,* voz
cantante de su patria ante el mundo? Porque en él se lee todavía: «SURREALISME n.m. Tendence d'une école (née vers 1924) à
negliger toute préocupation logique». ¿Será esto último, la falta de toda preocupación lógica, lo que mejor explique el episodio?

Elaboración de TRILCE *y*
crítica de J. Espejo Asturrizaga

A fin de fundamentar su disimulada tesis sobre la prece-
dencia cronológica del Surrealismo con respecto a TRILCE
—única razón que excusa la prolijidad con que describió los
preliminares de dicho movimiento—, afirma Coyné en su primera página que desde 1918 Vallejo siguió escribiendo poemas,

> pero que, sólo a partir de mediados de 1920 —re-
> cluido primero en la casita de Mansiche, propiedad
> de Antenor Orrego, y luego de modo literal, en la
> cárcel de Trujillo—, empieza a corregir y transfor-
> mar radicalmente, maltratando el idioma para alcan-
> zar esa forma desgarrada que es una de las caracte-
> rísticas del libro.

Bastantes páginas después, repetirá Coyné, aunque algo
más sobriamente, la misma versión.

Es este un aserto básico y terminante, destinado a suge-
rir la posterioridad de los atrevimientos formales de Vallejo
respecto al Surrealismo, que no puede sustentarse sin pruebas sólidas que lo abonen, y que, por razón de su significado literario, pide esclarecerse. Se basa en las noticias consig-
nadas por el que fue amigo bastante más joven y, durante
algún tiempo, muy cercano de Vallejo, Juan Espejo Asturrizaga, en su libro *César Vallejo, itinerario del hombre* (Lima,
1965). Léese en él que Vallejo se dedicó a pulir y corregir durante todo el tiempo que estuvo en la cárcel, los poemas escritos en Lima *en el lapso de marzo de 1919 a abril de 1920»*
—subrayamos—, poemas que «sufrieron radicales transformaciones», suprimiéndoles algunas estrofas, añadiéndoles otras

36

nuevas, simplificándolos con «remiendos y enmendaduras numerosas» (p. 112, cf. p. 104). Aduce como ejemplos, en nota, el LXVIII, escrito precisamente en la cárcel, o sea, un año después; el XIV que atribuye al año 1921, fuera de su encierro; el X, el XLII, cuarteto que estira con un *etcétera*.

Son éstas, noticias de gran interés, aunque según se advierte, un tanto escasas y claudicantes, que Coyné ha aceptado en bloque sin someterlas a examen crítico. Al contrario, las ha generalizado por su cuenta y razón, adornándolas con el dato ampliatorio de *Mansiche*, con el de «*maltratando el idioma hasta alcanzar la escritura desgarrada*», y con un «*sólo*» mediante el que intenta robustecer su aserción, siendo así que por su visible arbitrariedad, la debilita.

Sin embargo, no se comprende que Coyné no llegase a darse cuenta cabal de que el libro de Espejo, independientemente del mucho interés que ofrece para el conocimiento de algunos aspectos de la biografía vallejiana, está plagado de errores y deformaciones a menudo no tan leves, que obliga a cribar sus dichos con gran cuidado. Espejo conoció muchas cosas, cierto es. Mas por haberse dejado llevar por la tendencia a la generalización, cometió la ligereza de pretender saberlas todas, como si hubiese sido un notario elegido por Vallejo para dar fe de sus actividades sentimentales y literarias. Grave temeridad. Quienes trataron íntimamente a Vallejo saben que, dada la reserva pudorosa de su vida interior, con sus confidencias ocasionales, tal cosa no era posible. Espejo afirma, por ejemplo, que el poema *Rosa Blanca* de HERALDOS se escribió con motivo de Otilia, su novia limeña, cuando en realidad fue fruto del drama trujillano con Mirtho, año y medio anterior (V. *Aula Vallejo* 5-6-7, pp. 136-38).

Más aún —y emprenderemos por nuestra cuenta una crítica a grandes trazos de la obra de Espejo— se arriesga éste a clasificar por anualidades todos sin excepción los poemas de TRILCE, de 1918 a 1922, siendo así que no vivió en Lima junto al poeta, sino de mediados de 1919 a mediados del 20 en que lo acompañó a Santiago de Chuco, visitándolo después, como sus otros compañeros, durante su permanencia en Mansiche y en la cárcel de Trujillo. Finalmente, volvió a conversar con Vallejo durante la semana o poco más que pasó en Lima como enviado de su diario *La Libertad,* durante las fiestas patrias de julio 1921. (V. pp. 76, 87-90, 97-98, 105). Y no sólo clasifica cronológicamente las composiciones de TRILCE, sino que opera lo mismo con las de HERALDOS, agrupándolas en dos secciones: las escritas en Trujillo y las que lo fueron en Lima, o sea, las anteriores y posteriores a diciembre de 1917.

Nada más fácil que demostrar, en no contados casos, la inexactitud de tales clasificaciones poco menos que dogmáticas. Empieza Espejo por atribuir a Trujillo al menos tres poemas de HERALDOS compuestos con seguridad tras la muerte de la madre (*Absoluta, Líneas, Enereida*), o sea, posteriores a agosto de 1918, de lo que nunca llegó a enterarse. A los que se suman en HERALDOS otros errores de apreciación no menos evidentes. En cuanto a TRILCE, no duda asignar a 1918 el poema «Madre me voy mañana a Santiago», como escrito a raíz de la muerte de la autora de sus días, poema que si no figuró en HERALDOS como los recién mencionados y como *Capitulación*, etc., fue, a no dudarlo, por haberse escrito después. Tanto su estilo como su contenido lo denotan. Lo mismo cabe decir, por diversas razones, de otros varios poemas, como el I, el VI, el XI, el XXI, el XXVI, el LI, etc. De otra parte, nada supo Espejo Asturrizaga del proceso interno del poeta, a que me referí en mi intervención en estas Conferencias con motivo del poema XVI, y del que dan fe otras varias composiciones.

A fin de no dejar tales asertos en el aire, pediremos asistencia, como ejemplo demostrativo, al poema XXI de TRILCE («*En un auto arteriado de círculos viciosos, / torna diciembre qué cambiado*»...). Sostiene Espejo (p. 86) que se compuso en Lima, en diciembre de 1919, es decir, en los días en que él era compañero inseparable y confidente de cámara de César, y que éste lo escribió en añoranza del diciembre un año anterior de sus amores con Otilia. Diríase, pues, que, aunque no explique ninguno de los conceptos del poema, su testimonio imposibilita cualquier incertidumbre.

Sin embargo, como el mes de diciembre no puede llegar en automóvil, parece obvio que esos dos primeros versos constituyen una imagen o figura de dicción en que se traduce, encubriéndolo, algún otro motivo. Ese auto podría ser en realidad un «auto judicial» de prisión, sobre seudo ruedas o «círculos viciosos», y «arteriado» en cuanto que fabricado con malas artes o arteramente. De «calumniosa e indigna treta» califica el mismo Espejo el sucedido en otra página (99). Así en el poema que sigue (XXII), escrito en vísperas de su encarcelamiento, el poeta se refiere a «cuatro magistrados» que pueden perseguirle y juzgarlo —quizá las cuatro ruedas—.

Todo empieza a traslucirse. Encerrado ya en la cárcel de Trujillo en 1920, con el «oro en desgracia» de ese mes veraniego de cuyo sol no puede beneficiarse, destrozado emocionalmente, «el aliento a infortunio», llorando, «moqueando humillación» al verse tratado como un delincuente común, se le representa Mirtho que lo está mirando desde la ciudad en situación tan deshonrosa. Y a su memoria acuden sus querellas del agitado mes de diciembre de 1917, corroído por los celos, en cuyo día 27 salió para Lima. Le punza y conmueve el contraste:

> Yo le recuerdo. Hubimos de esplendor,
> bocas ensortijadas de mal engreimiento,
> todas arrastrando recelos infinitos.

Mirtho es la «ternurosa avestruz» de los versos finales, a la que en junio de 1917 había referido el poema *Avestruz*, cosa que no consiente titubeos. Sólo ella podía haberse «calzado todas sus diferencias», o salídose con la suya logrando cuanto la separaba del poeta que soñaba con su amor idealista, mientras ella tiraba de la manta hacia situaciones materiales más corrientes[3]. Ni la más remota alusión a Otilia.

Por último, lo que redondea la cuestión justificando la imagen tan arbitraria del «auto arteriado de círculos viciosos» en que diciembre torna hecho un andrajo, es el recuerdo del poema *Setiembre* de Los Heraldos Negros, referente a Mirtho, que termina:

> Y también una tarde de setiembre
> cuando sembré en tus brasas, *desde un auto*
> *los charcos de esta noche de diciembre* (36).

Al conjuro de esta recordación brotó emotivamente el «auto» del poema XXI asociando, en un contraste que lo enternece bajo la imagen de Mirtho y el clima soleado de «diciembre», con sus «charcos» o «llantos», una y otra situaciones. Se compuso, así, pues, el poema cuando Espejo frecuentaba a su autor, mas no en 1919, en Lima, como aquél asegura, sino en 1920 en Trujillo.

[3] A partir de la segunda edición de Trilce se lee, como en todas las posteriores, «Por ella se ha calzado todas sus diferencias». Sin embargo, en la original se dice: «Pero ella se ha calzado». Es pues otro el valor del sujeto y, por ende, la intención de la frase y hasta el sentido del poema.

Desde otro punto de vista se ha de tener presente que Espejo no estima oportuno aducir pruebas que respalden fidedignamente sus dictámenes, salvo en cuatro ocasiones aisladas. Trascribe en ellas las primeras versiones de los poemas a que se refiere, documentos que inducen a reflexión. Tres de los cuatro son sonetos sentimentales dedicados a la misma persona, Otilia Villanueva, su novia de Lima, tras la ruptura de sus relaciones, habiendo sido Espejo testigo de la cauda de remordimientos y nostalgias que en el poeta dejó repercutiendo el episodio. Efectivamente, a esos tres poemas, XV, XXXVII y XLVI, tres sonetos que difieren, por lo flojo de su sentimentalismo, de la mayoría de las páginas de TRILCE y aun de HERALDOS NEGROS, los sometió Vallejo a una operación muy sencilla de desarticulación estrófica perfectamente comprensible. Lo mismo puede pretenderse de algunos más un tanto análogos, según lo ha intentado demostrar Roberto Paoli con otros seis poemas que presume fueron inicialmente sonetos, luego desfigurados —tres de los cuales me parecen personalmente indudables, el XI, el XXIV y el LXII, siendo el XXXIII posible y el XXI y XIII más que dudosos [4]—. Pero pide tenerse muy en cuenta que, aunque desbaratados estróficamente y corregidos, ninguno de ellos pertenece ni de lejos al estilo de «idioma maltratado hasta la escritura desgarrada» peculiar de TRILCE, sino que prolongan las maneras de LOS HERALDOS NEGROS.

Esas correcciones y contrahechuras no debieran sorprendernos. Se sabe por su primer libro, muchas de cuyas composiciones se publicaron con anterioridad en la prensa de Trujillo, según lo puntualizado por Alcides Spelucín y por el mismo Espejo Asturrizaga, que Vallejo tenía desde el principio tendencia a retocar y corregir, a veces profundamente, sus poemas, fueran o no sonetos. Lo realizó en alguna oportunidad tan substantivamente como en el titulado, primero en Trujillo *Noche en el campo,* y después en Lima, tras la muerte de su madre, *Hojas de ébano,* con referencia a las enlutadas de la puerta de la casa familiar. Ello se explica con holgura. Las primeras versiones eran con frecuencia improntus que, aunque emocionados, no se distinguían por su corrección ni calidad parejamente concentrada, de manera que las versiones definitivas de TRILCE suelen ganar no poco al acentuar con cierto desenfado su imperfección retórica. Así en este libro

[4] Roberto Paoli, *Alle origine di Trilce.* Annali della Università di Padova. Verona, 1955.

descoyuntó cuantos sonetos había escrito, a fin de que no desdijesen de las demás composiciones.

Según Espejo, 70 de los 77 poemas de Trilce se escribieron con anterioridad a su encarcelamiento, de los cuales cinco lo fueron en la casita de Mansiche. Aunque ello exija someterse a seria discusión, según lo hemos visto en un caso particular que dista de ser único, es ostensible que un buen número de los atribuidos a 1919 y supuestamente corregidos y maltratados lingüísticamente durante su estadía en la prisión, no acusan huellas de tan desastroso tratamiento. Por tanto, si se han de explicar los otros, los que presentan superficies mucho más trizadas e inconexas, sugeridas por el ultraísmo y otras vanguardias europeas que Vallejo conocía en 1919, es preciso recurrir a alguna otra teoría que los justifique.

Lo que parece más conforme a realidad es que Vallejo poseía diferentes cuerdas en su lira, correspondientes a sus distintos estados de ánimo, cosa que se percibe con amplitud en Los Heraldos Negros. Una de esas cuerdas era nostálgica, sentimental, a menudo más blanda que tierna, con inclinación a dejarse resbalar en fáciles sonsonetes literarios que canalizaban, si no succionaban la «inspiración». Muy significativo me parece que de los cuatro poemas cuyas primeras versiones transcribe Espejo —no se sabe si de memoria, y quien, a lo que se deduce, no recordaba concretamente otros casos—, tres sean sonetos y provengan de esa cuerda lírica menos tensa a la que me he referido, y a la que pertenecen también, aunque los dos primeros sean mejores, *Idilio Muerto, Lluvia, Capitulación,* etc., de Heraldos. Los cuatro de que se trata llevan título, eliminado después, y ninguno de ellos, no obstante corregido, puede ni de lejos competir en arbitrariedad con el final de *Líneas* de 1918, que carece de sujeto y de verbo principal. Nada más instructivo que confrontar esos tres sonetos con el poema LXVIII, «Estamos a catorce de Julio», de 1919, del que no tenemos razón alguna para sospechar que fuese transformado año y medio más tarde (V. *Aula Vallejo* 5-6-7, pp. 268-272 y 278-286).

Vallejo posee otras cuerdas líricas más tensas y bravas, correspondientes a otros estados de espíritu. De ellas proceden, según se advierte en Heraldos, buen número de composiciones que, aunque algo retocadas, debieron ser más sueltas y flexibles, y hasta desquiciadas, desde el principio. No se comprende que si poemas como el IV, el V, el XIII, el XVII, el XXV, el XXIX, etc., etc., llegaron a ser por quebrantamiento posterior tales como hoy se leen, no hubiera sucedido otro tanto con los ejemplos cuyas primeras versiones nos dio a conocer Espejo. La cuarta de éste, titulada originalmente *La Espera,* «Esta noche desciendo del caballo», escrita precisamente en la cárcel y retocada en Lima, no ostenta ninguna de las características señaladas por Coyné. La mencionada del 14 de Julio podría haber sido retocada en alguna que otra palabra, mas todo induce a creer que se concibió tal como nos ha llegado. Otro tanto cabe afirmar de la XIII, o sea, de la del irrefutable «Odumodneurtse».

De los muchos y graves errores en que se le ve incurrir a Espejo, se deduce meridianamente que César le hacía a éste partícipe sólo de algunos aspectos de sí mismo y a su manera, como es lógico. Y se deduce que Espejo, infatuado con los datos de primera mano que poseía, se sintió con autoridad para lanzarse años después a interpretaciones que, a su juicio, cimentaban las virtudes de lo que él sabía de César, sin advertirle al lector que sólo se trataba de bien intencionadas conjeturas. Como ejemplo sencillo del modo como opera su mente, puede recordarse el poema XI que atribuye a Lima 1919, «He encontrado a una niña en la calle» (Espejo, pp. 115-16), del que manifiesta saber exactamente lo mismo que podría imaginarse cualquier lector sin antecedente de ninguna especie, e ignora lo mismo que éste ignoraría.

Idéntica carestía de juicio puede demostrársele en otros aspectos de su friso biográfico. No figura en él, por ejemplo, la Otilia (Tilia) de Santiago de Chuco, no sólo nombrada dramáticamente en el poema *Ascuas,* de LOS HERALDOS, sino protagonista de varias composiciones de TRILCE, de lo que Espejo, fascinado por la Otilia de Lima, no parece haberse dado cuenta. En cambio le atribuye un papel sentimental preponderante a María Rosa Sandóval, emparentada con él y cuyo diario dice haber leído (p. 45), la cual no figura en los recuerdos de Orrego ni de Spelucín, y cuya muerte de enamorada de Vallejo, y no a la inversa, pudo a éste conmoverlo para escribir o quizá más bien dedicarle mentalmente una composición que tenía ya escrita, *Pureza,* y aludirla tal vez en otra (*Los Dados eternos*), sin que se descubra en las obras restantes la menor huella corroboradora. Equivocada es, a todas luces, la dedicación a ella de *Verano* que le atribuye Espejo, pues que corresponde a Zoila Rosa, «Mirtho», como bien lo señaló Alcides Spelucín (*Aula Vallejo,* 2-3-4, p. 83).

Lo más extraño aún es que Espejo no parece haberse percatado del papel obsedente que esta última desempeñó en el alma de su amigo. A ella están dedicados mayor número de poemas de los que Espejo le reconoce en HERALDOS, y otros varios que no ha sabido discernir en TRILCE, o sea cuando frecuentaba a su autor diariamente, y aún para postre el cuento *Mirtho*. En Europa Vallejo se refería a menudo en sus horas de confidencia a «Mirtho», como a un acontecimiento decisivo en su vida, mientras que a María Rosa Sandóval ni a Otilia Villanueva las mencionaba. La biografía de Armando Bazán confirma mis recuerdos.

En ilustración corroboradora de los asertos anteriores, recurriré aún al poema XXVI de TRILCE recordando que a él me referí en uno de los diálogos de nuestras Conferencias. Dice:

> El verano echa nudo a tres años
> que, encintados en cárdenas cintas, a todo
> sollozo,
> aurigan orinientos índices
> de moribundas alejandrías,
> de cuzcos moribundos.

Da Espejo por seguro que esta página se escribió bajo el recuerdo de la Otilia limeña e interpreta los «tres años» del primer verso como referidos a sus relaciones de 1919. Atribuye así el poema al «verano de 1922» y lo clasifica como uno de los dos últimos de TRILCE (p. 114).

Se trata, por cierto, de una composición deslavazada y abundante en alusiones subjetivas, entre las que parece imposible orientarse demasiado. Sólo el hecho de que en ella aparezca por tercera vez el tema del «avestruz» que en las otras dos ocasiones se refería a Mirtho, invita a sospechar que late por allí entre líneas el recuerdo de esta última.

Por suerte, en respuesta a una pregunta acerca del origen del nombre Mirtho, Alcides Spelucín me reveló en 1960 que procedía de un personaje secundario del libro *Afrodita,* de Pierre Louys. Indicación preciosa que descubre el sentido de la «moribunda alejandría» del principio y del fin del poema. En una de las crónicas que Vallejo envió a «Mundial» en julio de 1925, dedicó unos párrafos a la muerte recién acaecida de Pierre Louys y a su libro famoso. Decía: «Pobre Pierre Louys, el de los muelles dorados de la dulce y moribunda Alejandría». (*Artículos Olvidados,* p. 18). El enigma queda así resuelto. La «moribunda alejandría» se refiere metafóricamente a Mirtho, como se refiere a sí mismo el «cuzco moribundo», ambos en vías de descomposición. De ahí también la «griega sota de oros» que se asocia con las «griegas manos matinales» del poema *Fresco* de Los Heraldos.

Se sabe así que, como el XXI, este poema se escribió en la cárcel, a los tres años de la definitiva ruptura con Mirtho, cuyo recuerdo le escuece al poeta entre lágrimas y sentimientos nostálgicos y un tanto fúnebres en aquella su situación desvalida. Como consecuencia, se nos especifica firmemente la composición, a la vez que crece aún más, si cabe, la duda sobre las informaciones y el discernimiento de Espejo Asturrizaga.

De otro lado, cuando llegue el momento expondré las razones que a mi entender inclinan a recusar la veracidad de la versión de Espejo sobre el nombre de Trilce a causa de las tres famosas libras, adelantada ya por X. Abril en su libro *Vallejo* (pp. 126-27). Espejo reconoce lo aficionado que era César a ciertas bromas al sentar con motivo de este mismo asunto del título: «César ha contribuido en muchas ocasiones a sembrar confusión en relación con su origen». La suya fue una de ellas. El modo instantáneo, pintoresco y descabellado como se explica la derivación de «tres libras» a Trilce por ceceo y trabazón de lengua es suficientemente delator (pp. 108-9). Trilce era sin duda uno de los «varios proyectos de título» que Vallejo tenía cavilados (*Ibid*) y por el que tal vez se decidió de pronto cuando renunció a firmar «César Perú» bajo el título campanudo «Los cráneos de bronce» y oyó lo de las tres libras. Otro tanto me atrevo a decir acerca de la versión del poema I (p. 123), que saltando de lengua en lengua, fue a percutir por adelantado en el libro de Coyné.

De lo expuesto se deduce:

1.°) Que el testimonio de Espejo Asturrizaga, aunque muy valioso en distintos aspectos, no permite sentar pie firme en él mientras no se establezca en cada caso, mediante una crítica adecuada y rigurosa, la solidez efectiva de sus aportes.

2.°) Que por lo mismo los asertos de Coyné basados, sin crítica alguna, sobre aseveraciones de Espejo Asturrizaga o erróneas o seriamente discutibles, por su apresurada generalización, carecen de base firme.

3.°) Que la tesis suplementaria de Coyné de que *sólo* a partir de mediados de 1920, en *Mansiche* y en la cárcel de Trujillo se dedicó Vallejo «a corregir y transformar radicalmente sus composiciones y a maltratar el idioma», etc., es una tendenciosa y temeraria ampliación de las noticias de Espejo, que pugna con otros análisis más consistentes.

4.º) Que mucho más sostenible, dentro del cuadro factual es que Vallejo escribiera en 1919 y 20 bastantes de los poemas de TRILCE en versiones cercanas a la definitiva, y que, después compusiera en la cárcel, según se sabe, otros más o menos desgarrados, y desarticulara, o entonces o posteriormente, aquellos de formas tradicionales que desdecían del estilo «vanguardista» del conjunto.

5.º) Que, por lo tanto, la teoría de Coyné elaborando arbitrariamente a Espejo para dar a entender que los poemas de 1919 y 20 reunidos en TRILCE, no diferían estilísticamente de los de LOS HERALDOS, de manera que sus atrevimientos aparezcan posteriores a los del Surrealismo —un Surrealismo todavía inexistente—, carece por completo, mientras no se aduzcan pruebas positivas, de fuerza de convicción.

Orfandad intrínseca, ausencia

Para establecer la línea divisoria entre el humanismo vallejiano y el surrealismo de Breton, no tenía Coyné por qué haberse tomado tanto trabajo minucioso. En vez de rebuscar aquellos rasgos hasta nimiamente circunstanciales, aquellos tropiezos que deslustran, al parecer, la experiencia de Vallejo, le bastaba haber llamado la atención hacia la actitud del definidor surrealista que abomina de todo sentimiento, sin distinguir entre sus muchos niveles y matices posibles, al grado de diagnosticar: «El mal sagrado, la enfermedad incurable reside y residirá aún en el sentimiento» (*Les Vases communicants,* ed. 1955, p. 191).

Por el contrario, como hombre que tenía apostados todos sus caudales de vida en la sensibilidad, madre del sentimiento, Vallejo se sitúa en la orilla opuesta, o sea, en la de los corroídos por el mal sagrado; en la de los leprosos. Uno forma parte del bando donde prospera el sadismo, mientras que el otro acampa entre la muchedumbre de los en una u otra forma desgraciados, y originalmente sobre la base de los parias hasta lo indescriptible de la prole andina. Considérese el poema *Los Desgraciados* y en relación con la sentencia de Nietzsche que posiblemente Vallejo recordaba: «Llamo desgraciados a los obligados a esperar siempre». (*Zaratustra,* 3.ª parte. Del espíritu de pesadez).

45

Claro que luego de establecer esta distinción radical hubiera tenido Coyné que presentar pruebas de que el humanismo fundado en la impasibilidad egocéntrica de un discípulo de Sade es, antropológicamente, superior a la de aquel que se solidariza hasta acoger en su propia alma sensible las desgracias de sus congéneres —sin que por ello, ausente el placer, sea lícito tildarle de masoquista—. Tendría que haber demostrado que es superior, al modo como, si se aplican las categorías de esta escala, la constitución del reptil ha de ser superior a la del mamífero, erigida ésta última sobre la correlación entre madre e hijo. O de que la actitud de un cabecilla de sicarios era culturalmente superior a la de Jesús Nazareno. Por supuesto, en esa perspectiva no hay duda de que el tipo de hombre hispanoamericano, pródigo en sentimiento que sólo cuando se distorsiona y amanera merece calificarse de sensiblería, es un tipo humano psíquicamente inferior. Refiriéndose a sí mismo, ¿no se referiría en realidad a Hispanoamérica su cantor máximo al decir de su persona, «un alma joven habitaba en ella / sentimental, sensible, sensitiva»?

Insiste Coyné en esa apreciación desde distintos ángulos. Describe a Vallejo como un pobre hombre en quien se reúnen «la frustración y la culpa juntos»; que produce «una poesía acongojada que se deshace y excede en profecía ultraterrena y nacida del soliloquio del hombre que sufre y sufre y vuelve a sufrir horriblemente», etc., etc.; que no se sonroja de hacer «pucheros» infantiles y otras simplicidades casi pre-cerámicas, espigadas y puestas una a una en evidencia sin más objeto, al parecer, que situarlo en la trayectoria de un tiro al complejo de inferioridad. Según Coyné, los ciento doce días de encierro en la cárcel de Trujillo significaron para Vallejo un suplicio inenarrable que lo marcaría indeleblemente —lo cual es cierto—, mientras que para un espíritu fornido como el de los escritores surrealistas Gracq o Péret —lo mismo que para los millones de no-surrealistas— el encarcelamiento no pasó de ser un accidente fastidioso que se olvida sin dejar rastro. Lo que evidentemente patentiza, no la diferencia de humanismo, sino la de sensibilidad. La de Vallejo es como una emulsión fotográfica ultrasensible en la que se acusan los matices cualitativos del hombre concreto, mientras que la de los surrealistas y afines se especializa en las cantidades abstractas de quienes descienten del Marqués que se pasó encarcelado la mayor parte de su vida elaborando en diversas formas sus deseos de venganza. Y a estos propósitos, ¿cómo no recordar a

46

uno de los padres de la iglesia surrealista, Baudelaire? «Ne méprissez pas la sensibilité de personne. La sensibilité de chacun est son génie» (*Fusées*, XVIII). Y aun esta otra reflexión que tan certeramente le conviene a Vallejo: «Le cri du sentiment est toujours absurde; mais il est sublime, parce qu'il est absurde. *Quia absurdum*. (*L'Art romantique*. Oeuvres, p. 1101).

Otro tanto se complace Coyné en decir del *hambre* emotiva, que le sirve para hurgar en la niñez legendaria de Vallejo y para oponerle los conceptos surrealistas y hasta la manera de prestidigitar con los utensilios de cocina, de Benjamín Péret, sin miramiento a «los cuchillos que duelen en todo el paladar» y a las tremendas «cucharas» vallejianas que desde *La Cena Miserable* se proyectan a ESPAÑA APARTA DE MÍ ESTE CÁLIZ.

Sí, Vallejo vive en cierta manera —quizás un tanto a lo Chaplin— el papel de un *Cendrillon* frente a la suficiencia ensoberbecida de sus hermanos mayores aspirantes a hacer suya la nupcialidad del mundo —cosa que no puede espantarnos al recordar otras muchas experiencias artísticas —Bécquer, Kafka, Van Gogh...—. Vallejo, lo hemos sugerido más de una vez, es hasta cierto punto un niño indefenso, un poco como aquel a quien en el mito perseguían los esbirros de Herodes. Ostenta las fragilidades constitutivas y los balbuceos inestables de un menor sobre cuya naturaleza no convendría engañarse, aunque se puedan convertir en motivo de desdén para cualquier bípedo engallado. Mas ello no demuestra la superioridad sustancial de éste último, pese a lo crecido de sus espolones, sino la circunstancial, diferencia que se nos ilustra ampliamente en todos los terrenos, empezando por la debilidad del hombre mismo frente a la potencia física de muchos de sus llamados hermanos inferiores.

Vallejo, efectivamente, padece desde el principio de un complejo de orfandad. Es presa de un sentimiento desolado que, si una vez ocurrida la muerte de su madre, adoptó formas arquitectónicas sobreerguidas y desbordantes hasta «más allá de la vida y de la muerte», es porque las contenía en germen desde el inicio. Frente al tipo de hombre surrealista que se atribuye la propiedad del «espíritu moderno», Vallejo no deja por su parte de ser una personificación del ser humano de nuestros días difíciles, de alguien que se siente huérfano por haberse hundido en el horizonte el Padre que antaño lo justificaba y sostenía. Que en eso, como prácticamente en todo, el planteamiento vallejiano es de carácter metafísico, lo que dista de significar que sea de grado inferior al surrealista o exclusivamente marxista, salvo para los secuaces de estos últimos credos. Vallejo siente metafísicamente, en su ser mismo, la ausencia, la orfandad en que lo ha dejado, por lo pronto, el Sol que era padre del linaje incaico:

> Siento a Dios que camina
> tan en mí, con la tarde y con el mar.
> Con él nos vamos juntos. Anochece.
> Con él anochecemos. Orfandad...

Siente metafísicamente la ausencia, la orfandad, porque el medio donde se desarrolla su ser consciente no sólo ha descartado al Sol de sus mayores de los que se siente portapalabra, sino que está descartando aquello de que el astro rey ha sido siempre referencia, el Ser divino. Vallejo sufre así intrínsecamente de ausencia por haber nacido un día en que Dios estaba en eclipse, enfermo grave. Ausencia y orfandad son en él expresiones del mismo sentimiento. Sin que su voluntad en ello interviniese, trátase en su conciencia de compensarlo con la invocación al Eterno Femenino (V. *Muro Antártico*), asociado en cierta forma a su «muerta» madre «inmortal», como se asocia en su juventud a la mujer amada o «nueva madre mía» (24), a la que, desde 1917, primero en el poema *Falacidad* y en seguida en el titulado *Ausente,* apostrofa con encendido encono por esa ausencia que lo huerfaniza.

Sólo media una semana entre la aparición de los poemas *Falacidad* y *Bajo los álamos,* publicado el primero el día 15 y el segundo el 22 de junio de 1917, siendo *Ausente* sólo treinta y tantos días posterior. Dice el primero:

> Ausente: ¡hoy estoy lejos para siempre!...
> ¡Ya en el cadáver llora un triste cuervo!
> Ausente: ¡hoy estoy muerto para siempre! [5].

Mientras que ante el paisaje crepuscular dirá en aquellos días, volviendo a insistir en la muerte porque en él la presencia de ese alguien que requiere para sentirse ser se identifica con la vida:

> Labrado en orfandad baja el instante
> con rumores de entierro al campo orante (29).

---

[5] Espejo Asturrizaga, p. 155. Cf. los primeros versos del poema *Yeso.*

Orfandad y ausencia, sentimientos equivalentes de niño cósmicamente desvalido que teme que lo «hayan dejado solo» (85), y que únicamente en el trance definitivo de la entrega sexual, cuando se formaliza el «grupo dicotiledón» (86), dirá: «no vivo entonces ausencia ni al tacto» (89) —lo que por cierto es una sensación instantánea que se le esfuma—. ¿Cómo no acordarse del repetido aforismo de Rimbaud, «la verdadera vida está ausente», simple variante del religioso tradicional «esta vida no es la vida»?

Parece poder deducirse en firme de todos estos elementos reunidos a la ligera, que Vallejo fue y en el fondo nunca dejó de ser, aunque en algunas ocasiones se disfrazara, conciencia que se siente metafísicamente *incompleta.* Carece de algo que su autosensibilidad juzga imprescindible, de un objeto pertinente no a cosa o persona ajena, sino a su propio ser autoconciencia, espíritu. A ello corresponde asimismo su concepto de *hambre,* de origen fundamentalmente metafísico, cosa que invita a sospechar que sus hambres infantiles eran una especie de oscura premonición de ese hambre de pan amoroso, cocido en el horno de su corazón (58); un pan que le pesa habérsele tomado a Dios (66); un pan con el que habrán de ser desayunados todos ante una mañana eterna (62); un pan en el que reposar, en el que sentarse, en español (160); un pan asociado en esta y en otras varias ocasiones a la palabra, al verbo. Es la suya un hambre, un apetito entrañable de algo que le falta para sentirse metafísicamente satisfecho en vez de ayuno, cuya ausencia dolorosa siente en la cavidad profunda de sí mismo. De aquí que la interpretación de Coyné al achacar a Vallejo la complacencia en una «profecía ultraterrena» no pueda parecernos justa. Que si Vallejo se afilió al comunismo fue por pensar, aunque un tanto ilusoriamente, en el aquí y ahora. Lo que no es óbice para que sueñe aquí y ahora con valores fuera de tiempo y de espacio que le son indispensables aquí y ahora para sentir el bienestar que seguramente echa de menos el afligido de una úlcera cancerosa. Esta razón del hambre que acabaría por convertirse en carácter definitorio de su propia existencia, es un elemento que viene a demostrar lo compenetrado que, quizá por educación, estaban en él lo físico y lo metafísico, razón por la cual juega en los dos sectores desde su infancia.

Algo que exige dilucidación una vez alcanzado ese punto, es si todo lo reseñado lo siente Vallejo así en cuanto conciencia estrictamente individual, a la manera de los egocentrismos occidentales, o si se trata de un estado extraindividual vivido en él como persona en quien se cifra representativamente el contenido y el destino del ámbito como sustancia propia, según lo hemos sugerido en ocasiones. En otros términos, convendría precisar qué es y hasta dónde llega, no el cuerpo de sus ideas, sino su «alma».

Se tiene por lo pronto que la situación, si se quiere adolescente o enfermiza, de Vallejo, es algo semejante al «mal sagrado» diagnosticado por el que fue estudiante de medicina, André Breton. Es algo que asciende desde los estratos más hondos de la cultura humana, y que, a veces en superficie, y otras en forma encubierta, ha estado en vigor desde que el hombre se supo ser hombre hasta los días actuales en que los surrealistas por una parte, y el materialismo histórico por la suya, parecen haber vendido la piel del oso antes de cazarlo. La situación de Vallejo es visiblemente extraindividual, según lo revelan sus poemas a partir de su primer libro. Como es extraindividual su sentimiento del dolor sin principio ni fin, absoluto. No piensa egoístamente en sí, piensa y siente en función de los demás, inclusive de los de su «raza» materna, cuando no de «todos». Sus propios huesos casi no le pertenecen (57), a tal punto que su ser mismo se siente enajenado, enrarecido. Forma su conciencia parte de una pluralidad de destinos de la que da testimonio la importancia suprema que en él asume el Amor, es decir, aquella disposición cualitativa que a la individualidad la abnega en favor de un otro, y el hecho de que, coincidiendo con verso de Quevedo, aunque en sentido transportado, definiera a ese Amor como «alma del mundo» [6]. Su afán de ser Hombre, un hombre que «todaviizado» en su imperfección milenaria, sabe que aún no es como debiera ser, se identifica con la invocación a ese Amor en cuyo círculo todos se integren y acumulen hasta crear la capacidad de regenerar la vida, de hacer del hombre específico lo que aún no es. Al adoptar en lo económico la fe comunista, Vallejo fue inducido por un sentimiento que no habría sido fácil identificar si no fuera por sus tan reveladores poemas últimos que, por cierto, no tienen parangón en la poesía de Occidente. Y adviértase: el poema en plural *Los Desgraciados* se expresa de principio a fin en primera persona de singular.

Aunque no lo enuncie en forma expresa, esta situación es

---

[6] «Alma es del mundo Amor». Soneto a Flora. Quevedo, *Obras en verso*. Madrid, Aguilar, 1943, p. 20.

para Coyné manifestación de insuficiencia constitutiva y de inferioridad ante la soberbia dictatorial de la actitud bretoniana que a partir de su *Confesión dédaigneuse* (1920) mira a los demás de arriba abajo, con una altanería displicente, muy a la Vaché, cosa que no se compagina ni un ápice con la posición de «humildad» que Coyné sorprendentemente le asigna. ¿Querrá esto decir que el hombre pre-surrealista, amparado por Sade y Maldoror, ha quebrado definitivamente la vieja tradición para transformarse en el hombre completo si no absoluto? Al despojarse de todo sentimiento, ¿habrá llegado en Breton la humanidad a su cúspide, no quedándole por hacer sino destruir el mundo actual para crear otro a su propia e impasible semejanza? He aquí planteada en términos disyuntivos la diferencia fundamental entre los humanismos de Vallejo y de Breton. En el fondo es cuestión ontológica. Aspira el último a hacer de unos cuantos hombres lo que él es. Vallejo, en cambio, se propone que la Humanidad, dueña de su destino, sea lo que a él, personal e impersonalmente, le duele no ser aún.

Y no sólo a la de Vallejo. Que si se le cree a un antecesor del surrealismo tan cercano y esclarecido como lo es Baudelaire para Coyné, resulta indudable que la humanidad llamada moderna sigue estando distanciada, por mucho que algunos de sus miembros se jacten en ocasiones de lo contrario, de su naturaleza esencial, en deshaucio de sí misma, abyecta, según lo proclama modernísimamente el existencialismo. No es otro el drama de Baudelaire, con sus terribles consecuencias espirituales. Baudelaire siente en sí, como propia, la falta del Paraíso, símbolo punzante, en cuya virtud muchísimas generaciones humanas han acusado la ausencia en ellas de un principio esencial, indispensable para el goce de su entidad auténtica, razón por la que la intuición cultural ha tenido que situarlo, de una parte, como perfección perdida en el pasado, y de otra, en posición de esperanza, más allá de su estado de vida presente, o valle de lágrimas, en un futuro abstracto o concreto. De ahí la creencia de Baudelaire en el «pecado original» que tanto le repugna a Breton como a Juan Jacobo Rousseau, obstáculo que al hombre lo separa de su naturaleza plena, y sus esfuerzos y desesperaciones por modificar o, al menos, compensar estéticamente situación tan mísera. Pero al manifestarse así Baudelaire, lo mismo que el Rimbaud de «la vraie vie est absente», están dando testimonio, un testimonio que modernamente arranca en poesía del *Paraíso Perdido,* de Milton, de la proximidad conflictiva, revolucionaria, del objeto de sus angustias que convierte al mundo que los rodea en un antro de ignominia.

Pero este Paraíso simbólico nunca ha sido cuestión individual, sino, como esencial, genérica, según lo demuestran ampliamente muy diversas culturas. El Adán caído de nuestro mito no es un individuo particular, sino el representante poético de la humanidad en su estado histórico. Su realización no depende ni se restringe a un hombre aislado, poeta o no, sino que toca al estado general de la cultura (Adán, *cultor*), a su destino, del que depende el de los individuos en que se formula. Trátase de una situación que tras el chispazo sintomático del poeta que sintomáticamente había perdido la luz, ha pretendido sanearse desde el romanticismo de Novalis siglo y pico antes del Surrealismo, mediante la Videncia equivalente a la visión divina en que termina la *Ciudad de Dios,* al Paraíso o Edad de Oro *hic et nunc.* Baudelaire mismo lo reconoce en palabras encendidas. ¿Y no es acaso lo mismo que en el séquito de Nerval pretendía el Surrealismo con su afán de proyectarse a un estado *superior,* a esa superrealidad o promontorio sacro donde desaparecen todas las contradicciones y dicotomías, y especialmente la del *sueño* paradisíaco y la realidad? Y esa propensión ambiciosa, ¿no es equivalente a una confesión de que el problema no sólo sigue en pie, no habiendo logrado aún lo que desde siempre se ansía, sino que se encuentra en lo más sombrío de su punto de obcecación, de antítesis —como la ceguera tan simbólicamente *hic et nunc* de Milton—? ¿Y no es cierto también que Breton renunció posteriormente al empeño que dio nombre y prestigio poético-filosófico al Surrealismo, de escalar el «punto sublime de la montaña», de la montaña simbólica, como está harta de saber la antropología, donde el hombre en ella encaramado pudo en alguna ocasión mítica llamarse Moisés y entrar en contacto verbal con el Ser del Universo, y en alguna otra Dante y ascender al Paraíso cósmico? ¿Y no es la recuperación de la pretendida pérdida del estado ontológico de convivencia con ese mismo Ser trascendente lo que se codicia mediante el mito intemporal del jardín edénico, donde diz que no se había aún consumado la desdichada escisión de la conciencia humana y del Ser divino? ¿Y el renunciar a esta búsqueda —poética—, a esta esperanza —poética—, a esta ansiedad —poética— que le hubiese llevado a dejar de ser lo que en el eretismo de su voluntad piensa que es un hombre, ¿le hace acaso a Breton, «hombre moderno», poéticamente superior a los demás contemporáneos y en especial a Vallejo que, nacido en la altura, siente la ausencia de ese Ser indispensable en el centro de su propio ser, y que es índice paradigmático del estado de debilidad, como de larva, del Hombre aún no cumplido, del Hombre que permanece situado aún en el futuro, al modo como lo estaba nuestra cultura electrónica hace un siglo? ¿Y será una prueba de inferioridad poética vivir dándose cuenta de esa situación mediante la sensibilidad, y sacrificarse a sí mismo para remediarla?

El hecho de que Breton renunciase a su ambición tan repetidamente expuesta, de ascender al pináculo de la mente, ambición heredada del romanticismo neoplatónico donde ya se afirmaba la necesidad de ser algo más que hombres, ¿no es una prueba, si no de traición como quisieran algunos, sí por lo menos de que el camino por él transitado no es el conducente al punto universal que se codicia? ¿Y quién estaría en mejor acuerdo con la Humanidad en cuanto entidad genérica, aquel que siente y practica el Amor hasta su último suspiro, ese Amor universal, sublimado en el renacimiento por Dante y en el romanticismo por Novalis, al grado de negarse en cuanto individuo, de suicidarse moralmente para que la nueva Humanidad, como fruto del Amor genérico, sea, o quien entiende el amor como masculina pirotecnia psicosomática establecido sobre el egoísmo infatuado de sus pretendidas maravillas? ¿Y no fue Dante la primera conciencia cósmica, la más exactamente adecuada, en este aspecto extraterreno, a nuestra realidad actual, a la vez que cantora de la inmarcesible luz paradisíaca? Y después del *Paraíso perdido*, ¿no escribió Milton el *Paraíso recobrado*?

Por último, ¿quién se hallaría más cerca y en relación más positiva con el anhelado *superhumanismo* genérico, tan imposible de confundir con el ávido de poder de aquel Nietzsche que en su día impresionó con signo contradictor a Vallejo, ¿este *superhumanismo* del poeta andino, proyectado a un *supercristianismo sociocultural,* o el *anticristianismo* individualista de Breton, que circula sobre las huellas eternamente retornantes del germano? ¿Desde cuándo la antítesis es capaz de suplantar lógicamente a la *síntesis*? Obvio nos parece que, por haber tirado por la borda los símbolos trascendentales sin darse cuenta de su contenido latente y transfiriente, Breton y compañeros se han encerrado en sus cápsulas psicosomáticas, en ese sepulcro aborrecible ya para el humanismo órfico que clamaba hace veinticinco siglos por una resurrección que hoy sabemos no ser individual sino genérica, no de la carne, según se creía en las vigilias medievales, sino del espíritu.

Del Amor

No sería leal conmigo mismo, ni por supuesto con Vallejo, si recatase que el modo como Coyné se ocupa del amor de nuestro poeta en la última parte de su discurso para situarlo en nivel de inferioridad frente al llevado a las nubes de Breton es, a mi entender, lastimosamente desafortunado. El amor de Vallejo, oscilante en sus primeros libros entre sus dos elementos de confusión, el sentimental psicosomático con su acoplado sexual y el espiritual o metafísico, nunca, por mucho que degenerase, careció de este último plafón, que no tardó demasiado en ganar a su modo la partida.

Especialmente esclarecedor es en este horizonte el poema IX de TRILCE, «Vusco volvvver de golpe el golpe», que por lo que significa vamos a considerar, aunque muy de paso. Se hace en él referencia en forma lingüística de lo más curiosa, cerebral e inusitada a una cópula sexual, de manera que el lector desprevenido puede creer que el poeta se solaza en escandalizarlo con la innecesaria alusión a ciertas crudezas fisiológicas. Sin embargo, la verdad poética es muy distinta. Declara el sujeto que está queriendo resarcirse vengativamente en los campos de pluma de las batallas carnales, de los golpes recibidos en cuanto frustrado buscador en la mujer del amor ideal, antiegoísta, metafísico, que siempre y probablemente una vez más se le ha negado. Y al dejar constancia concentrada y progresiva de su fracaso extiende una especie de carta de repudio de dicho amor animal. En la excitación del momento, caracterizado por la obsesión significativa de las vvv tan repetidas que delatan la hegemonía de la voz «válvula» —«multiplicando» de su «multiplicador»—, goza el sujeto de la sensación de haber suprimido inclusive «al tacto» el sentimiento esencial de «ausencia». Pero de seguida acusa el desánimo de saberse ser juguete de la agresividad brutal de los deseos sexuales; incapaz de subyugar el «egoísmo» fisiológico que impide el florecer de los sentimientos sublimes del «divino amor», soñado desde antaño, correspondiente a la que fuera «alma imposible» de su amada. En pleno desaliento, en un desaliento que le induce a juzgar mortal el erotismo físico con su «toroso», indomable «vaveo», al grado de ver en la sábana lo que ésta tiene de mortaja, comprueba una vez más la presencia de la «ausencia», para sentenciar en conclusión: «Y hembra es el alma de la ausente. / Y hembra es el alma mía». Se refiere así al malogro del «grupo dicotiledón», propio de su erótico-metafísica mitología personal.

Si el lector es maestro en perspicacia comprende entonces por qué se ha escrito tal poema. Ha sido el modo, siempre vallejiano, siempre dialéctico, de expresar fielmente los instantes significativos de su combativa experiencia individual, «entre dos llantos» (157). Presenta al vivo en forma esquemática, pero sin tapujos ni para los ojos ni para los oídos, la mecánica de su intervención en el acto venéreo que califica mediante el modo descarnado y vejatorio como lo describe, haciendo caso omiso de toda la retórica ideal en que se envuelve la presencia femenina desde el renacimiento hasta Apollinaire y Breton. Lo hace así a fin de manifestar por contrapunto su añoranza del amor espiritual, infinito, siendo esta añoranza y su declaración lo que importa. Cierto es que de este modo se justifica a sí mismo ante su conciencia, es decir, logra el equilibrio entre los dos mundos en que ésta se ve prendida, dando lo suyo a cada cual, cosa que se traduce en el equilibrio estético de tan singular obra maestra.

Este poema, escrito a mi parecer el año 19 —quizá, sólo quizá, retocado en detalle el 20-21—, no es sino una prueba, entre las muchas, del espíritu que gobierna el alma de Vallejo. Ya anteriormente, recién llegado a Lima a principios del 18, había sustituido el terceto final de su soneto idealista *Amor*, publicado en Trujillo, con estos tres versos confesionales tan significativos por el plus de idealismo que revelan [7]:

> Amor, ven sin carne, de un icor que asombre;
> y que yo, a la manera de Dios, sea el hombre
> que ama y engendra sin sensual placer!

del placer que, como afirma en otro poema, «nos engendra sin querer, y el placer que nos DestieRRa» (129) —donde resuena, se diría, un eco de Fray Luis [8]—.

Frente a una declaración humanística tan sin ambages, con

---

[7] A ese momento se refiere el siguiente párrafo de una carta de Vallejo escrita el 27 de febrero de 1918 a sus amigos de Trujillo: «...sentí como un deseo de desarraigarme, de no estar, de no rozarme con nada, de escurrirme, de espiritualizarme totalmente acaso...» (en Juan Espejo Asturrizaga, *ob. cit.*, p. 193).

[8] «¿Quién es el que eso mira, / y precia la baxeza de la tierra, / y no gime y suspira / por romper lo que encierra / el alma y de estos bienes la destierra?». Fray Luis de León, *Noche serena*.

Breton nos transferimos a la otra punta del egoísmo psicosomático.

> Amor, único amor que existe, amor carnal. Yo adoro, nunca he cesado de adorar tu sombra venenosa, tu sombra mortal. Día llegará en que los hombres sabrán reconocerte como su solo dueño y adorarte hasta en las misteriosas perversiones de que te rodeas (*L'Amour fou*, 1937, p. 108. Cf. *Entretiens*, pp. 137-141).

No en vano había así promulgado su profesión de fe a sus presuntos secuaces, decididamente masculinos, en su *Primer Manifiesto*:

> ¿No es lo esencial que seamos nuestros propios amos, y también los amos de las mujeres y del amor?

Una de las notas con que se acompaña el *Segundo Manifiesto* es no menos radical sobre la materia. «El problema de la mujer es el más maravilloso y turbador que existe en el mundo», dice Breton con entusiasmo viril antes de arremeter contra los «bromistas de mal gusto» que han corrompido el amor en todas las formas posibles, «amor filial, amor divino, amor de la patria, etc.». Mediante un plumazo decretal cercena así a la Cultura humana de la mitad más subida de su ser de siglos. Vallejo, en nuestro particular, es reducido a pavesas. ¿No era lógico que se inflamara?

Sobre la diferencia entre uno y otro, por ser típicamente representativos, merecería escribirse un largo estudio, en el que habría de trazarse cierto *divortium libidinum* del alma humana. Que, evidentemente, estamos ante dos estructuras psicológicas distintas. Una correspondiente al mero campo psicosomático, adosado a tierra y regido por los instintos que determinan los *deseos* fundamentalmente freudianos, mientras que la otra abarca todo el horizonte, aunque su acento cargue en un punto psicoespiritual, o sea, en la región, diríamos, de las aves y de lo que su campo visual significa. El amor bretoniano se circunscribe a la polarización del individuo, preferentemente varón, frente a su complementario psicosexual, mientras que en Vallejo la polarización se establece, además, entre la conciencia individual y el Ser consustancial al género humano como un todo, o sea, a la entidad predestinada a la situación paradisíaca en que, al infundirse el Espíritu divino, se corrige la vieja esquizofrenia. El amor de Vallejo se enfrenta con el Destino, dando lo que se debe a cada una de las dos Afroditas.

La expuesta con motivo del poema IX es una realidad tan de la idiosincrasia auténtica de Vallejo que dominará su lírica hasta lo último. En *Poemas Humanos* rige el mismo dualismo complementario de los instintos corpóreos, por una parte, con el yo del «egoísmo» o «pronombre inmenso que el animal crió bajo su cola», al que Vallejo se refiere siempre con menosprecio, y por otra parte, de los reclamos subliminales de sí mismo. Tampoco pierde Coyné en este punto la ocasión de minimizar la índole humana de Vallejo como propia «del hombre sin ojos para el mundo, puro oído a lo que sucede dentro de él, tan humano así, tan nicolás, tan juan, tan santiago, que llega a ser también "jovencito de D a r w i n " : "pobre hombre", "pobre mono" al cual se le pierde la palabra».

Si para comprender es preciso amar, salta a la vista una vez más que Coyné no ama a Vallejo ni a lo que éste representa. Vallejo se aviene a vivir con los demás, esa parte que estima bajera de sí mismo en los preliminares de la tragedia contemporánea, pero su verdadera razón o co-razón de ser, responde a otros señuelos. Una cosa es el «lobo» (255), el «cuadrúpedo intensivo» (228) o «cuadrumano» (249), el «mono» o «lóbrego mamífero» (177) con los que él mismo se desdeña y de los que ansía y se esfuerza por, mas no logra desprenderse, y la otra el «diáfano antropoide» (196) que, sin llegar a ser hombre en su sentido global, se le acerca en cierto modo. «Este cristal ha pasado de animal», lo afirma él mismo (112). Trátase de las dos mismas caras exhibidas en el poema IX. Vallejo sabe que todavía no *es* un hombre aunque lo parezca y esté en camino de serlo, habiéndose percatado de que ese camino pasa por la propiedad del espíritu colectivo, causa de sus empeños sociales. Aquel Amor suyo del principio sigue como de estirpe dantesca, sin centrarse en el objeto sexual, aunque practique el «acto universal» (203) o *venerable* (232), «sudando y haciendo lo infinito entre los muslos» de la «costilla de su cosa» —no de él mismo— (192). Metafísico de suyo, su sentimiento se proyecta desde siempre —«Amor desviará tal ley de vida, / hacia la voz del Hombre» (61)—, mas sobre todo en su última etapa, a la transfiguración del ser humano, a la supresión de la muerte y del dolor genéricos. Vallejo está dentro de sí, en efecto, a la vez que está fuera, mucho más fuera que Breton, contra el parecer de Coyné, como partidario socio-político. Mas no es el suyo un adentro individual, sino el del «alma del mundo».

En suma, el amor de Vallejo es una tensión anímica digna de llamarse altruidad, aunque no en el sentido filantrópico, sino en aquel cuya «fórmula de amor» corresponde a la disposición ideal que brota de la entraña materna (133). No cabe mejor testimonio que el de ESPAÑA, APARTA DE MÍ ESTE CÁLIZ, texto precisamente contemporáneo de *L'Amour fou*.

El amor de Breton corresponde, en cambio, según se desprende inclusive de este libro donde se resigna a ser hombre como los demás, a una concepción egocéntrica del ser humano, del mundo y de la vida en la que el individuo, en el hoyo sin lontananzas de su condición animal, se atribuye el puesto reservado al Ser supremo. Tiene vendados los ojos a cualquier otra perspectiva que no sea la del Yo a cuya sombra pueda exaltar su propio «quién como yo», punto de conciencia a donde se ha venido a parar a resultas de los sucesivos derrumbes del edificio religioso. Extraído de todo contexto, el individuo es allí presa de sus evidencias aparenciales a cuyas distorsiones y pies forzados ha de amoldarse en él la imaginación. Así el Amor se degrada hasta reducirse a una actividad psico-somática sin más trascendencia que la satisfacción del deseo individual con sus ilusiones inveteradas —cuando se dan— y sus placeres convulsivos. Según se indicó en *Vallejo frente a Breton,* éste último no sabe de más amor que el correspondiente, dentro del grandioso esquema dantesco, al círculo infernal habitado por Paolo y Francesca, donde concibiéndolo a su imagen, atribuye significativamente su propia condición animal al universo. Lo manifiesta en los *Prolegómenos.* Todo lo demás, el Amor cósmico, el Amor esencialmente espiritual, infinitamente paradisíaco, el Amor del *ser* humano quien nunca fue varón ni fémina —salvo metafóricamente y en cuanto colectividad ante el Ser divino— ha sido arrojado como detrito, junto a viejas concepciones como las de Ptolomeo, al cesto de los papeles bochornosos. Mas con la diferencia de que al arrojar las teorías del astrónomo alejandrino, nunca se pretendió arrojar a la vez el cielo estrellado.

Frente a semejante panorama sólo recordaremos, entre las numerosas, estas líneas de ESPAÑA, APARTA DE MÍ ESTE CÁLIZ, estrictamente contemporáneas, como he dicho, de *L'Amour fou* que se refiere a España también:

Se amarán todos los hombres,

58

engendrarán todos los hombres,
comprenderán todos los hombres.

¿Qué podría tener que ver esta posición amorosa con la
satisfacción de los deseos sexuales en que se cifra el entendimiento freudiano de Breton? El de Vallejo es el único Amor
digno de colaborar positivamente en la regeneración del hombre, de crear su nuevo mundo. Advirtamos: «*engendrarán todos los hombres*». ¿Para quién querrá esto decir, en estos días
de superpoblación, que todos tendrán compañía en el lecho
de su fecundidad, como si hoy no la tuvieran? «Engendrarán
todos los hombres» significa en la mente de quien aspiraba
a ser un Hombre de verdad, entero, que a manera de Dios
engendrase sin sensual placer de los sentidos y cambiase por
amor su destino ciego y fatal, que todos intervendrán en la
creación de la nueva humanidad, participando, frente a su
temprano «yo no sé», en su comprensión, en su conciencia.
No negamos que en la circunscripción de las fantasías adolescentes de nuestro actual mundo de tránsito, los conceptos
de Breton puedan aportar para algunos ciertas especies iluso-
rias en la relación circunstancial entre individuos de distinto
sexo. ¿Pero qué tiene ello que ver con los problemas creadores del género humano en esta época de penetración en los
sésamos de la energía esencial y en las honduras del Cosmos?
Las especulaciones de Breton sólo tienen en cuenta —diremos
creo que con generosidad— la mitad del hombre, de aquel
hombre cortado en dos por la ventana que percibió un día
de 1919. Se trata de la parte inferior en que radican instintos y deseos sensuales, de la misma que figura curiosamente
en los dibujos del pintor Brauner reproducidos en mi *Surrealismo;* sólo de uno de sus ojos. En este orden de cosas, el humanismo bretoniano se nos define como un humanismo hemipléjico que se arroga todas las dimensiones, como si con su
inmoderada concepción egocéntrica pudiera construirse organismo social alguno, y especialmente ese estado universal del ser
humano que por fuerza tiene que situarse entre los dos polos
constituidos por la singularidad individual y la razón entita-
tiva —cultural— del ser genérico.

Espiritualidad de Baudelaire

Una vez rozado el tema, hemos de insistir en la anti-espiritualidad del universo de Breton que, a mi juicio, no es capaz

59

de sostenerse ni con la suposición de que podría servir de reactivo dialéctico. Breton no entiende de valores espirituales. Le son tan extraños como la Novena Sinfonía a un sordo de nacimiento, o el arco-iris a un ciego desde la matriz, siendo esto algo que lo distancia de Baudelaire, no obstante los contactos que con él guarda en el hemisferio oscuro. Si se jacta de ser un ateo vulgar que puede decir que «siempre aposté contra Dios», es por tener una idea ya anticuada, pedestre y hasta ramplona, no diré del Ser divino, sino simplemente del ser. Puesto que «Dios es espíritu» —y la materia, ¿no es energía?— el ateísmo bretoniano es lisa y llanamente anti-espiritualidad. Cuando pronuncia la palabra *esprit* lo hace a la francesa, con referencia a las facultades inteligentes del ser humano, dueño absoluto de su estanque mental, así como de su destino. En cambio, Baudelaire sabe y lo sabe con desesperación demoníaca que, aunque se halle en eclipse, el Espíritu absoluto es instancia en funciones. Baudelaire es fundamentalmente un individuo con antenas metafísicas que se sabe partícipe de una Mente superior a su diminuta existencia material, en cuya experiencia inortodoxa se nos ofrece a estos respectos el siguiente escorzo significativo.

En una de sus lúcidas especulaciones de *L'Art Romantique,* escribió Baudelaire: «Para conocer el alma de un poeta hay que buscar en su obra aquellas palabras que aparecen con mayor frecuencia. La palabra delata cuál es su obsesión» (*Oeuvres complètes,* p. 1111). No sabría decir si fue a consecuencia de esta observación, aunque imagino que pudo haber sido por iniciativa independiente, el caso es que la crítica de nuestro siglo se ha servido ya muchas veces de este método cuantitativo que permite llegar a conclusiones substanciales —como por mi parte lo he intentado en alguna circunstancia con Vallejo—. Pues bien, no ha faltado el *scholar* que se impuso la tarea de establecer cálculos con el propio Baudelaire, llegando a una no muy previsible conclusión. Las palabras que figuran mayor número de veces en el corpus baudelairiano son *espíritu* y *espiritual* [9].

No se ignora, por cierto, que Baudelaire vivió desgarrado entre las dos opuestas tensiones de la naturaleza humana, la sensual y la ideal, asociadas a la inmediata realidad y al sueño. Mas tampoco que, aunque no lograse resolver el problema planteado en él, por la época, su esperanza de solución se cifró

[9] Wallace Fowlie, *Mallarmé.* The University of Chicago Press, 1953, página 257.

siempre en los valores dependientes de la divinidad. Como Poe, Baudelaire fue un ángel caído de ese punto para él en eclipse, pero sin el cual es imposible comprender el drama de su obra que, en forma positiva o negativa, constituye un repertorio de referencias a aquello que ansía tener y en realidad no tiene. Pretendió consolarse de su desdicha con esa «ilusión de inmanencia, llamada belleza», según el dicho de Alquié, que a su «ardiente espiritualidad» le permitió abrir nuevos cauces y galerías a la expresión lírica, adornándola con el refinamiento de sus atisbos espirituales. La ausencia desdichada del Paraíso, del Ser de sus esplendores, se tradujo en la búsqueda exasperada por otros artificiales derroteros, de algo que lo supliera.

Añádese a ello la admiración sin límites de Baudelaire por De Maistre, «el mayor genio de nuestro tiempo —un vidente—» (*Carta a Toussenel*), por preconizar la realidad de la culpa o «pecado original» que cerraba el acceso al Paraíso, así como por anunciar el advenimiento de la época del Espíritu mediante la «revelación» indispensable. «Joseph de Maistre, ce soldat animé de l'Esprit Saint» (*De l'essence du rire*, II). Mediante ello es fácil colegir lo que tras la costra encallecida y ennegrecida por el sucio roce de la «ciudad hecha de lobos abrazados», como la de Vallejo, se anhelaba en lo más recóndito del autor de *Las Flores del Mal* y hacia dónde orientaba su sentido aquella su desesperada ambición de «un paraíso revelado».

En cuanto al género de Cultura que se deseaba en Baudelaire, nada mejor que oírselo indicar a él mismo:

> *Teoría de la verdadera civilización.* No está en el gas, ni el vapor, ni en las mesas giratorias. Está en la disminución de las trazas del pecado original. (*Mon coeur mis à nu.* LVIII).

¿Será temerario suponer que la conciencia que expresó estos conceptos, hoy hubiera añadido: No está ni en la electricidad, ni en la energía atómica, ni en la cybernética, *ni en la escritura automática?*... Muy clara en este aspecto del espíritu es su diferencia diametral con Breton para quien, asistido por Maldoror y compañía, lo negativo y lóbrego ha dejado de ser referencia con signo cambiado, para convertirse en un valor *per se.* Se diría que Breton ha suprimido todo menos el llamado «pecado original» o posición contra el Espíritu, que

61

es precisamente el pecado que, por no ser perdonable, condénase al «infierno». De aquí que cuando Coyné le echa en cara a Vallejo no haber comprendido que el Surrealismo es un «estallido del espíritu con todas las características de un humanismo cabal y de duración ilimitada», «una revolución mayúscula» capaz de dar el sentido que le falta a la humanidad para la instauración de una nueva cultura —tan nueva como la helenística—, no podamos menos de asombrarnos antes de llegar a la conclusión de que, con palabras parecidas, estamos hablando dos idiomas correspondientes a dos culturas o «contratos sociales» distintos.

Insipiencia

No necesito declarar hacia dónde se inclinan las convicciones que se han ido constituyendo en mí, tras una experiencia de desprendimientos continuados a lo largo de la vida. Supuse intuitivamente en 1938, a raíz de la muerte del poeta, que el estado de insuficiencia que se daba en el complejo infantil de Vallejo traducía el colectivo de estos países indoamericanos dejados por la «Madre España» en adolescencia, a medio formar. Sin ser esto, quizá, fundamentalmente erróneo, podría limitarse a ser una forma histórica circunstancial de sentir el problema humano en su plenitud. En cuanto ejemplar del *homo sudamericanus,* Vallejo, que invocaba a la Madre verbal y exhortaba a los niños del mundo a salir en su busca, puede personificar en verdad esa situación a más de medio camino en el trayecto a ser hombre, según lo apetecía dentro de sí. Pero ello podría ser, al mismo tiempo, una manifestación expresiva del estado planetario, correspondiente al desarrollo cultural de la especie humana que se encuentra hoy día al borde del universo, de la universalidad y del universalismo. España se transformó para Vallejo en la presencia del Eterno femenino, en la personificación del arquetipo *Anima.* Mas no en el orden individual, sino en el universal que reclama la «salvación» genérica o regeneración del mundo entero. No serán las afirmaciones personales, sino los acontecimientos quienes digan hasta qué punto es esto cierto o no lo es.

«Sofía-Cristo» había afirmado Novalis interpretando a su amada Sofía como expresión circunstancial de la Sabiduría infinita correspondiente a esa noche en la que se nos aparece sumido el Universo, fórmula soteriológica en la que, a insabiendas, Nerval puede haber seguido maravillosamente sus pasos. «España-Cristo» diría en el supremo instante nuestro León Felipe, sin conocimiento alguno de Novalis, ofreciendo la sangre española por una gota de luz, o sea, por el famoso estado de Videncia en que, sin saberlo, se ha hecho lugar común desde el romanticismo aquella situación a que implícita y explícitamente se proyecta el arquetipo «Milton». En el marco de ese contexto es donde brota la personalidad, la «yema» hispanoamericana de Vallejo, en quien se reúnen la naturaleza inocente, anterior a la idea de culpa original; el cristianismo que se propone como medio transitorio para concientizar esa situación insuficiente a fin de superarla; y el impulso cultural hacia un estado universal de síntesis en el que se justifiquen tesis y antítesis mediante la consecución del estado superior, siempre en potencia, a que tendía la creación a través del proceso antropológico de las diversas y escalonadas culturas. Muy digno de nota es al respecto que, así como el Surrealismo aspiraba a ascender a un punto cúspide donde se resolvieran oposiciones y antinomias, Vallejo por el mero impulso de la sensibilidad en que se traducía su constitución psíquica, se hiciese espontáneamente dueño de un estilo peculiar donde las innumerables contradicciones operan como materia dinámica en función de un tercer término que las justifica y dirige.

El problema psico-dramático de Vallejo, como el de nuestra cultura en su conjunto, es el resultante de la pugna pendular entre los focos del *sentir* y del *pensar,* o sea, de lo concreto real, rico en presencia, y lo abstracto ideal que la mediatiza: del sentirse ser en plenitud como en la infancia, y del no saberse ser suficientemente —o saberse no-ser, sino *estar*— cuando esa sapiencia se declara indispensable para perfeccionar la redondez «paradisíaca», cosa esta última sólo asequible por mediación del oportuno y superior estado de Cultura a cuyo más allá apunta el sentido de la vida cristiana.

A ningún conocedor de Vallejo se le oculta que frente a la mencionada Sabiduría, la primera piedra del edificio consciente del peruano es la constatación depresiva de que «no sabe», expresión que repite unas veinte veces en LOS HERALDOS. Este no saber —en la huella de Darío— es para Vallejo algo así como el pecado original de su propia circunstancia, una nesciencia básica, fundamento de sus constantes malestares y de la que, por lo mismo, anhela redimirse. El poeta se da cuenta de que «no sabe» por lo intensamente que su conciencia siente en sí la necesidad de saber para ser ella misma, aunque la sabiduría que apetezca no sea aquella que comunican la ciencia ni la filosofía, sino otra más directa y eficiente en el dominio personal, que transforme su sentirse ser, devolviéndolo a la gracia plena de la infancia. Declara así por ejemplo, identificando la añorada gloria de su bienestar con *El barco perdido* de sus dorados instantes infantiles, que hoy le hace sufrir de ausencia:

¡Oh lindo barco gualda que te fueras
yo no sabré hasta donde!
¡Ahora que *me ahogo en mi conciencia*
qué bueno si volvieras...! ([10])

Su ansia inicial de saber, de tener conciencia, se muestra, pues, tan entrañada a la cultura que coincide, a su modo, con el aforismo inicial de la *Metafísica* de Aristóteles para quien esa tendencia al saber es inherente a la conciencia humana. En el caso de Vallejo, tan emparentado temperamentalmente, por otra parte, con el fundador de la dialéctica de los contrarios y enamorado de la Sabiduría, Heráclito, trátase de la misma constatación que a Sócrates le inducía a considerarse superior a sus conciudadanos, porque mientras éstos imaginaban saber y actuaban como si supiesen, no sabiendo nada en realidad, él sabía que no sabía, punto de arranque de una situación dinámica promisora. Parecidamente, Vallejo, tan alejado por nacimiento y educación de la Grecia clásica, es el tipo del hombre que al salir de la edad de oro de la niñez, un tanto como Novalis, se percata de la existencia de algo sustantivo que ignora, situándolo en el centro de una contradicción esencial, y que para ser realmente como antaño, en vez de sufrir el malestar de ausencia, debería saber, al grado que la falta de esa Sabiduría a la vez que lo hace intrínsecamente desdichado, lo fuerza a ponerse en marcha en busca del remedio. Se nos manifiesta como el Ser escindido por la mitad, que siendo *uno,* quiere ser *dos* a fin de ser realmente *uno,* y luego *tres* con el mismo objeto. Y así sucesivamente en una especie de cálculo antiinfinitesimal bajo el signo del Amor generalizado, cuya ilimitada realidad descubre por estos rumbos.

Buena guardarropía, ábreme
tus blancas hojas;
quiero reconocer siquiera al 1,
quiero el punto de apoyo, quiero
saber de estar siquiera (120).

10 En *Cultura Infantil.* Trujillo, dic. 1916. Véase Coyné, p. 242, Espejo, 166. Cf. TRILCE, III.

A los anteriores propósitos se nos viene como anillo al dedo el testimonio con que Ferdinand Alquié termina su estudio sobre la *Philosophie du Surréalisme* o contemplación de su Sabiduría. Según lo expuesto en *Vallejo frente a Breton*, a juicio de Alquié la condición humana entifica la ausencia esencial, esa ausencia de ser de la que, en su sentir, toda verdadera metafísica nunca ha sido sino el llamamiento. Y a continuación de tales afirmaciones, Alquié termina así su estudio:

> La ciencia olvida la ausencia del Ser. La poesía nos consuela de ello produciendo en lo imaginario esta ilusión de inmanencia llamádase belleza. La metafísica es discurso sobre la ausencia. En ella el espíritu se distancia del hombre, rehusa tenerlo por un principio, se eleva el incomprensible más allá que el hombre no contiene, pero significa. El Surrealismo puede conducir a tal filosofía. Mas ella no es la filosofía del Surrealismo.

Sobre tales postulados, Vallejo se nos declara como un poeta metafísico por naturaleza. No se lo ha propuesto conscientemente, ES. Su sentimiento de orfandad, su hambre intrínseca, adjetivadas en toda circunstancia por alguna condición que determina el significado de cada una de las mismas —la ausencia del hermano muerto; la de la amada incapaz de seguirle en sus sublimaciones; la de la madre desaparecida; la del hombre consumado que no es— son formalidades de esa constante de *ausencia* que lo caracteriza. Contemporáneamente al poema *Falacidad* (23 junio 1917), él mismo nos habla de su «metafísica emoción de amor», con motivo del «alma imposible de su amada» ideal, de ese alma que dos años después le inducirá a clamar: «hembra es el alma de la ausente», de la siempre ausente.

Vallejo tiene hambre amorosa de conocerse objetivamente, de saberse ser, de sentirse con los demás libre de la penosa sensación de «estar en ayunas», «desayunados todos al borde de una mañana eterna» con alas de «hermana de la caridad», como si se propusieran investirse con todos los rasgos definidores del Evangelio del Verbo, llamado de San Juan. Mas nada de ello es discurso, teoría filosófica ni religiosa ni literaria, sino vida poética en términos de una ya incipiente nueva humanidad que incluya lo físico, lo psíquico, lo espiritual, dentro de un organismo social, y especialmente lo verbal, aquello que es la palabra conductora de las substancias esenciales emancipadas de la esclavitud mortífera del tiempo y del espacio.

Entiendo que frente a este enunciado, el índice que en contraste quizá caracterice mejor al Surrealismo es su devoción irrestricta por Sade, reforzada por su veneración de Lautréamont que para los surrealistas es, al decir de Breton, repitiendo palabras ajenas, lo que Jesucristo es para los cristianos. Pocos ignoran el significado del sadismo: la satisfacción cuando no el goce, dentro de un pozo de negrura, en el daño de los otros. Nada quizá define mejor el humanismo surrealista. Es el suyo un humanismo individualista y destructor hasta el sadismo, muy en armonía por cierto con el tono reinante en esta nuestra época que está pidiendo superarse, es decir, un humanismo desequilibrado por su absoluta incapacidad de compasión, de identificarse hasta cierto punto con la desgracia de sus congéneres. El Surrealismo es un humanismo, si puede llamarse así, parcial, egoísta, identificado, también en este sector, con uno de los términos de la dinámica creadora, especialmente el negativo (Shiva).

Y uno se pregunta, un tanto como Alquié, ¿qué especie de humanismo luciferino es éste? ¿Se puede acaso transformar al hombre, regenerar positivamente al hombre sin amarlo? ¿Cabría intervenir humanamente en la regeneración del ser humano sin sentir como propias sus desdichas e insuficiencias, asumiendo teatralmente el papel de la potencia creadora? ¿Dónde está esa potencia espiritual, hubiera habido que preguntarle a André Breton, de no haber conocido de antemano su respuesta: el Espíritu soy Yo? Estimo en definitiva que a Coyné le sobra motivo para subrayar la «oposición absoluta entre el humanismo del peruano y el del grupo de París». Ciertamente, en Vallejo se aspira a integrar todo el hombre, lo mismo al revolucionario que cae en cuenta de que, por mucho que a él le duela, en un determinado punto es desdichadamente inevitable un tanto de crueldad, que el ser humano en su plenitud, inflamado en los valores humanos positivos que justifican la transigencia asimismo circunstancial con los otros, al grado de «amar aunque sea a traición a su enemigo» (251). En Vallejo se distinguen marcados los tres puntos de la balanza pendular: los de los platillos y el del fiel —este último el sublime descartado por Breton—, es decir, el esquema de la Justicia creadora que en el horizonte esencial conduce a la transfiguración mental del Hombre.

66

Coyné es muy dueño de preferir, como buen francés, el «humanismo» del grupo de París. Mas no le es lícito extrañarse y menos oponerse a que otros prefieran el que nos ofrece el futuro americano, con todas sus insuficiencias presentes, el futuro de este «continente niño», reconocido como tal por no pocos a partir de Montaigne, representado por el poeta que bajo el signo del Verbo hispánico fue a morir precisamente en aquel París donde se celebraba la Exposición Internacional del Surrealismo.

En resumen: lo adolescente en Vallejo, con todas sus debilidades y afecciones, no es una condición puramente individual; es encarnación personificada de un estado colectivo, de pueblo que se encuentra en esa situación incompleta que en Vallejo se siente poéticamente como *hambre* de *hombre*, como *ausencia*, consagrada al Amor que habrá de redimirla. Es elemento índice del estado en que vive la totalidad, desde el indígena al hombre culto. Estado de larva, «todaviizada» en la vieja imperfección, pero que, como la presencia misma de Vallejo en el mundo lo atestigua, están ya a punto de abrírsele los ojos, requisito primordial para empezar a despojarse de aquélla, surgir. Puede la mente europea, empedernida en su sapiencia de siglos, contemplar a nuestros países con mirada desdeñosa. No cabe echárselo en cara por ser éste el modo de autodefinirse en beneficio de nuestra diferenciación. Sí, nuestros países son insuficientes, subdesarrollados, con sus aspectos ciertamente lamentables. Pero va a comenzarse en ellos a oír para el mundo, a darse cuenta, a «saber».

El Surrealismo representa un estado de cultura en su última extremidad, donde las formas negativas, correspondientes a su situación de antítesis, acusan ya ciertas prefiguraciones, o tal vez mejor, pre-huellas en modo negativo, del mundo venidero.

Testimonio ilustrativo

A fin de confirmar ilustrativamente algunos de los conceptos vertidos, así como lo que el «panhumanismo panteísta» era y a lo que por mediación de sus símbolos aspiraba en el sentimiento de Vallejo, nada mejor que recordar de nuevo los siguientes fragmentos de ESPAÑA, APARTA DE MÍ ESTE CÁLIZ. Subrayamos algunas palabras para hacer más patente el sentido de la propia vida y de la propia muerte del poeta que, como en un espejo, se define aquí aludiendo a su existencia *extremadamente dura* y al *humo* («último vaso de humo en su papel dramático», 220) de su extraordinario *humanismo*:

> *Hombre de Extremadura,*
> oigo bajo tu pie el *humo del lobo,*
> el *humo de la especie...*
> y el *humo que, al fin, sale del futuro.*
> *¡Oh vida! ¡Oh tierra! ¡Oh España!*
> ....
>
> Extremeño, ¡oh *no ser aún ese hombre*
> por el que *te mató la vida y te parió la muerte*
> y quedarse tan solo a verte así, *desde este lobo*
> cómo sigues *arando en nuestros pechos.*
> ....
>
> ¡Extremeño acodado, *representando el alma, en su retiro,*
> acodado a mirar
> *el caber de una vida en una muerte!*
>
> ¡Extremeño, dejásteme
> verte *desde este lobo, padecer,*
> *pelear por todos y pelear*
> para que *el individuo sea un hombre,*
> para que *los señores sean hombres,*
> para que *todo el mundo sea un hombre,* y para
> que hasta *los animales sean hombres*
> el caballo, *un hombre,*
> el reptil, *un hombre,*
> el buitre, *un hombre honesto*
> y hasta el ribazo, *un hombre*
> y el mismo cielo, *todo un hombrecito!* [11]:

Variaciones surrealistas

Dejando al margen diversos pormenores sin importancia, puesto que sobre lo fundamental se ha tratado ya aquí y en *Vallejo frente a Breton,* señalaremos ahora el extenso cuidado con que Coyné registra los pasos de la conversión de Vallejo al marxismo comunista, con sus antagonismos, titubeos, incon-

[11] Para el «humo» y el «arando en nuestros pechos»: *Homo vocetur, quia videtur esse factus ex humo.* De la vieja fábula de «Cura», citada por M. Heidegger en *Ser y Tiempo* (traducción española de José Gaos, 2.ª ed. México, 1962, p. 218).

sistencias y resignaciones, y la actitud decidida que adoptó el Surrealismo revolucionario ante problema semejante. Lo que Coyné olvida decir es que, según se ha recordado, los grandes surrealistas, salvo Breton y Péret, acabaron por alinearse nuevamente, a fuerza de inconsistencias y resignaciones, en el mismo bando de Vallejo, y que uno de ellos, Louis Aragon, luego de haber pronunciado el panegírico del autor de ESPAÑA APARTA DE MÍ ESTE CÁLIZ ante su tumba y jurado publicar sus obras completas, no se cuidó —por algo sería— de cumplir tan solemne compromiso.

En este aspecto bien puede afirmarse que una cosa es el «humanismo» de los surrealistas, como grupo, y otro el de André Breton, no estando sin duda en total disconformidad con Vallejo los primeros. Y entre los mismos Picasso que, años antes de adherir al comunismo, exclamó luego de escuchar tres poemas de Vallejo: «¡A éste sí le hago yo un dibujo!». ¿Por qué no habrá confrontado Coyné el humanismo del peruano con el del grupo en su integridad, puesto que el Surrealismo es fundamentalmente una doctrina de corporación?

Trae también al recuerdo Coyné unas frases grandiosas, sensacionales, de Breton que no consienten pasar sin comentario, y que, por cierto, contradicen su afirmación de 1920 al menospreciar todo lo que pudiera parecer una «vocación» —salvo la de hacerse un nombre, añadiremos por nuestra parte—. Decía en 1926 (*Légitime défense*):

> Algo grande y oscuro tiende a expresarse a través de nosotros... Cada uno de nosotros ha sido elegido, designado a sí mismo entre mil para formular lo que, en vida nuestra, ha de ser formulado... Es una orden que hemos recibido de una vez por todas y nunca nos fue dado discutirla...

¡Impresionante! ¿No está Breton sustituyéndose en tan fausta oportunidad a Moisés, el que ascendió a lo alto de la montaña, frente a un *ersatz* de pueblo elegido? De otro lado, ¿quién es el que ha determinado semejante elección y emitido esa orden indiscutible? ¿Satanás, el oscuro, disfrazado de Vaché, o tal vez Mefistófeles, puesto que no ha de ser Yahweh contra el que Breton apostó siempre sus fortunas? ¿Quizá Maldoror?... ¿Y quiénes entre esos elegidos de 1926 fueron fieles al mandato, empezando por el *élu* por antonomasia, Paul Eluard?

¿Y dónde está lo «grande» expresado a través de Soupault? ¿Dónde lo «grande» de Aragon, incorporado al redil de su «Moscú la gâteuse»? ¿Dónde lo «grande» de Eluard, de Péret, de Tzara, de Desnos, de Ribemont-Dessaignes, de Artaud, de Crevel, de Baron, de Leiris, de Limbourg, de Vitrac y compañía? ¿Y dónde lo «grande» de Breton? ¿No es todo ello más bien una simple megalomanía de gentes literarias empeñadas en agenciarse mancomunadamente el mayor de los renombres?

Y conste que no se pretende desconocer el verdadero interés que encierran ciertas obras literarias de algunos de los mencionados, que en su oportunidad quien esto escribe estimó bastante. Sólo decimos que ninguno de ellos llegó a empinar su grandeza a los tobillos de un Goethe, de un Hugo, de un Poe, de un Baudelaire, de un Balzac, de un Whitman..., por no mencionar a los rusos, en el marco del siglo XIX.

Mas no olvidemos, por nuestra parte, que lo único verdaderamente «grande» llevado a cabo por entonces en París, por persona afecta al grupo fue, aunque le sorprenda a Coyné, la pintura de un español, sobre un motivo de España, el GUERNICA de Picasso, sin duda la pintura más famosa de nuestro siglo, en cuya aureola se concibió y pervive la también «grande» ESPAÑA, APARTA DE MÍ ESTE CÁLIZ.

Sobre el secreto profesional

Párrafo aparte requieren los comentarios que Coyné dedica al artículo de Vallejo *Contra el secreto profesional,* publicado en «Variedades», de Lima, en mayo de 1927, y luego, con bastantes retoques, en «Repertorio Americano», como introducción al elogio del poemario *Ausencia,* de Pablo Abril de Vivero. Tratándose de un texto que, por su radicalismo y otras cuestiones, se presta a la censura, no podía menos de figurar en el sumario que Coyné instruyó con motivo del Surrealismo mencionado en ese artículo sin malicia.

Nadie ignora que Vallejo no es ni pretendió nunca ser un crítico. Un crítico es una persona bien equipada de información y conocimientos en su ramo y en otros afines dentro de un marco de cultura general, que se propone aplicar juiciosamente sus criterios profesionales acerca de la validez estética de las obras u horizontes que somete a examen. En Vallejo no se cumplen en modo alguno las condiciones eruditas de semejante profesión. (Pero conste que había leído a Proust aunque

Coyné no lo crea). Vallejo es simplemente un poeta vivo, de extracción cultural tan modesta como remota, quien, cuando le conviene, se atribuye todas las libertades como medio de ir buscándose a trompicones a sí mismo y a su mundo, entre las esquinadas angosturas de la cotidianidad. Las contradicciones en que puede incurrir no le quitan el sueño. A veces hasta parece provocarlas a fin de hacer ostensible su inalienable arbitrariedad congénita. Para alguien como él, lanzado a la gran aventura de ser Hombre, nada puede significar que hoy aplauda lo que, desde otro punto de vista, reprobó ayer, siempre que no atente contra sus premisas fundamentales de poeta creador, es decir, contra aquello que de verdad toca a su propia naturaleza y, por consiguiente, a su humanismo. Poco o nada tiene que ver con esta razón de humanidad el hecho de que, cuando en un momento cualquiera se desbocan sus impulsos emotivos, emita dictámenes contra esto o contra aquello. Me parece que no darse cuenta de esta realidad, tampoco es dar prueba de poseer un juicio crítico muy penetrante y maduro, aunque se disponga de muchos más pertrechos culturales de los que poseía el autor de TRILCE.

Es obvio, pues, que en la presente circunstancia tampoco Coyné ha dado prueba de ecuanimidad de juicio suficiente. Pero Coyné es un crítico. Y un crítico que se nos muestra empleando en esta oportunidad dos criterios disímiles, comparables, en cierto modo, a los dos cuerpos de esa caricatura de instrumento musical que —con espíritu surrealista— los franceses llaman *en ton noir*. Lo ancho y holgado de la bocina es para Breton y quienes lo acompañan mientras lo acompañen. Sus defectos, sus dobleces y contradicciones, sus fraudes y vastas falencias se le disimulan al autor de *Nadja* a fin de subirlo al estrado. Todo en él es digno de admiración y encomio. Su humanismo parece ser el más acabado que han visto y verán las edades, cosa que no puede menos de dejarnos estupefactos, puesto que a un Breton, inmerso en sus negruras y matriculado contra la realidad del Espíritu, lo convierte en un ser humano pluscuamperfecto. En cambio, la boquilla estrecha y desabrida del embudo es para el poeta andino. De esta manera se le beneficia al lector que no tiene que gastar muchas horas ni vigores para comprender el valor relativo de los dos fenómenos en cotejo. Pero ¿será esta una actitud equitativa, de magistrado judicial, o la de un abogado defensor y acusador en una pieza? ¿No se nos habrá puesto ante los ojos una balanza trucada, y no de dos, sino de un solo platillo?

Vallejo, en efecto, escribió su *Contra el secreto profesional* sin tener demasiado en cuenta, hasta, podría sostenerse, más de un aspecto de su propia poesía anterior. Trátase de un panfleto contra la literatura hispanoamericana, prolongando y elaborando la ruta emprendida en su *Estado de la literatura española* de 1926. En él se despacha contra todos sin excepción los artificiosos vanguardismos de esta parte del mundo que, en su sentir, eran reflejos de las búsquedas de la retórica europea con preterición de los encuentros que considera esenciales. Nombra a Maples Arce, a Borges, a Neruda y, en su versión primera, a Gabriela Mistral, denunciando su exigua comprensión de los valores auténticamente latinoamericanos de la vida. Ello demuestra al menos —observaremos al pasar—, el significado que en la mente de Vallejo se otorga a la autenticidad americana como realidad distinta de la ultramarina y de la seudo americana de su generación. De ahí su denuncia en bloque de todos los vanguardismos de este continente, lo que a la vez milita en defensa de su postura personal ante el quehacer poético; ante el más allá a que aspira o a que se aspira en él confusamente.

Téngase presente que Vallejo publica su crónica en mayo de 1927. Las estridencias de Maples Arce reflejan, a su juicio, el derrotero de las vanguardias europeas. No descubre en los fervores bonaerenses de Borges —bonaparte del ultraismo español— aquellas cualidades distintas que pide a la sensibilidad correspondiente a la naturaleza cósmica del Nuevo Mundo. Las composiciones de Neruda no habían dado prueba hasta allí de mucha autoctonía. No sé que Vallejo conociese los *Veinte poemas de amor* —por mi parte los ignoraba—, los que en modo alguno hubieran alterado su juicio. Mas sí conocía al menos el trozo de *Tentativa del hombre infinito* publicado en «Favorables», que a Vallejo debió parecerle emparentado con el estilo de Tzara y además fabricado y sin proyección al verdadero infinito. En cuanto a Gabriela, de cuya actitud literaria se había ocupado ya en una crónica anterior, opina que su latinoamericanismo es epidérmico, de manera que su poesía —dudo que la conociera lo bastante— no se diferencia mayormente de la concebida en España. Vallejo no tiene noticia con seguridad de López Velarde si se exceptúan algunos versos aislados y pintorescos que de repente soltaba Antonio Riquelme, nuestro grato amigo de Orizaba.

Pocos meses antes habíase publicado el *Indice de la Nueva Poesía Americana*, por Alberto Hidalgo, Vicente Huidobro y

Jorge Luis Borges (Buenos Aires, 30 de julio de 1926), donde no se le trataba a Vallejo con la debida equidad —ni por cierto se le incluía a López Velarde—. Sin duda no sintió latir en ese *Indice* «la materia prima, el tono intangible y sutil, que no reside en preceptivas ni teorías, del espíritu creador», puesto que denuncia la inoperancia de este último en América. Con lo que envuelve tácitamente en su crítica demoledora a Huidobro e Hidalgo cuyos nombres es de creer que ha pasado en silencio por deferencia. Y menos tácitamente a Borges que en ese *Indice* había cometido el atentado de denigrar a su muy venerado Darío.

Es obvio que Vallejo no se detuvo a reflexionar mucho ni tampoco a reunir información completa y refinada, cosa no tan improvisable en aquel entonces. Habla como lector de literatura periodística. Los tres poetas franceses que menciona en su introducción teórica son Ribemont-Dessaignes, Reverdy y Tzara, los tres que colaboraron en «Favorables» y ninguno más. Y en cuanto a su panorama de las escuelas europeas, puede hoy motejarse de insuficiente, de brocha un tanto apresurada, «a la ligera», como reconoce él mismo en la segunda versión. Pero Vallejo no escribe un ensayo crítico, para los que carece de condiciones —pifias harto más graves cometió en otros campos—, sino una crónica con destino a un público sin preparación ni discernimiento en su inmensa mayoría. Su técnica es la de la caricatura que, mediante la esquematización arbitrariamente exagerada de trazos y contrastes, intenta traducir lo esencial del objeto. Lo que aquí se propone, reflexiva o irreflexivamente, es afirmar su personalidad comprometida con el sentirse Ser, en oposición al gremio lírico de estos países, a la vez que provocar, dar pellizcos a diestro y siniestro, sacudir enérgicamente la atmósfera.

Algo que a Coyné le escandaliza sobre todo es que, frente a este no dejar títere con cabeza, entone Vallejo a continuación la alabanza del libro *Ausencia* de Pablo Abril a causa de su sincera autenticidad. Si mal no recuerdo, *Ausencia* era efectivamente un librito de versos muy correctamente trajeado dentro de las normas retóricas tradicionales; sentido, llamado a hacer buen papel en cualquier reunión distinguida. Pero estaba tan lejos de las líneas de fuego de TRILCE, como el Country Club limeño lo está de las minas de tungsteno de Tamboras.

En el atrevimiento fundamental de su búsqueda, Vallejo no cree que algo deje de estarle permitido, ni que tenga por ello que rendir cuentas a nadie. Abril es algo más que amigo suyo, le debe grandes favores y ayudas materiales y morales. Y quizá es la única carta fuerte con que cuenta en su juego contra la miseria y el abandono de su patria. Podría sostenerse tal vez que el juicio sobre el libro de Abril fue una de sus «debilidades» infantiles; que lo elogia al modo como tantos artistas ensalzaron en otros siglos a sus mecenas..., sino existiesen otros datos que modifican el cuadro, según se verá cuando nos ocupemos de ello enseguida.

Además, recién salido en esa época del antro angustiosísimo de su crisis de 1923-25, en plena convalecencia, Vallejo sentía en sí la vocación del equilibrio. Las tesis que sostiene por entonces en sus crónicas, sorprenden a menudo por lo sensatas. Ha dejado de creer en los extremismos y se siente muy a gusto dentro del clima dominante en la cultura francesa que gira en torno al justo medio. Su apetencia es encontrar el gozne o punto dinámico de equilibrio donde se conjuguen los temples y tendencias esenciales y las circunstanciales, aspiración muy lógica dado su afán sintético, totalizador. Goza de un lapso de respiro y no detesta contemplar la vida con ciertas coloraciones rosas, llamadas por desgracia a marchitarse pronto.

En virtud de estos elementos, la crónica de Vallejo sobre ese secreto profesional que encubre las artimañas y triquiñuelas del oficio, no se justifica por completo en el campo literario, claro está; pero se explica en el de los sucesos ocasionales que es lo que en el fondo y como su nombre lo expresa, exige de sí lo efímero de una crónica.

Ahora bien, ¿existe derecho a pensar que Vallejo, poco menos que la sinceridad personificada, no fue sincero al encomiar en la forma en que lo hizo, el libro de Abril? La bibliografía nos tiende acerca del asunto otro dato quizá un tanto elucidante. En julio de 1925, a raíz de la lectura del original de *Ausencia* y en especial de uno de los poemas, titulado «Ven, pobre hermano mío», Vallejo le escribió a Pablo Abril una carta donde, sin necesidad de recurrir a semejante especie de lisonjas —ya le han concedido la beca de Madrid— se expresa en estos términos:

> ...Su poema me ha hecho llorar largo rato en mi cuarto. Me ha tocado el corazón como si hubiera sido escrito para mí. Tal contenido sentimental posee, tan sencilla y tersa es su palabra, que uno tiene que experimentar a cada giro, a cada simple frase, una onda

de infinito idealismo. Se ha lavado mi espíritu y he llorado a solas largo tiempo... [12].

A quien así se expresa, los versos de su amigo le han reblandecido el alma, cosa que los distingue de los artificialismos vanguardistas tan alejados de aquello que en Vallejo justifica sus temerarias libertades en procura de una experiencia orientada hacia una nueva y más avanzada humanidad. El principio sensible en que radica su ser poético ha respondido a las expresiones impretenciosas de Pablo Abril, cuya «llana elocución» posee «la rara virtud de emocionar». Exactamente.

De otra parte, la alabanza del libro de Pablo Abril no oculta, en su edición segunda, ignorada por Coyné, el valor de testimonio augural y por tanto relativo, que a aquél se le concede como base para futuras evoluciones estéticas. Dice así que, por libros sinceros como éste,

es dado, de cuando en cuando, percibir indiscutibles posibilidades líricas en América. El capítulo *Nocturnos* de *Ausencia,* llega a este alto tono poemático.
Sólo que de Abril esperamos esa segura evolución estética que suele frustrarse en los poetas de la actual generación de América. Abril tiene de su parte la rara cualidad de no vanguardizar. Ello es ya una garantía de su porvenir [13].

Por último, el libro de Abril se titulaba *Ausencia,* tema que, según se ha visto, concernía al sentimiento profundo de

---

[12] En José Manuel Castañón, *César Vallejo a Pablo Abril (en el drama de un epistolario).* Universidad de Carabobo, Venezuela, 1960, p. 15, y en *Pasión por Vallejo,* del mismo autor, p. 148.
[13] *Repertorio Americano,* San José de Costa Rica, vol. XV, pp. 92-93.
He aquí cómo se expresa el número 5 de su inventario vanguardista en esta nueva versión, no muy fácil de manejar, a fin de que pueda cotejarla quien por ello se interese con el de la primera, transcrita por Coyné: «5) Nuevas imágenes. Advenimiento del poleaje casuístico y yazbándico de los puntos de apoyo de la metáfora según leyes sistemáticamente opuestas a las leyes estéticas de la naturaleza; divorcio absoluto de los valores estéticos de la vida y los valores estéticos del arte (Postulado europeo desde Lautréamont, hace cincuenta años, hasta el cubismo de 1914)».
En cuanto a la riqueza de la *imagen* surrealista descrita por Breton según la cita de Coyné, añadiremos que la exhibida por Vallejo en sus *Poemas póstumos* les da quince y raya, no obstante su concisión verbal, a todas las surrealistas, incluida la obra maestra de Breton, *L'Union Libre,*

Vallejo. No es imposible, pues, que éste percibiera en el poemario de su amigo relaciones armónicas con la aflicción de *ausencia* que se había cebado en él siquiera mientras vivía en el Perú. Vióse en páginas anteriores el significado que para Vallejo poseía dicha *ausencia*, identificada con la miseria de la orfandad. No es improbable que removiera sus propios posos al poner el dedo en la veta de sus problemas originales y desapacibles. Porque precisamente en esa época, muy poco después, Vallejo reconocía la vigencia de las torturas del espíritu y la necesidad que pesaba sobre el mundo de replantear sus problemas. Lo manifestaba con motivo de un libro muy celebrado en Francia, *Sous le soleil de Satan,* de George Bernanos, del que se ocupa en otra de sus crónicas, y del que, por la mucha miga que contiene, también nosotros hemos de ocuparnos.

De Satán para arriba

Coyné menciona incidentalmente a Bernanos, sin que al parecer venga a pelo, especificando que es el único de los escritores católicos por el que Breton demostró siempre un respeto extraño. Pero tal vez no resulta imposible conjeturar por qué, pese a los apremios de tiempo, Coyné recuerda a Bernanos. Sucede que al final de su tesis académica sobre *César Vallejo* (Lima, 1959, p. 262), cuando registra con brevísima reseña las crónicas publicadas por éste en «Mundial» y le llega el turno a aquella en que el poeta trata de Bernanos, la resume con estas palabras: «Valoración de la primera novela de Bernanos, BAJO EL SOL DE SATÁN, y su anacronismo psicológico (sic)». Este lacónico «(sic)» nos informa de lo desacertado que a Coyné parecióle semejante juicio. Aunque no lo exprese, el hecho de que relacione aquí a Bernanos con Breton y aduzca extemporáneamente el respeto que a aquél le guardaba el último, parece significar que está enfrentando una vez más, ésta sigilosamente, a Vallejo con Breton, a la vez que para mengua del peruano estampa uno de los mayores elogios que pueden hacerse de un novelista, al decir: «George Bernanos, nuestro Dostoievski», mientras que en otro párrafo pone en realce la suma estimación que Vallejo concebía por dicho escri-

collar de raras perlas cultivadas, con la diferencia de que mientras las últimas proceden de «los valores estéticos del arte», las vallejianas surgen de «los valores estéticos de la vida», razón de su diferencia sustancial profunda.

tor ruso. Dejamos, por cierto, a Coyné la responsabilidad de este último juicio que a nosotros sólo puede corroborarnos la diferencia de nivel que existe entre la literatura francesa de nuestro tiempo y la de la Rusia pre-soviética, desenmascarando lo descomedido de la grandeza que algunos desearían que se le reconociese a Francia.

Pero es éste un incidente que presta pie para divisar la procesión que le andaba a Vallejo por el cerebro cuando en 1926, un año antes de su *Contra el secreto profesional,* emitía su juicio sobre el libro de Bernanos. No le disgustaba la novela porque expusiese los conflictos de conciencia de un sacerdote católico, como no obstante la alusión a Satán, debió ser el caso de Breton y especialmente de Péret, verdadero comecuras. Según Vallejo, ese libro que le había provocado náuseas es un exponente del «*tormento místico de nuestra época*». Y añade para explicar el porqué de su repulsión:

> No, precisamente porque se trate allí de un gran motivo religioso, a la manera medioeval, sino tal vez porque el señor Bernanos no ha sabido tratarlo. ¡Qué magnífico marco para una gran novela! ¡Dios!... ¡La dicha eterna!... ¡La manera de llegar a ella!... ¡Las fuerzas y direcciones del espíritu!... ¡Las fuerzas y direcciones del cuerpo!... ¡Las lóbregas encrucijadas y los sutiles y perlados crepúsculos del infinito!... Pero el señor Bernanos olvida que estamos en 1926 y no en el año en que murieron Abelardo y Eloisa, ni siquiera en los días de León Bloy. Su profundo anacronismo psicológico le ha perdido, y «Bajo el sol de Satán» no podrá abrir la brecha espiritual que necesita nuestra época. A estos muchachos que se han muerto de todos los dolores, de todas las miserias y de todas las tragedias humanas en 1914 no se les podrá tocar el corazón sino mostrándoles otros dados del destino, otras posibilidades de ascensión, más inmediatas, más humanas, más universales, que las posibilidades encuadradas dentro de una sola disciplina religiosa, ésta o aquélla. El rostro de Satán habría que buscarlo fuera de la iconografía católica; las llagas del mártir habría que buscarlas en otra cintura que no fuese la del abate Donissant.
> Estos mozos de ahora han visto ya a Satán en

las trincheras y a los santos penitentes en la cruz roja.

....

Mi generación pide otras disciplinas [14].

Demuestran estas reflexiones que Vallejo y el Surrealismo de Breton enfocan en 1926 el mismo problema puesto sobre el tapete de Europa y del mundo por la guerra del catorce, lo que nos va a permitir confrontarlos otra vez a partir de esta nueva perspectiva. Aunque por distintas razones, ambos discrepan fundamentalmente de los problemas de conciencia del abate Donissants y de su autor George Bernanos. Pero Breton, que no cree en la validez de semejantes conflictos espirituales, respetará hasta cierto punto al autor de *Bajo el sol de Satán* a causa de sus dones literarios y por su actitud combativa contra las vetustas guardias del clericalismo francés.

Vallejo sostiene, en cambio, que la época está pidiendo una apertura espiritual que dé sentido entero a la existencia humana y señala ya hacia donde se orientan sus intenciones personales. La tragedia de nuestro siglo prohibe complacerse en asuntos de sistemas a su juicio anacrónicos, perimidos, mas no niega las potencias del Espíritu que los postularon. Algo nuevo tiene que enunciarse, una fórmula de conciencia que cointegre orgánicamente el horizonte de las materialidades con todos sus problemas y el universo que a Vallejo sigue pareciéndole legítimo, de las razones infinitas: Dios, la manera de conseguir aquí y ahora la dicha eterna, comprendiendo las fuerzas y direcciones del espíritu a la vez que las del cuerpo. Quiere ello decir que está juzgando indispensable la coordinación en síntesis de los mismos dos sectores polares que habían intervenido, como representativamente, en la «lóbrega encrucijada» de su poema IX y otros varios de TRILCE y que en realidad, por serle congénitos, estaban viviendo en él desde el principio. La tarea del Espíritu creador consiste, a su juicio, en identificar en el nuevo escenario de nuestro mundo y con miras a un más allá conforme a justicia, que permite tomar posición activa frente a las categorías fundamentales de la ética, Mal y Bien. Ha de advertirse que por entonces o muy luego, Vallejo elaboraba *Sabiduría,* el capítulo de su novela inédita que en este contexto y en relación con lo arriba indicado, se nos declara lleno de sentido. Hasta no parece imposible que fuese una reacción, siquiera en parte, a la lectura del libro de Bernanos.

[14] «París renuncia a ser centro del mundo», en *Mundial,* Lima, 28 de julio de 1926. Reproducido en *Artículos olvidados,* Lima, 1960, páginas 109-10.

Lo mismo Vallejo que los surrealistas se vertieron, como es sabido, al campo social por los declives revolucionarios del materialismo histórico. En lo tocante a Vallejo vamos a reproducir enseguida, para evitar extravíos, los conceptos de otra crónica suya de 1929, o sea, tres años posterior, luego de realizado su primer viaje a la Unión Soviética. Pero a fin de prevenirnos contra posibles equivocaciones, precisando el lugar que a cada fenómeno le corresponde en el desarrollo del proceso lógico, conviene tener presentes dos cosas. La primera es la confesión de su ya famosa carta de enero de 1932, donde decía:

> Pienso que la política no ha matado totalmente lo que era yo antes. He cambiado seguramente, pero soy quizás el mismo. Comparto mi vida entre la inquietud política y social y mi inquietud introspectiva y personal y mía para adentro. ¡Qué quieres, hermano!

El segundo dato que conviene tener presente es el de las confidencias orales de 1932-33 a quien esto escribe. Confesaba, según lo he atestiguado otras veces, que el marxismo resolvía sus problemas en lo tocante a la organización del cuerpo social. Pero que sus problemas íntimos, los suyos personales, no podía resolvérselos el marxismo puesto que hasta desconocía su existencia.

En este esquema de su doble preocupación, véanse las reticencias con que se expresa en su muy mencionada crónica de abril de 1929:

UNA GRAN CONSULTA INTERNACIONAL

Paris, abril de 1929

No nos interesa tanto saber si el marxismo —como tentativa rusa— ha salvado ya a la humanidad, sino saber en qué medida y hasta qué punto el marxismo, como tentativa universal de reconstrucción social, salvará a la humanidad.

Aquí radica la génesis de nuestra inquietud. ¿Resuelve el marxismo los múltiples problemas del espíritu? ¿Todos los momentos y posibilidades del devenir histórico tendrán su solución en el marxismo? ¿Ha enfocado éste toda la esencia humana de la vida?

79

El aspecto científico —que es su esencia creadora— de esta doctrina, ¿abastece y satisface a las necesidades extracientíficas y, sin embargo, siempre humanas y, lo que es más importante, naturales de nuestra conciencia?

Aquí radica la génesis de la inquietud contemporánea [15].

Parece evidente, en virtud de estos datos corroborados por el conjunto de sus poemas póstumos correspondientes a esa vida suya interior desconocida por el marxismo, que éste nunca sofocó en Vallejo aquellos principios que en algún momento de alta marea exterior debieron retirarse al reducto mejor defendido de su personalidad. Quiere ello decir que su estructura mental siguió siempre conforme a los dos principios que, según Jung, integran el círculo del alma humana: el objetivo o vuelto hacia afuera, y el subjetivo o introvertido. Advertirá el lector que por ello se interese, que son los dos mismos sectores demarcados en mi ensayo sobre el Surrealismo con motivo de los dos ojos simbólicos del pintor Brauner. Y advertirá también que la tendencia ulteriorizante del autor de TRILCE, e inclusive la de mi *Surrealismo,* está en franca sintonía con las más osadas proyecciones de la psicología analítica ideadas por el mismo Jung y sobre todo por Rank.

Esto en cuanto a Vallejo que, si bien oscuramente, nunca dejó de pensar, aunque fuese a espasmos, en «la brecha espiritual que reclama nuestra época». El caso coetáneo de Breton, varado en Freud, es muy distinto. El mundo interior de que su conciencia carece, es abandonado al subconsciente que se pretende domesticar mediante la escritura automática o «fantaseo» del mismo Jung [16]. Su conversión y las de su grupo al materialismo histórico fue consecuencia natural de su posición revolucionaria. Sin embargo, el voluntarismo irrefrenado de Breton nunca pudo soportar que el partido político en que el materialismo había tomado cuerpo no siguiese las líneas que

[15] En *Mundial,* Lima, 31 de mayo de 1929. Reproducido en «Aula Vallejo», 5-6-7, p. 67. Decisivo en estos asuntos es el siguiente párrafo de una carta de Vallejo a su hermano Víctor de *18 de junio del mismo año 1929:* «Le ruego mandar decir una misa al Apóstol a mi nombre. Una vez que sea dicha, le suplico me lo indique, diciéndome el día y la hora en que ella se ha realizado. Le he pedido al Apóstol me saque bien de un asunto. Le suplico mucho que mande decir esa misa. Así me he encomendado ya». (En Espejo Asturrizaga, *ob. cit.,* p. 204).

[16] *Transformaciones y símbolos de la líbido.* Buenos Aires, 1952, página 54.

él pretendía señalarle. Como consecuencia, el autor de *Nadja* abandonaría gradualmente el marxismo arrastrado por las tendencias individuales de su «quién como yo», mientras que todos los compañeros de sus escaramuzas iniciales fueron poco a poco desertándolo, con excepción de Péret. Todavía en 1934 siguió sosteniendo (*Point du Jour*) que mediante la práctica de la escritura automática podría darse esa apertura a lo grande que intentaba expresarse a través de ellos, o sea, esa brecha que según Vallejo necesitaba nuestra época, mostrando a sus adeptos otras posibilidades de ascensión más inmediatas, más humanas, más universales, a que el peruano se refería. Este por su parte, convertido al marxismo, se sintió repugnado por el *Segundo Manifiesto de Breton* luego de adoptar una actitud político-social opositora a la otra mitad de sí mismo, ese sector moral donde se producen los «tormentos místicos» insinuados en la crónica sobre Bernanos, que hubo de retirarse, según lo antes indicado, a las catacumbas de sus «adentros». Uno se entusiasmará con sus centelleos eróticos vislumbrados en la mina de carbón de su egocentrismo absoluto, mientras que el otro se encarará, a pecho descubierto, con los problemas específicos de la conciencia humana, los materiales por lo pronto, en virtud de su fuerte apremio, mas sin que ello represente renunciar a los significados infinitos de los espirituales.

Guerra de España

Sobre este estado de cosas, a uno y a otro, aunque en diferente grado, la guerra española los conmocionó, y al mismo tiempo que Picasso pintaba su *Guernica,* cada cual compuso su libro testimonio. Notable y probablemente sintomático en el campo de los «azares objetivos», es que *L'Amour Fou* de Breton, iniciado a la sombra de la misteriosa Tour-Saint-Jacques de París, «el gran monumento del mundo a lo irrevelado» (p. 69), alcanzara su exaltación en tierras españolas. Más, y no menos significativamente, en lo alto del *Teide,* volcán de las islas Canarias que constituyen el último paradero de Europa en la ruta de Colón hacia el Nuevo Mundo —de las que no tardará en surgir, de rebote, Francisco Franco—. Pero la urdimbre complejísima de esos principios que gobiernan sobre los hados supuestamente libres de los individuos, iba a marcar dramáticamente las diferencias. Afiebrado por los acontecimientos, según refiere, Breton sintió gran deseo de incorporarse a la lucha española. Mas esta vez —quizá por no ser sexual— desoyó su *deseo.* Quedóse en Francia por razón de la niña recién nacida de aquel su amor artificiosamente demencializado, concebida tal vez en el punto donde las proas de Occidente apuntan definitivamente hacia América, niña a la que había impuesto el nombre de *Aube,* Alba.

Ninguna obligación tenía Breton de participar como voluntario en la guerra española, sobre todo habiendo rebasado ya los cuarenta. Sin embargo, él se manifestó obligado a explicar en público mediante una carta a su hijita de pocos meses, que ocupa las últimas páginas de su *Amour Fou,* las razones que, por causa de ella en quien «amaba a todos los niños de los milicianos de España» (p. 174), le impidieron trasladarse a la península. ¿Pero no habíamos quedado allí mismo, contra «los bromistas de mal gusto», en que no existe más amor que el carnal? Nadie le obligaba tampoco a Breton a escribir ni sobre todo a publicar dicha carta a Ecusette de Noireuil (Anagrama de Ecu-reuil, Noi-sette, ver pp. 66 y 173). Pero Breton era un literato a quien todo se le volvían juegos de palabras y de ideas restringidas. El mismo se había definido en 1920 como «Breton, homme sans grand courage» (*Les Pas Perdus,* p. 129), lo que aquí reitera: «Je ne me sentais pas le courage de vous exposer»... (p. 175).

En su extemporánea defensa y excesivo panegírico de Breton —cuyo objeto parece haber sido disminuir a Vallejo y desmantelar a quien esto escribe—, Coyné pretende cerrar el paso a toda interpretación, menos entusiasta que la suya, de aquellos «malévolos» que censuren a quien poniendo por delante su propia felicidad y el peligro que podía correr su hijita, se escuda detrás de ésta y de sus generosos trémolos para vindicar una conducta que no tenía por qué vindicarse. ¿O no somos libres de obrar como mejor nos parezca? «Habrá fariseos», sentencia Coyné «que tilden al que así se expresa de egoísta en busca de justificación».

Pues bien, quien esto escribe no tiene inconveniente en arrostrar semejantes calificaciones preventivas. A su juicio, el egoísmo irreductible de Breton encontró la manera, más elocuente que elegante, de eludir ante la galería el compromiso que en su fuero interno le planteaba la tragedia española. El mismo había manifestado con anterioridad: «por nada en el mundo defenderíamos una pulgada de territorio francés, pero defenderíamos hasta la muerte en Rusia, en China, una conquista mínima del proletariado» (*Legitime Défense,* 1926). De haber sido otra su estructura moral, no hubiera tenido, en primer término, que resguardarse ante el ajeno qué dirán, presumiendo de algo que en realidad no se tiene. El hombre celoso de su propia dignidad no puede rebajarse a dar explicaciones que nadie le pide, y menos recurrir para ello a especiosas «ternuras» —«el mal sagrado, la enfermedad incurable»...— escudándose en una niña para emocionar a las almas sensibles de sus lectoras, no sin provecho literario. En segundo lugar, cuando se quiere algo en firme, siempre se encuentra alguna fórmula de arreglo. Como tantos otros, Breton podía haber ido a España, que no hubieran faltado quienes se ocupasen de su mujer y de su hijita. Y podía haber trabajado por la causa española en París en forma diferente a como lo hizo, sembrando la discordia en las terrazas del Bvd. Saint-Germain, e imaginando la exposición surrealista de 1938. (La actitud de Breton en aquella circunstancia, actitud tan encarecida por Coyné, no puede discutirse aquí. Sólo cabe oponerlo, en nombre de la realidad, la más severa repulsa).

Pero no es esa la cuestión. La cuestión es que lo más digno que podía haber hecho en la línea de su altivo desdén jupiterino era callarse. Mas he aquí que. por fortuna, al no obedecer a esta exigencia mínima, dejó Breton expreso testimonio en favor de España con arreglo a su propia modalidad, a la vez que puntualizaba el alcance de su persona. De esta suerte reveló, sin pretenderlo ni darse cuenta, en nombre del Surrealismo, el punto del horizonte hacia donde apuntaba su flecha indicadora la «irrevelada» Torre de Santiago, patrón mítico de España por su condición de Finisterre, así como de la conquista de América.

Particularmente notable es que, aunque lo ignorase el interesado por completo, la ascensión al *Teide* de su *Amour Fou* —nueva forma del «promontorio sacro» del mundo grecolatino— realiza simbólicamente, como en sueños, en una especie de combinación surrealista de sueño y realidad, el impulso medieval de *Ultreja, Euseja,* «más allá, más arriba», del himno de los peregrinos compostelanos al Finisterre, que se tradujo en el desbordamiento español, por las Canarias, al Nuevo Mundo y sus alturas. Y se amolda también, corroborándolo, al significado simbólico del movimiento *ultraísta,* varios años anterior al Surrealismo. La subjetividad de Breton se nos revela así como entrañada a un «azar objetivo» que a la vez que señala el camino simbólico hacia la Realidad, patentiza los límites de la conciencia del sujeto que en ello interviene, el cual, por sí mismo renuncia a alcanzar el «punto sublime» de la montaña que le hubiera permitido dejar de ser el hombre occidental que es, para lograr una conciencia de ser superior, cosa que al planteamiento surrealista le está vedada. Así lo confirmarían pocos años después los acontecimientos, definiendo al Surrealismo como un síntoma que proyecta al exterior el contenido latente de la circunstancia. Y tal vez no sea un dislate registrar en este horizonte donde evolucionaba el Verbo, que la compañera en el amor loco, seudoeterno, de Breton se llamaba *Jacqueline* [17] —porqué de la Tour Saint Jacques—.

A Vallejo, en cambio, nativo del «más allá, más arriba», de *Santiago de Chuco,* prendido como consustantivamente en los acontecimientos, le tocó hacer demostración de su compromiso sin restricciones. Esa parte de su ser en el mundo, donde radica la zona de los tormentos calificados por él de «místicos», estaba compenetrada hasta lo indisoluble con los impulsos trascendentales, llamados a abrir «la brecha espiritual que necesita nuestra época». Vallejo fue una especie de expresión neotípica del Verbo que en aquel trance crucial, inmediatamente anterior a la degradación de Europa, vino a emitir testimonio de la efectiva Realidad creadora mediante su *España, aparta de mí este cáliz,* y aquella su muerte que iba a dar en él fe de Vida. «No me parece maravilla que la sola imaginación produzca las fiebres y la muerte de quien no sabe contenerla», decía Montaigne (*De la fuerza de la imaginación*). En Vallejo Poeta; no había quién pudiese contener a la Imaginación, sino todo lo contrario. Así murió cualitativamente, como «poeta visionario», víctima del torbellino de su creatividad (Jung), en la arista donde se quiebra la oposición «entre dos épocas», según él mismo decía de su «extremeño» (255).

Breton y el Surrealismo están no lejos de muchas cosas, estirando la codicia de sus antenas hacia un más allá de su Finisterre. Vallejo es más que un pronóstico; un cabo suelto por el cual se puede sacar el ovillo terráqueo. Ambos son poetas personificados que no sólo hablan, sino *por los que se habla,* razón a la que se debe que en sus experiencias florezcan, aunque en forma cualitativamente distinta, los «azares objetivos» de la «sincronicidad». Breton es producto de un estado de cultura

---

[17] Singularmente valiosas son en el campo de la poesía estas esbozadas conexiones con el sentido del soneto *Teide,* escrito en Francia por Gerardo Diego el *11 de julio de 1936* e incluido en su libro *Alondra de Verdad* —anunciadora del nuevo día—. No parece imposible que alguna vez se hagan públicos ciertos ya añejos incidentes epistolares relacionados con estas coherencias increíblemente «maravillosas».

secular, rebasado, ultramaduro. Por ello es más elaborado y consciente en algunos niveles teóricos y harto más respetuoso con las convenciones lingüísticas. Vallejo es representante por un lado de una remota cultura y por otro de una cultura aún sin crecer, en pañales. Por ello son en él más espontáneos los elementos trasconscientes, confiados al ministerio de la sensibilidad, y más integrados a la estructura esencial del Lenguaje sus rompimientos. De aquí lo divergente de sus antropologías con sus configuraciones ético-estéticas adjuntas: sensual, individualista, sádico-satánica, la de Breton. Socio-cultural, ordenada al destino genérico, más abierta al Universo infinito y a la veracidad de los grandes símbolos caritativos, la vallejiana. Uno representa un fin de situación, con referencia dialéctica a un principio. En su ingenuidad, constituye el otro un principio donde impone ciertas formas expresivas el fin. Por ello son tan distintas las calidades que en la formulación de sus respectivos «azares objetivos» adopta el potencial maravilloso. Y esto es algo de trascendencia especial, a mi entender, pues que tales azares son, si no desbarro, apariciones presenciales de esa Logosfera o dimensión libre del Espíritu reprimida por nuestra cultura fundamentalmente somática, pero que en las circunstancias presentes acusa algo así como la ingerencia de esa Voluntad creadora reinante sobre tiempo y espacio, que permite comprender los azares vallejianos, frente a los de Breton, como emisiones trascendentales del Verbo. «Todo *azar* es *maravilloso* —roce de *un ser superior*—, un problema, principio del sentido religioso activo», había sentenciado ya Novalis.

En suma, ambos, Vallejo y Breton, son índices contemporáneos, en el paréntesis de entre guerras, de las tensiones peculiares del Occidente europeo y del Nuevo Mundo, dejando el poeta andino planteado el problema de cerciorarnos si la experiencia de su vida, de su obra y de su muerte abre o no en alguna medida «la brecha espiritual que necesita nuestra época». Y aquí, como para redondear el asunto, se nos impone una pregunta: ¿era tan disparatado que Vallejo, llamado a rendir testimonio trascendentalísimo en función de su *sensibilidad* y representación del Nuevo Continente, abominara en su *Contra el secreto profesional* de todos los movimientos vanguardistas de extracción europea que imponían entonces en América sus novedades retóricas?

Sirvan las anteriores discriminaciones de proemio a las páginas que se han de dedicar en seguida al examen de las censuras de que ha sido objeto mi ya viejo ensayo poético-cultural, motivado por un fenómeno surrealista, y mis convicciones acerca del porvenir de nuestro ámbito.

Sólo añadiré, para terminar esta parte de mi contestación diferida, un detalle que, aunque mínimo, no carece de sal, un tanto «gema» —gema, sí, como la celebrada en L'Amour Fou (página 19)—, aunque quizá también otro tanto «muera».

En el penúltimo párrafo de su disertación, luego de señalar las diferencias entre Breton y Vallejo, afirma Coyné que el único punto de contacto entre los mismos es su apelación a algo no histórico que trueque su servidumbre en libertad. Y continúa revelando lo insuficiente de su propio concepto de humanismo, puesto que confunde lo adjetivo con lo sustantivo:

> Es su único punto de contacto, el cual salva el abismo existente entre el humanismo pánico del primero y el humanismo del segundo, que calificaríamos de «ternuroso» con un neologismo que Vallejo podría haber inventado.

No hay duda de que media otra sima entre Coyné y Vallejo. Por inclinado al Surrealismo que se sienta en la línea profética encarecida por Apollinaire, Coyné no parece ser aún un as del profetismo. En cambio, Vallejo, aunque no fuera surrealista, es de creer que sí. Lo sugiere el hecho de que con veintisiete años de anticipación, en diciembre de 1920, según se vio más arriba, terminase, a la vista de críticos profesionales y de lectores profanos, el poema XXI de *Trilce* diciendo:

> Y la *ternurosa* avestruz
> como que la ha querido, como que la ha adorado.
> Pero ella se ha calzado todas sus diferencias.

II

Ministerio de Autodefensa

Solicitando indulgencia ante todo por tener que ocuparme extensamente de mi persona en defensa de valores culturales que estimo caros, he de partir de una premisa: al escoger el tema de su participación en las Conferencias, Coyné sabía muy bien que mi ensayo sobre *El Surrealismo entre Viejo y Nuevo Mundo* no era un estudio de crítica literaria sobre el movimiento surrealista francés ni pretendía extraer del mismo conclusiones que André Breton pudiera haber suscrito. Lo contrario sería imputarle cortedad de discernimiento como lector de obras imaginativas, algo que no se aviene con su reconocida condición de crítico literario.

Mas de otra parte es un hecho que para emprender su crítica reprobatoria, no sólo de mis puntos de vista acerca de ciertas proyecciones del Surrealismo, sino de los tocantes al destino cultural del Nuevo Mundo, a Coyné no le había interesado ojear el resto de mi obra impresa. Ignoraba así lo entrañado que está dicho ensayo a otros escritos míos anteriores y posteriores, que intentan develar el sentido trascendental del problema histórico-poético de España e Hispanoamérica en el trayecto proyectivo de la Cultura humana a la universalidad. *Rendición de Espíritu*, publicado en 1943, pero cuyos tres primeros capítulos fueron dados a conocer por «España Peregrina» en el primer trimestre de 1940; *Nuestra Alba de Oro,* ensayo aparecido en la entrega inicial de «Cuadernos Americanos» en enero de 1942; *Visión del Guernica,* de 1945, entre varios escritos más, unos cortos y otros no tanto, exponen puntos de vista similares en lo sustancial o complementarios a los de mi *Surrealismo.* Pero entre ellos sobresalen los dos volúmenes de *Rendición de Espíritu* (*Introducción a un Mundo Nuevo*), donde el discurso imaginativo, operando en atmósferas de razón enrarecida, se especializa en el entendimiento de la realidad histórica a base exclusiva de las intuiciones ético-estéticas y religiosas de nuestra cultura, de algunos grandes mitos, de analogías y correspondencias, de no pocos «azares objetivos» e indicios significantes, para sostener una tesis enunciada expresamente en su primera página, que podría designarse con el término «transfiguración cultural». Obvio resulta, me parece, para cualquier lector acucioso que este texto no se apoya en lecturas literarias, sino que es producto de una larga experiencia original cuyo lenguaje se aplica en el momento oportuno a la comprensión de nuestra tragedia histórica. A fin de poner en claro los conceptos, transcribiremos un poco más adelante el enunciado que precede al primer artículo aparecido en «España Peregrina» bajo el título *Introducción a un Mundo Nuevo,* que es el mismo que encabeza el capítulo inicial de *Rendición de Espíritu.*

Si antes de emprender su crítica contra mi ensayo y convicciones histórico-poéticas se hubiera Coyné enterado de dichos y otros antecedentes, creo que le hubiera sido difícil entender mi

Surrealismo como lo entendió y encarar su participación en las Conferencias vallejianas en la forma que lo hizo.

Hubiera sabido, en efecto, que mi *Surrealismo* era como un apéndice especializado en cierto determinado aspecto de *Rendición;* algo así como un ensayo paralelo y corroborador de su texto, donde, pese a su mucha extensión, ni se pronuncia el nombre de Vallejo ni se alude al Surrealismo. En el contexto de mi obra publicada, la teoría de Coyné de que para llegar a mis conclusiones americanizantes he partido de Vallejo resulta ciento por ciento insostenible. En el flujo de pensamiento mítico-poético en que me movía desde hacía bastantes años, la palabra Surrealismo no aparece en letras de molde sino en 1942, mientras que Vallejo, en cuanto figura de ese friso fluyente, no entra en escena hasta los sesenta o poco menos, aunque a partir de su muerte me hubiera ocupado de él en otras perspectivas —en modo alguno inarmónicas, desde luego—.

Por lo tanto, hacer depender mis convicciones sobre los destinos de España y de Hispanoamérica de mi estimación por Vallejo y sus poemas póstumos es incontrolada arbitrariedad. Lo real es precisamente lo contrario. Vallejo viene a insertarse por derecho propio, como elemento eficiente, corroborador primero, y luego elucidante y puntualizador, en el cuadro de mi concepción del mundo largos años después de fraguada esta concepción, que a Vallejo mismo no le fue ignorada en lo fundamental desde 1932-33.

Por si se apeteciese alguna prueba más concreta de los asertos anteriores, recordaré que el 27 de junio de 1937, es decir, diez meses antes de la desaparición de Vallejo, el boletín «Nuestra España» publicó al frente de su número 18 un pequeño artículo mío titulado *Inminencia de América* —escrito hacia el 15 de mayo, donde constan en germen las ideas fundamentales que Coyné atribuye a tiempos posteriores—. Se empieza en él afirmando que «la hermandad hispano-americana ha entrado en la fase crítica de su historia». España padece «el antagonismo de dos mundos». En ella «luchan Europa y América», la segunda de las cuales «empieza en los Pirineos». Trátase de una operación de Nuevo Mundo con proyección al «más allá». Y se añade:

> Así se explica que en la presente coyuntura, cuando la historia universal cruje con clamores de parto, desbaratando sus anticuados sistemas, cuando ya la ciencia ha herido de muerte a aquellos conceptos que dieron forma a las sociedades antiguas al par que ha modifica-

do los conocimientos y las circunstancias materiales que determinaron el género de vida de los hombres, es decir, cuando llega el fin del Mundo Antiguo y suena la hora magnífica del Nuevo, esta hora no sea otra que la ardiente hora de España, llamada a renacer de sus cenizas. Y esto es así porque esta hora es al mismo tiempo la hora de América, la hora del Nuevo Mundo, en cuyos umbrales estamos viendo escribirse a sangre y fuego un nombre: MADRID, en el cual se encierra la sustancia de esa Maternidad, que es una para vosotros y nosotros, americanos y españoles; de esa Madre que hoy se angustia y se desgarra al dar a luz material y espiritual al fruto de su vientre.

Estas palabras tocantes a la Madre del «vientre a cuestas», ¿provendrían de *España, aparta de mí este cáliz,* poema que fue escrito varios meses después, y sólo conocido tras la muerte de Vallejo, en mayo de 1938?

Todo lo cual demuestra que Coyné ha incurrido en una de las graves faltas que le echa en cara al autor de *Autopsia del Superrealismo:* insuficiencia de información. Para improvisar su crónica periodística, Vallejo conocía directa o indirectamente acerca del Surrealismo, sobre todo si se consideran las posibilidades del momento, bastante más de lo que para intervenir en nuestras deliberaciones universitarias conocía Coyné de mi modo de imaginar, contra el que se despachó con mayores miramientos verbales, evidentemente, mas no con menores propósitos erradicativos. Y a todas luces, con muchísima menos información de la que me asistía a mí cuando compuse mi incriminado ensayo, ya que contaba en mis anaqueles mentales con unos veintitantos volúmenes leídos a medida que fueron apareciendo, así como un buen fajo de revistas, amén de las conversaciones y espectáculos. Por ejemplo, estuve presente en el cine «Les Ursulines» la noche del estreno de *El perro andaluz,* de Buñuel y Dalí, en el que mi ensayo hace hincapié. Gracias a ello me fue posible abordar el tratamiento del Surrealismo con un saber de primera mano que arrancaba de los días de su aparición. Mis conocimientos proceden, pues, de las fuentes mismas y de su interpretación dentro del cuadro poético - cultural de que disponía en 1944, bastante más reducido, sin duda, del que fui adquiriendo en años sucesivos.

En verdad, mi *Surrealismo* no es un estudio histórico ni crítico consagrado a este movimiento. Es un ensayo poético inspirado por la misma confesada finalidad a que apunta mi *Rendición*. No es el Surrealismo ortodoxo el fin de ese mi trabajo, sino el medio que lo motiva. Establece así a grandes líneas la filiación del movimiento francés, del que sólo se detiene a considerar los rasgos esenciales en función de la finalidad que se proponía su dinamismo verbal y de la que mi ensayo se propone, siendo ambas, en su trasfondo, no poco afines. No se subordina a lo que pudiera pensar Breton de mis interpretaciones ni intentaba atenerse a sus convencimientos. Muy al contrario. Mi apreciación tiene cuidado de manifestar desde el principio que se realiza desde fuera. Breton y el Surrealismo eran para mí objetos culturales cuyas exactas posiciones, encerrados en su subjetivismo circunstancial, ignoraban ellos mismos, aunque no lo creyesen. Mi examen y dilucidación pretendían llevarse a efecto desde la órbita más extensa de la conciencia universal, comparable con la del psicoanalista con respecto al psicoanalizado. Parte dicha visión de la certidumbre de que el Surrealismo no tiene conciencia sino muy parcial de lo que realmente significa ni del punto concreto a donde se proyecta, constituyendo una estación de tránsito en un proceso evolutivo que la cultura de Occidente tiene emprendido hacia la Realidad universal, con mayúscula, del Nuevo Mundo.

A lo que Coyné parecía obligado al embarcarse en su empresa era a demostrar la falsedad de mis perspectivas poético-culturales; lo insostenible de la posición que yo me atribuía; lo erróneo de mis pretensiones relativamente al futuro americano. Todo menos impugnar mis proposiciones con el argumento de que no se conformaban a la ideología de Breton, puesto que se trataba de eso precisamente, de mi falta de acuerdo. Equivale su actitud a desechar las conclusiones de un examen psicoanalítico porque no coinciden con las ideas inmediatas del sujeto examinado.

Ya que Coyné no lo ha hecho, he de exponer en pocas palabras, para información de quien leyere, cuál era y sigue siendo el esquema fundamental de ese ya lejano librito —reimpreso tras las Conferencias en un contexto más amplio [18]—. Pero creo que procede, para apreciar correctamente el fenómeno, transcri-

[18] *Del Surrealismo a Machupicchu*. México, Mortiz, 1967.

bir por lo pronto las palabras iniciales de mi *Introducción a un Nuevo Mundo* («España Peregrina», febrero 1940), las mismas con que se inicia *Rendición*. Dicen así:

La serie de artículos a que éste da comienzo se propone enfrentar al lector con un cuerpo de realidades heterogéneas, del que se desprende un sentido susceptible de autorizar importantes convicciones. Entre ellas se cuentan las siguientes:

1.ª Existe en el orden humano, espiritual y materialmente hablando, un *más allá* correspondiente en su esencia a la secular aspiración de las generaciones que nos precedieron.

2.ª La Historia se encuentra en las inmediaciones de la era universal a que alude ese *más allá,* en el umbral de un nuevo mundo. Por esta razón se nos descubren hoy ciertos aspectos esenciales del fenómeno vital cuya percepción posee la virtud de transformar la conciencia que el ser humano tiene de la realidad objetiva y subjetiva en que vive envuelto.

3.ª El acento creador del mundo nuevo que se anuncia gravita geográficamente sobre el continente americano o continente del espíritu, llamado a equilibrar a los otros dos grandes bloques continentales del mundo antiguo: Asia-Oceanía y Europa-Africa.

4.ª Corresponde a España, al pueblo español inmolado, facilitar, rindiendo su Verdad, el acceso a ese mundo de civilización verdadera, ser su precursor efectivo e indispensable.

Véase cómo puede ser esto así:

Bien se advierte que ni Vallejo ni el Surrealismo desempeñan oficio alguno inicial en este cuadro, que, como fundamentalmente colectivo e interesado en los grandes volúmenes y períodos, se cierne muy por encima de los casos particulares. Mi primer texto sobre Vallejo, *Profecía de América,* lo benefició a éste con las perspectivas de mi experiencia, tal como en aquel instante estaban en mí asentadas. Sólo con el paso del tiempo Vallejo se convertiría para mí en uno de los elementos confirmatorios de mi forma de entender, como broche efectivo entre las grandes entidades de la España europea y de la de América en aquel momento crucial de tránsito en que ocurrió su muerte. Otro elemento corroborante, también de orden posterior, fue el Surrealismo. Que no cabe pretender que el *más allá* de mi enunciado proviene del *Segundo Manifiesto,* donde el término figura asimismo un par de veces, puesto que surge del *Plus Ultra,* del destino heráldico español que había dado ya origen al *ultraísmo* —y a mi poema «Evasión» (1919)—. Otras más concretas son las razones por las que el Surrealismo daría motivo a mi ensayo, cuyo esquema fundamental paso a exponer ahora.

El movimiento surrealista era y sigue siendo a mis ojos la última manifestación del impulso romántico de Occidente hacia una superación del estado antropológico de su cultura y, por lo mismo, de su conciencia. Corresponde al lapso que se extiende entre las dos grandes guerras de la primera mitad del siglo. Enuncia una serie de ambiciosos e incitantes designios que, dado su planteamiento, le es imposible alcanzar, razón por la que se convierte fatalmente en un síntoma o fenómeno indicador que, al tiempo que refleja el estado anímico circundante, proyecta a superficie, en modo indirecto, la realidad de su contenido latente. De aquí que en la primera de las cuatro partes de mi ensayo se describa a grandes trazos lo que el Surrealismo es en sus elevados propósitos, en sus exiguas realizaciones y en sus no veniales insuficiencias, esbozando un pequeño panorama del movimiento en sí y del contexto geocultural en que se inscribe.

Luego de esta introducción o pista de despegue, que no otra cosa es la primera parte de mi ensayo, entra el mismo en materia, es decir, en lo que allí se define como «la clave de fuerza de este escrito» o su verdadera razón de ser. Está ésta constituida por la descripción y análisis interpretativo de un hecho concreto acaecido en París el mes de agosto de 1938 en el seno del grupo surrealista. Un pintor de ese credo, Víctor Brauner, perdió un ojo en un accidente fortuito a manos de otro pintor surrealista, el canario Oscar Domínguez, que disparó un vaso contra otra persona, siendo así que el primero se había autorretratado con un ojo vacío varios años antes. Había sido el fenómeno descrito en la publicación surrealista «Minotaure» por Pierre Mabille, uno de los miembros oficiales de la agrupación. Previamente había por mi parte tenido conocimiento del suceso al poco de acontecer, por Dora Maar que me informó del asunto y me dio a ver las fotografías al tiempo que se las mostraba a Picasso. Pero si unos años después emprendí el estudio del fenómeno fue porque a mi entender de entonces manifestaba contener un sentido mucho más complejo y trascendente que el expuesto por Mabille, cuyo artículo *L'oeil du peintre* sólo había yo leído en 1942. Trátase de un «azar objetivo» auténticamente extraordinario, de importancia sumamente mayor, a mi juicio, que la de todos los reseñados por Breton y compañeros. Asciende en él a superficie la realidad reprimida por las limitaciones de la circunstancia surrealista que establecen una especie de «censura», cosa que, a mi parecer, arroja ante el punto de vista poético-cultural significaciones tan notables como reveladoras. Aquello que las avideces e impulsos surrealistas no podían manifestar de un modo directo, por tener cerrado el paso, se expresa, como en los sueños, indirectamente, por circunloquio. Todo ello está en acuerdo con las intuiciones básicas del surrealista Pierre Mabille, que en su libro *Egrégores ou la vie des civilizations* (1938) había profetizado la destrucción de la cultura occidental y la creación de una cultura nueva en virtud de la emigración de los republicanos españoles a México. Sin duda este último aspecto de su profecía linda con lo asombroso.

Por último, en el capítulo final se presenta el punto hacia donde distiende su curva el puente que, afirmando su estribo inicial en el Surrealismo o finisterre europeo, viene a clavar su significación en la ribera americana. Con este motivo se traen a consideración los poetas de nuestro mundo, Rubén Darío y Pablo Neruda, a los que, confrontándolos, se les dedican varias páginas, mencionándose en nota a Vicente Huidobro y apenas al pasar a César Vallejo. Quiere ello decir que la razón profunda que en el orden de los fenómenos culturales había dado ocasión al Surrealismo se hace ostensible al evidenciarse aquella superación de que se mostró deseoso pero no capaz. En otros términos, el Surrealismo era, en cuanto objeto de cultura, un modo de pronosticar sintomáticamente desde abajo y en vísperas de la catástrofe trasmutadora las proximidades de un estado de conciencia humana superior, o sea, ocupaba una situación vestibular ante la Realidad correspondiente al Nuevo Mundo, identificado por lo pronto con América. Es obvio, me parece, que el humanismo de Vallejo no encuentra aquí, hasta ahora, el menor punto de apoyo.

Frente a estas claras perspectivas, Coyné se limitó a merodear por los aledaños buscando aquí o allá ocasiones para desacreditar, con motivo de Vallejo, mi concepción acerca del futuro de la América neomúndica. Sienta pie en mi afirmación de que el Surrealismo era un fenómeno característico de entreguerras, llamado a desvirtuarse con la segunda del siglo, a fin de sostener la plena y extensiva vigencia de su ilimitado humanismo y por tanto mi error. Afirma también que las conclusiones en que desembocan mis análisis e interpretaciones me son propias y no se conforman a los convencimientos bretonianos. Esto es ciertísimo, puesto que, como se ha indicado, mi ensayo poético parte de la insuficiencia y contradicciones del Surrealismo de Breton a fin de ir hacia aquel *más allá* a que éste aspiraba pero al que no le era dado transferirse. Lo que en vez de recurrir al argumento de una inexistente autoridad, tendría que haber hecho Coyné es demostrar que los puntos de vista del autor de los *Manifiestos* corresponden a la verídica realidad ecuménica, mientras que los míos, así como mi exégesis del caso Brauner, constituyen una tergiversación sin paliativos. Cosas que, por lo indemostrables, Coyné ha eludido intentar. En vez de ello se ha limitado a emitir algunas críticas más bien de detalle a ciertos aspectos sobre todo de la parte inicial de mi escrito y a entonar en términos hasta inflamados la alabanza de Breton y de su humanismo frente a las debilidades de Vallejo. Ha desconocido así lo sustancial de mi ensayo, que, desnaturalizándolo, condena al desconocimiento de sus lectores, dando por arrasadas, en virtud de su propia autoridad, mis concepciones acerca del futuro americano.

Desbrozado así el terreno, mi contestación diferida tiene, pues, que hacer frente, en primer lugar, a los reparos concretos que se le hicieron a mi ensayo, para puntualizar algunos literarios porqués, suplir seguidamente ciertas faltas de información de que Coyné adolece y sacar luego las conclusiones del caso. Y puesto que se me facilita la oportunidad, revisar, por último, mis convencimientos en relación con el porvenir del Nuevo Mundo. Hemos de ir así por partes.

Nerval

No una, sino dos veces, la primera al comienzo y la otra bien traspuesta la mitad de su disertación, Coyné le echa en cara, con extrañeza, a mi *Surrealismo* que el «único antecedente» que señala de este movimiento, sea el de Gérard de Nerval. Manifiesta: «se diría que dominado por su demonio hispano, el crítico sólo apela al ejemplo nervaleano porque, en una nota de su tercer capítulo relacionará, sobre la base de un único poema fugaz e intrascendente *(Chant d'un espagnol)*, al "desdichado" enamorado de Aurelia, proféticamente, con la "ominosa tragedia de 1936-39"».

Presenta esta tesis de Coyné varios aspectos inexactos. En primer lugar, al calificarme de «crítico» se desconoce que el mío es un ensayo poético, de intención creadora, comprometido con el futuro.

En segundo lugar, en mi ensayo se señala como antecedente príncipe del Surrealismo al Romanticismo y en especial al germano, tipificado en la persona de Novalis.

En tercer lugar, se mencionan en sus páginas como antecedentes del Surrealismo en Francia, a Nerval, Baudelaire, Rimbaud y Lautréamont, aunque no se detenga a detallar sus aportaciones porque tratándose de un somero croquis panorámico, se indican la mayor parte de estos aspectos de pasada, salvo los preponderantes ante el fin en que se sintetizan.

En cuarto lugar, se afirma más de una vez que Nerval es el primer antecedente del Surrealismo *en Francia*. ¿Será esto último un capricho de patriota a causa del poema *Chant d'un espagnol* o porque efectivamente es así? Para despejar malentendidos lo obligado es examinar la causa literaria.

Sucede que lo fundamental del Surrealismo, al grado de ser este carácter lo que intenta justificar su nombre, es el deseo de resolver «en una especie de realidad absoluta, de *superrealidad,* si es factible denominarla así», la aparente contradicción que componen sueño y realidad. Esta afirmación del primer *Manifiesto* de Breton se reitera parecidamente en el *segundo,* en el texto de *Les vases communicants,* en el *Primer Manifiesto inglés del Surrealismo,* así como en el artículo bastante más tardío de Breton, *Situation du Surréalisme entre les deux guerres.* Aparte de los otros caracteres complementarios —la escritura automática, el azar objetivo, el humor negro y la intervención en la vida mítica—, es obvio que lo fundamentalmente substantivo es el referido asunto del sueño, al que Breton dedica muchas páginas de sus manifiestos y libros.

De aquí que si lo substancial del Surrealisme es el propósito de compenetrar poesía y vida, de ir buscando un mundo superior en el que sueño y realidad, consciente e inconsciente, razón y locura se unifiquen, no tiene modo de evitar el medianamente enterado que la primera obra surrealista sea en Francia *Le rêve et la vie, Aurelia,* de Nerval, quien además calificó los poemas de sus *Chimères* de «rêverie surnaturaliste». Como tampoco es eludible percatarse de que la línea directa de acceso a este primer brote arranca del Romanticismo alemán, del que estaba Nerval tan imbuido, y especialmente de Federico Novalis en cuya figura se concentran todos los gérmenes específicos de Nerval y del Surrealismo —excepto lo tenebroso y tremendo—. En Novalis está expresamente afirmada la ambición de transponerse «*hic et nunc*» a un «mundo nuevo» donde reine una «lógica superior»; de unir sueño y vida y de transfigurar esta última, transformando la condición humana hasta un ser más allá del hombre; de alcanzar por medio de la poesía, que es la realidad absoluta, el paraíso perdido o edad de oro; la invocación y cultivo del azar; la videncia; el otro yo, etc., etc. No sin fundamento la introducción y los cuatro capítulos de mi ensayo ostentaban como epígrafes otros cinco aforismos de Novalis, cuyo nombre se repetía en el texto varias veces como predecesor de Nerval, calificándolo de «orificio por donde manan, en última instancia, todos esos caudales poéticos» que revierten al Surrealismo. Que tal juicio no era errado lo demuestra reiteradamente el mismo Breton en los siguientes textos, unos anteriores y otros posteriores a mi ensayo:

> Los dos poetas a los que conviene, en mi opinión, referir las dos corrientes principales de la poesía contemporánea son, de una parte, Aloysius Bertrand, que, a través de Baudelaire y Rimbaud, nos permite alcanzar a Reverdy; de otra parte, Gérard de Nerval, cuya alma se desliza de Mallarmé a Apollinaire para llegar hasta nosotros (1922). (*P. P., 191*).

> Sin duda, con mejores títulos aún, hubiéramos podido apropiarnos la palabra *supernaturalismo,* empleada por Gérard de Nerval en la dedicatoria de *Les Filles du Feu.* Parece, en efecto, que Nerval poseyó a las maravillas el espíritu que reivindicamos (*Manifiesto del Surrealismo, 1924*).

> ... los hombres que colocamos al frente porque realmente han querido *decir* algo: Borel, el Nerval de *Aurelia,* Baudelaire, Lautréamont, el Rimbaud de 1874-1875, el primer Huysmans, el Apollinaire de los «poemas conversaciones» y de las *Quelconqueries.* (*Segundo Manifiesto, 1929*).

> Estamos en los entretelones de la vida, allí mismo a donde nos había transportado Gérard de Nerval, allí donde las figuras del pasado y las del porvenir

«coexisten todas, como los diversos personajes de un drama aun no llegado a su desenlace y que, sin embargo, se ha cumplido ya en el pensamiento de su autor» (*Ce que Tanguy voile et révèle*. En *Le Surréalisme et la Pinture*, 1945).

En cuanto a la idea de una clave jeroglífica del mundo, existe previamente a toda alta poesía que sólo puede mover el principio de las analogías y correspondencias. Poetas como Hugo, Nerval, Baudelaire, Rimbaud, pensadores como Fourier, comparten esta idea con los ocultistas... (*Entretiens*, p. 267, julio 1948).

El chaleco rojo, perfecto, pero con la condición de que por detrás de él palpite el corazón de un Aloysius Bertrand, de Gérard de Nerval, y detrás de ellos, los de Novalis, de Hölderlin, y detrás de ellos muchos más aún. (*Entretiens*, p. 58, 1952).

Se trata de la reanudación sistemática de una búsqueda que el siglo xix puso por encima de todas las preocupaciones llamadas poéticas a partir de Novalis y de Hölderlin en Alemania, de Blake y de Coleridge en Inglaterra, de Nerval y Baudelaire en Francia y que debía adquirir carácter intimatorio quizá con Mallarmé, seguramente con Lautréamont y Rimbaud (*Entretiens*, p. 78, 1952).

Son varios los textos en que por diversas razones Breton vuelve a nombrar en primera línea a Nerval, cabeza efectiva del movimiento surrealista francés. Véase el siguiente del eminente crítico de arte René Huyghe con motivo de Gauguin, repetido por Breton en 1950. Se está refiriendo a Huyghe:

Muestra cómo la línea que arranca de Novalis y de Nerval (naturalmente se la podría retrotraer bastante más lejos) pasa por Gauguin como pasa por Rimbaud. Es claro que acaba en el surrealismo (*Entretiens*, p. 275).

Por referirse específicamente al sueño merece quizá una mención el último capítulo, relativo a Francia y titulado *Naissance de la Poésie* del estimado libro de Albert Béguin *L'âme romantique et le rêve, essai sur le romantisme allemand et la poésie française.* Consta este capítulo de los siguientes y significativos acápites:

I, *Nerval.* II, *Víctor Hugo.* III, *Baudelaire.* IV, *Mallarmé et Rimbaud.* V, *Symbolisme et poésie d'après guerre,* éste dedicado exclusivamente al Surrealismo con especial acento en André Breton.

Por último y como botones complementarios de muestra, he aquí las apreciaciones de un crítico tan acreditado como Marcel Raymond en su *De Baudelaire au Surréalisme* (edición nueva y reformada, 1952-57). Dice al tratar de la poesía romántica francesa:

> Sólo Nerval se adelanta hasta el país donde no se regresa. Y lo hace con una audacia creciente, que suscita el recuerdo de Novalis. La voluntad de llegar hasta el final, de forzar las puertas de marfil o de cuerno, de confiar su destino a la poesía —todo ello hasta la locura— constituye una empresa sin ejemplo, un caso límite en el corazón del dominio francés. Entre el sueño y la vida el poeta busca su camino, y como equilibrio nuevo que fuera natural y normal (...). Y me place ver a André Breton en estos años últimos interrogar de manera cada vez más urgente ese doble tablero del sueño y de la vida donde se responden los signos, y demorarse en ese lugar del espíritu donde Nerval lo precedió desde siempre (p. 16).
>
> Un hombre sueña su vida y vive sus sueños... Después de Nerval, André Breton; mas Breton no dará el salto definitivo; ni puede ni quiere insinuar una salida mortal (p. 202-3).

Seguramente existen otros muchísimos testimonios similares, imposibles de consultar aquí. Pero los expuestos sobran para evidenciar que los puntos de vista de mi *Surrealismo,* nacidos de la consideración directa del fenómeno y que a Coyné le asombran, eran tan perfectamente justificados que lo asombroso es que no se diera cuenta, al grado de echármelos en cara. Lo del *Canto de un español* no era en mi ensayo sino un ínfimo detalle ornamental que no quita ni añade nada a su estructura, algo así como la pluma que se ponen los cazadores en el sombrero. Podría suprimirse sin que mi trabajo perdiera ni un perdigón de su eficacia. He de seguir creyendo, pues, que mis apreciaciones sobre el Surrealismo eran en este aspecto correctísimas.

Tras semejantes comprobaciones parecería que Coyné ha pretendido presumir un tanto arbitrariamente de perspicacia, yendo a buscar en dicha nota rezagada la clave de mi interpretación del Surrealismo dentro de mi concepción poética del mundo. Puesto que se refiere a mi «demonio hispano», ¿no podrá suponerse que su demonio galo lo indujo a cometer un error de juicio crítico de no mezquina envergadura? Quiéralo o no, sobre Nerval recae el crédito de haber sido el genuino iniciador del Surrealismo *en Francia,* de quien depende en forma directa todo lo que de altura positiva ofrecen las teorías de Breton. Cuando éste cita a Bertrand se debe exclusivamente a que fue el introductor del pequeño poema en prosa, lo que nada tiene que ver en realidad con el Surrealismo, según lo reconoce en el primero de lo textos copiados. Y en cuanto a los méritos de Petrus Borel, mencionado en el *Segundo Manifiesto,* se reducen a las resonancias del romanticismo negro de algunos de sus cuentos.

Nadja misma, una de las obras capitales de Breton, se muestra por varios de sus temas y costados profundamente emparentada con *Aurelia,* de la que en cierto modo traduce a nuestro siglo la substancia. A ello se deben los juicios de Raymond. En realidad, Breton es como un epígono depravado de Nerval que llegó hasta asociar con la de éste su propia y adocenada experiencia. La segunda parte de su libro *Les Vases Communicants* (1932) se encabeza con el siguiente epígrafe:

Une dame que j'avais aimée longtemps et que j'appellerai du nom d'Aurélia, était perdue pour moi.
Gérard de Nerval, *Aurélia.*

He dicho depravado porque mientras Nerval vivía en el seno del maelstrom que le permitió experimentar a sus propias expensas y referir con ingenuidad conmovedora, sin queja ni aspaviento, las intimidades de un caso de insanía que resultó ser el de la esquizofrenia fundamental del ser humano, Breton se contentó con ser el espectador masculino de una joven perturbada, que no obstante su melodramatización, no parece haber revelado hasta el presente significado de ninguna clase —episodio mucho menos profundo que el de la *Verónica* del descubridor de Lautréamont, León Bloy—. Podía así referirme en mi Surrealismo al

> caso doloroso de *Nadja,* que en vez de despertar en
> André Breton el deseo de sumirse para explorarlos
> a su propia costa, en los abismos de la locura, apro-
> vechando la ocasión única que la vida le deparaba, le
> indujo a desentenderse en cuanto pudo de tan com-
> prometida situación. Y cuando Nadja fue a parar al
> manicomio, se contentó él con escribir un libro so-
> bre el lance. Esto es, dejó la vida, lo personal y ner-
> valiano por la literatura, reduciendo el campo de la
> poesía «a expensas de la vida pública», como los lo-
> queros de Nerval.

Severas palabras que no me arrepiento haber escrito y que no escandalizaban, cuando aparecieron, a surrealistas como Pierre Mabille. Tampoco entiendo que merezca corrección mi juicio al pretender que «hasta podría decirse, grosso modo, que el Surrealismo consiste en la trasposición de la experiencia individualizada de Nerval a una estructura colectiva». Que en el autor de *Aurélia* se reúnen, a la vez que sueño y realidad, y que sensatez y locura, las dos grandes corrientes constituidas por el espíritu de la Revolución francesa y el del Romanticismo alemán, las cuales darán en una nueva generación, nacimiento al Surrealismo. Y sobre todo el valor «vida». Lo que ocurre es que en esta ocasión, como en otras tantísimas, ha prevalecido la tendencia a asir el rábano por las hojas, confundiendo lo adjetivo con la verdadera substancia del fenómeno. Suele así advertirse hoy día gracias a los manifiestos, exposiciones y otros escándalos surrealistas, que este movimiento depende más de Lautréamont, a quien *casi diviniza* —aunque más tarde—, que de Nerval. Lo manifiesta su estilo deshuesado, de fantaseo glosolálico, especialmente apto para verter el tono pesimista de la época hacia los pozos bituminosos de la obcecación donde podríase, a la vez que satisfacer los *deseos* negativos, navegar en las noches como bocas de lobo por entre los incisivos escollos de la no-realidad. Cabe imaginarse así haber traspasado los últimos límites, al modo como en un ballet náutico puede imaginarse que se emprende el viaje al planeta Neptuno sin salir de la rada de Marsella. Pobre aproximación estetizante a la *superrealidad.*

Nerval es sencillo, humilde, discreto, sin hiel, angelical, traslúcido, en contraste con lo sofisticado, oscuro, soberbio, escandaloso, demoníaco de Breton y compañía, que se embadurnan con las evacuaciones mentales de Lautréamont que sólo son literatura descompuesta. Y de Lautréamont la ortodoxia surrealista únicamente admite como real el aspecto cavernoso, olvidando, por mucho que trate de disfrazarlo, que aunque su extremismo le había inducido a desarrollar en primer término su genio en los antros malditos de su fantasía diferencial, afectada de grangrena gaseosa, dejó expreso en la introducción a sus *Poésies* y en su correspondencia, el punto diametral a que se proponía dedicar su interés inmediato. «No le es dado a cualquiera abordar los extremos, ya sea en un sentido, ya en el otro», decía retratándose en su biformidad de Mal y de Bien con motivo de Byron, expresando así su deseo de abarcar y hacer suyas las dos alas del edificio, en suma, ser bastante más que «cualquiera». No en vano se prometía ser «el poeta de los fines del siglo diecinueve, nacido en las orillas americanas, en la desembocadura del Plata» (I, 14). Merecen recordarse algunas de sus contraposiciones:

> El hombre no debe crear la desgracia en sus libros. Es no querer considerar, a toda fuerza, sino un solo costado de las cosas. ¡Oh, maniáticos aulladores!... No repudiéis la inmortalidad del alma, la sabiduría de Dios, la grandeza de la vida, el orden que se manifiesta en el universo, la belleza corpórea, el amor de la familia, el matrimonio, las instituciones sociales. Dejad de lado a los escribidores funestos: Sand, Balzac, Alexandre Dumas, Musset, du Terrail, Féval, Flaubert, Baudelaire, Leconte y la Grève des Forgerons!

¿Y qué decir de esta frase disparada al centro neurálgico de nuestros días?

> Los que quieren producir anarquía en la literatura, bajo pretexto de novedad, incurren en lo sin sentido... ¡La poesía es la geometría por excelencia!

Podría haber en ello su buena dosis de afectación histriónica —de *humor negro* a fuerza de blancura, pretendería Bre-

101

ton—, pero habría que entenderlo lo mismo en un sentido que en el contrario. No es sin embargo así como lo interpretan los surrealistas que prescinden prácticamente de Isidoro Ducasse, el fenómeno completo, en favor de su personaje literario, el Conde de Lautréamont, y de su subpersonaje *Maldoror,* el genio seudo metafísico del Mal concebido por el montevideano en las simas de su desesperación por hallarse lejos de su América nativa [19]. Han dado simplemente vuelta al artilugio: el Bien se convierte en Mal y el Mal en Bien. El «cielo» se convierte en «infierno» y el «infierno» en «cielo» —mientras que Nerval buscaba las junturas de uno y otro para ascender a la infinita cúspide—. Y de su representación de Dios, aterrorizado por el pulpo, más vale que nos hagamos —a no ser que pensemos en Europa— los distraídos.

Si se desea apreciar correctamente, sentando las bases que permitan un juicio cabal sobre estas cuestiones en función de los valores substanciales del movimiento surrealista, nada mejor que recordar cómo en 1932 resumía Breton el sentido de su empresa:

> El surrealismo, tal como entre varios lo hubimos de concebir durante años, no habrá debido considerarse como existente sino en la no-especialización *a priori* de su empeño. Deseo que pase por no haber intentado nada mejor que tender un *hilo conductor* entre los

[19] Uno de sus condiscípulos en el colegio de Tarbes, Paul Lespès, se expresaba así sesenta años más tarde: «Era habitualmente triste y silencioso y como replegado sobre sí mismo. Dos o tres veces me habló con cierta animación de los países de ultramar, donde llevaba una vida libre y dichosa. A menudo en el salón de estudio pasaba horas enteras con los codos en el pupitre, las manos en la frente y los ojos fijos en un libro clásico que no leía; se veía que estaba abismado en un ensueño. Yo pensaba, con mi amigo Minvielle, que sufría de nostalgia, y que lo mejor que podían hacer sus padres era regresarlo a Montevideo». (De un artículo de François Alicot en «Mercure de France», de 1 de enero de 1928. En Comte de Lautréamont, *Oeuvres complètes,* París, G. L. M., 1938, página 379). Además se ha de tener presente que en la primera edición del Canto inicial de Maldoror (1868) figura repetidamente un personaje, Dazet, sustituido después por nombres de animales. Maldoror, el espíritu del Mal, se niega allí a ser salvado por Dazet, que personifica el *espíritu del Bien.* Lo más notable es que dicho nombre, Georges Dazet, era el del mejor amigo de Ducasse en Montevideo antes de embarcarse para Europa, o sea en la otra orilla. (Cf. André Malraux en «L'Action», 1920, según la citada edición de G. L. M., p. 387). Dazet fue a continuación condiscípulo de Ducasse en el liceo de Tarbes, y su nombre encabezaría, no sin congruencia, la dedicatoria múltiple de la plaquette de *Poésies.*

mundos demasiado disociados de la vigilia y del sueño, de la realidad exterior e interior, de la razón y de la locura, de la paz del conocimiento y del amor, de la vida por la vida y de la revolución, etc. Al menos habremos buscado, buscado mal quizá, pero buscado, para no dejar ninguna pregunta sin respuesta. (*Les Vases communicants*, 1932. Gallimard 1955, p. 116).

Lo primero que se observa al cotejar a *Maldoror* con estas definiciones, es que no concuerdan con los suyos ninguno de tales rasgos distintivos, mientras que en su casi totalidad se amoldan a la fisonomía del autor de *Aurélia*. Lautréamont no tiene del auténtico espíritu surrealista absolutamente nada. Sería vano buscar en él ese afán de resolver las contradicciones estableciendo un hilo conductor entre los términos disociados, salvo en el caso de que se acepten como razón substancial sus nunca escritas *Poesías*. *Maldoror* forma parte de la *especialización* en «un seul côté des choses», que olvidando los compromisos fundamentales, carga el acento en lo adjetivo, en la negrura avernícola que no define al super-realismo en sí, en cuanto tendencia omniabarcante y transfiguradora, sino que responde a la hemiplegia demoníaca de Breton fascinado por las potencias del odio. De aquí que para cualquier mirada que no penetre en el núcleo mismo del fenómeno parezca hoy día que Lautréamont constituye el fundamento radical del sistema, en cuanto doctrina, del mismo modo que para la sensibilidad de Breton fue «el caso extremo, el Yo absoluto», aunque por no poder éste desasirse del horizonte del entendimiento, tuviera siempre que reconocer el valor genuino de Novalis y Nerval. Sin embargo, lo que Ducasse trae de positivo o neomúndico es la libertad psico-estilística del fantaseo.

Sobre tales comprobaciones a nadie debiera extrañarle, me parece, que para un contemplador independiente, no-parcializado o «especializado», como lo era y continúa siéndolo quien esto escribe, la experiencia de Nerval se identificara con aquello que el Surrealismo ofrecía de substantivamente promisorio, en tanto que los delirios amanerados y truculentos de *Maldoror* se identifican con su aspecto negativo de antítesis, con la desesperación a ultranza de una mente predestinada a la vivencia en el paraíso celeste, con sus infinitas maravillas, caída en la abyección demoníaca del «¡quién como yo!», bajo la garra del romanticismo negro llevado a sus extravagancias últimas. No me atreví a sostener en mi ensayo que Lautréamont signi-

ficaba, en mi sentir, la sublime futuridad del Nuevo Mundo de
su nacimiento, precipitada en la negación constituida por el
estado europeo a donde había sido trasplantado, razón por la
que ha promovido tan gran interés en las finisterranas huestes
surrealistas que así definen la calidad de su meollo. Lo digo
ahora, añadiendo que sus, por lo inescribibles, nunca escritas
Poesías debían representar en su sentimiento la aproximación
imaginaria a ese mundo maravilloso en que le hacían soñar,
durante sus interminables horas de internado en Tarbes y Pau,
las dichas pérdidas de su niñez americana, su edad de oro, aquel
su maravilloso Edén obliterado... mientras «las oleadas tumul-
tuosas del odio se le subían como un humo espeso a su cerebro
al borde del estallido» (1, 12). Que la estructura mental de
Ducasse debía asemejarse a la de Dante, extendida de polo
a polo, con la diferencia de que este último disponía del sistema
simbólico de la colectividad medieval para ascender, por el purgatorio, a la bienaventuranza, mientras que la post-revolucio-
naria Francia moderna no le permitía al *individuo* Ducasse
vivir —como al *individuo* Baudelaire— sino la flora y la fauna
de los antros infernales. Mas he aquí que a los pocos años
el introductor de Lautréamont en América, Rubén Darío, aunque personalmente en el casi infierno o purgatorio, se encargaría de flamear cantando, y en estrecha colaboración con el
Dante, las indecibles auroras o edades de oro del inminente
paraíso americano.

Nerval (II)

Frente a Lautréamont, Nerval era y sigue siendo, a mi
entender, un caso singular, conmovedor como pocos. Las grandes vertientes del ser y del existir, de lo divino y de lo humano, del sueño de los mitos culturales y de la vida cotidiana,
de la locura y de la sensatez o de imaginación y razón, se
concilian simbólicamente en su caso particular con el motivo
pretextual de *Aurélia* que, por la elección de su nombre mismo, se asocia con la edad de oro y con la aurora. En él se cifra
significativamente la vida de nuestra humanidad cultural. Su
experiencia refleja la lucha denodada contra el sentimiento de
culpa, contra la pérdida del paraíso celeste, aludido con la
caída del Angel de la Melancolía (I, ii), proceso que partiendo
del más banal de los casos particulares, acaba por identificarse,
a través de muy penosas peripecias, con la razón adánica,
terráquea (I, iv).

En lo que me parece más valioso, *Aurélia* presenta rasgos especialmente interesantes por ser una auténtica obra apocalíptica, reveladora, en la que la amada vulgar e idealizada platónicamente del poeta, actriz cambiante de rostros y de personalidad a la manera de Isis, se presenta en sus sueños demenciales transfigurada en esta deidad y en la Mujer del Apocalipsis, o sea, en el arquetipo *Anima Mundi,* podría haber dicho Jung. Trátase de un texto sincrético con validez profética puesto que en su parte final donde se alude (oh «Saturnino») al virgiliano *Redeunt Saturnia regna* estampado en otra de sus narraciones (*Quintus Aucler*), termina del siguiente modo, apuntando en los términos paulinos de la Epístola a los Corintios, a lo que él mismo llama en páginas anteriores, «la cité merveilleuse de l'Avenir» (II, i).

> ¡Oh Muerte! dónde está tu victoria, puesto que el Mesías triunfante cabalgaba entre nosotros dos (...) Cuando su varita ligera tocó las puertas de nácar de la Nueva Jerusalem, fuimos los tres inundados de luz. Entonces es cuando he descendido entre los hombres para anunciarles la buena nueva.
> Salgo de un sueño dulcísimo: he vuelto a ver a la que había amado, transfigurada y radiante. El cielo se ha abierto en toda su gloria y en él he leído: «perdón» signado con la sangre de Jesu-Cristo. (II, vi).

He aquí la conjunción del sueño y de la vida, del sueño individual que acaba identificándose con el sueño de la cultura al conjuro del Amor; la proyección a la ciudad-paraíso de la pacífica Jerusalem donde no existe la noche y en cuya plaza, junto al arroyo donde fluye el agua intemporal, crece el árbol de la Vida. Trátase de la Polis a que se tradujo en la mente cristiana el mito del jardín edénico. Naturalmente, todo son símbolos; que estamos en los dominios colectivos del Verbo. ¿Y no coincide todo ello, *en lo substancial,* con lo anhelado ya más concretamente por Vallejo?

¿Y cómo no advertir la afirmación aparentemente disparatada: «Entonces es cuando he descendido entre los hombres para anunciarles la buena nueva»? Sobre el fabuloso desorden de una mente en quien se ensaña la esquizofrenia esencial que escinde a lo humano de lo divino, surge de pronto la «buena nueva» o evangelio romántico francés: se ha pasado de lo individual efímero a lo extra-individual permanente. La redención se ha consumado; el «pecado original» que tanto le dolía a Baudelaire, ha obtenido «perdón». La substancia humana llega, en compañía de la Sabiduría (Sofía), como Novalis, al punto donde la realidad se hace una con el sueño trascendental de la especie. *Mon rôle était de retablir l'harmonie universelle* (II, 6). He aquí que se divisa el fin milenario, el objeto de la teleología creadora del Verbo histórico. Cumplida su misión, el individuo se destruye a sí mismo, deja sus despojos de crisálida en el «Impasse de la Vieille Lanterne» —apelativo que dista de carecer de significado—.

De nada de ello se han percatado los surrealistas, claro está, ni lo perciben sus defensores, acampados en uno de los recodos infernales del camino, pero dando a su vez, aunque indirectamente y hasta con signo contrario, testimonio. Quizá el Surrealismo que, como el Ulises dantesco, pretendía conquistar el paraje del Paraíso, está en realidad marcando el punto donde Dante y Virgilio al entrar en el último canto del *Infierno* y trasladarse de hemisferio a hemisferio —¡oh Maldoror!— asiéndose a la pelambre luciferiana hasta poner la cabeza donde antes tenían los pies, se transfieren al salir de «la mansión del mal» a la tierra antipódica. «Nuestro lucero de la tarde es la estrella de la mañana de los antípodas», es el aforismo de Novalis que preside al tercero de los capítulos, de mi *Surrealismo*.

Baudelaire

Baudelaire «cuyo nombre, curiosamente —si he leído bien—, ni una sola vez aparece en el estudio de Larrea»..., dice Coyné.

En esta ocasión da el disertante pruebas concretas de no haber leído el texto que incrimina, sino muy al galope. Tres veces se le nombra a Baudelaire en las páginas 28, 29 y 80 de dicho ensayo, a las que ha de añadirse una cuarta referencia en la pág. 20 mediante una entrecomilladas «flores del mal» que suplen el onomástico.

En la segunda de esas veces se trata de «el alma que la revolución francesa insufló al siglo XIX, alma que en las gargantas de Nerval, Baudelaire, Rimbaud, Lautréamont... anudó el cordón de sus ganglios armónicos». Y se continúa: «El Surrealismo recoge sus trémulos *De Profundis* en un solo coral, siendo como la de aquéllos su misión luciferina, portadora de luz, aunque en sus pupilas aniden las tinieblas».

Desde luego, si mi librito hubiera sido un estudio a fondo

sobre el Surrealismo francés, la persona poética de Baudelaire hubiera reclamado, lo mismo que la de Lautréamont, un tratamiento más detenido del que a uno y a otro —y al Surrealismo— fue posible concedérseles. Pero como lo venimos reiterando, mi ensayo sobre el movimiento era simplemente una introducción al estudio de un fenómeno cultural que, brotado del Surrealismo, se proyectaba a su más allá —fenómeno al que la mente surrealista de Breton nunca le concedió importancia—. O mejor, a la especificación del blanco al que las líneas de tendencia y el Surrealismo mismo apuntaban, pero que se hallaba fuera de su alcance. De ser cierto, como creemos, el juicio de Marcel Raymond según el cual «después de haber amenazado anegar todas las tierras de la literatura joven, el Surrealismo deja la impresión de una fuerza que no supo encontrar su camino y como una suerte de gran esperanza fallida» (335) —en lo que coincide con el Artaud de 1926—, nada más lógico que interesarse por aquello que el movimiento francés de entreguerras sólo había podido vislumbrar desde su lejana orilla.

De otra parte, para estudiarse en mi *Surrealismo,* Baudelaire reclamaba, lo mismo que Lautréamont, un tratamiento fuera allí de oportunidad. El autor de *Mon coeur mis à nu* ostenta y sufre una personalidad ambivalente cuya dialéctica constitucional le obliga —como después a Ducasse— a complacerse, aparentemente, en el Mal a consecuencia de su imposibilidad de conseguir aquella otra parte del Arbol que en su imaginación se ensueña como supremo Bien. Su ansia de redimir ese pecado original que era como una prenda poética de la destitución del hombre y de su cultura, tocaba un tema que irritaba sobremanera a Breton y compañeros a causa de la ineptitud de los mismos para comprender, como materialistas, el valor referencial de las especies simbólicas. El Baudelaire que en la línea de Novalis y Nerval añoraba artificiosamente el paraíso perdido por ser el motivo esencial de nuestra cultura que desde su origen se proyecta a esa finalidad *hic et nunc:* el Baudelaire espiritual de *Bénédiction* y algún otro poema básico [20]; el Baudelaire que rezaba a Dios —y a Poe— todos

[20]   Vers le Ciel, où son oeil voit un trône splendide
Le Poëte serein lève ses bras pieux,
Et les vastes éclairs de son esprit lucide
Lui dérobent l'aspect des peuples furieux:

—«Soyez béni, mon Dieu, qui donnez la souffrance
Comme un divin remède à nos impuretés

107

los días y admiraba devotamente a De Maistre por haber éste puesto el dedo en su verdadera llaga, anunciando el advenimiento de la época del Espíritu; el Baudelaire que ansía ir «a cualquier parte con tal de que sea fuera del mundo» —de su mundo— en su *Voyage* más allá de la Muerte, atraída su alma por «le côté surnaturel de la vie» y los entrevistos «esplendores situados detrás de la tumba», dista de ser admirado por el Surrealismo que sólo se complace en su flanco o reverso sombrío, y que ha pretendido, disparatada pero sintomáticamente, asaltar esa Bastilla mental —al modo del Ulises de la *Divina Comedia*—, pero como si se tratase de realidades granjeables por la voluntad masculina, virulenta. Ciertamente, lo mismo que el pagano Ulises, tan personaje de nuestro tiempo, frente a la «nueva tierra» les aguardaba la tempestad devoradora.

Baudelaire está, como los otros poetas llamados malditos e inclusive el Surrealismo, dando doble, si no triple testimonio. De un lado manifiesta el ansia trascendental que asciende en él desde el fondo de la naturaleza humana, revelando así que en aquella coyuntura romántica se ha vuelto a plantear en términos de actualidad y con caracteres de urgencia, según hemos visto en Nerval, el viejo sueño paradisíaco correspondiente a los *deseos* ontológicos de la especie y en cuyo impulso ascensional se vertebran los siglos. Mas de otro lado, en contraste blanco y negro como en los más violentos aguafuertes, se muestra el estado antitético en que vive inmerso el mundo circundante que, al individuo exaltado por las sublimidades del primero, le resulta fangosamente aborrecible. En los crueles peñascos de esa contradicción naufraga el *viaje* desesperado de Baudelaire dando, como digo, testimonio: del mundo inmediatamente real que le repele tanto como lo engulle; del imaginario por el que su razón esencial se desvive a la vez que levanta, frente al primero, una especie de caparazón endurecido a fuerza de aspirar voluntariosamente al infinito desde su intimidad profunda; y del artista que entre aquellas fauces se tortura acusando estéticamente la presencia de la armonía intrínseca del conjunto. Nada de esto podía, sin salirse por la tan-

Et comme la meilleure et la plus pure essence
Qui prépare les forts aux saintes voluptés!

Je sais que vous gardez une place au Poëte
Dans les rangs bienheureux des saintes Légions,
Et que vous l'invitez à l'éternelle fête
Des Trônes, des Vertus, des Dominations.

gente, aclararse en mi *Surrealismo* puesto que este movimiento sólo admira la figura satánicamente tiznada de Baudelaire en que se especializa la voluntad de Breton y compañeros. Mi ensayo hubo de limitarse a registrar su presencia en el proceso romántico y revolucionario que, desde Novalis y Nerval, conduce a las ciénagas irisdiscentes del Surrealismo, de manera que en los sectores culturales al tanto de la literatura moderna, pudiera justificarse la coherencia del sucinto esquema genealógico que definía la curva de su trayectoria.

El retablo de las maravillas

Según consta en las cintas magnéticas, Coyné dijo en su disertación haber buscado en vano en mi *Surrealismo* los términos *maravilla, maravilloso, maravillarse,* fundamentales para Breton y compañeros surrealistas, herederos de la divisa *J'Emerveille* de Apollinaire.

Tampoco en esta ocasión había Coyné leído bien mi texto. Él mismo empieza por reconocerlo en la versión corregida y aumentada de su discurso que remitió más tarde. Refiriéndose a este «concepto clave de la filosofía o si se quiere, de la poética surrealista», dice esta segunda vez que «Larrea lo escamotea —cuando no lo rebaja al toparse con él fortuitamente (99)— que es lo que invalida —creo— más que cualquiera otra omisión o desviación, su *mise au point,* y le permite incorporar el Surrealismo a su perspectiva del Nuevo Mundo».

Así, pues, ahora acepta, corrigiéndose, que el término *maravilloso* aparece una vez, según su nota 99, en la pág. 23 de mi texto, aunque rebajado, a su entender, y por casualidad.

Sin embargo, esos términos figuran no una, sino seis veces en mi ensayo (pp. 23, 64, 97 dos veces, 102 y 104). Ello parece demostrar de nuevo que ni en la primera ni en la segunda ocasión se tomó Coyné el trabajo de leer cuidadosamente las páginas contra las que decidió desencadenar su improvisada ofensiva. El texto donde, según la versión corregida de Coyné, mi librito tropezó con la palabra clave, dice así:

Comete el Surrealismo la infantilidad de oponer a las experiencias religiosas de Occidente y de Oriente, ciertos pequeños juegos sin trascendencia ni significación, que en nada constituyen superación alguna, y que sólo encuentran cabida donde existen grandes secciones de ignorancia. Es notable, por ejemplo, la idea

—sin duda pequeño-burguesa— de que, acerca del potencial maravilloso se ufana Benjamín Péret en su trabajo más reciente —*La Parole est à Péret*—, dando estado a una débil intuición, en verdad ínfima y no distinta a la que puede en cualquier momento emocional tener un individuo cualquiera, ni poeta ni surrealista, junto a las grandes, junto a las extraordinarias experiencias que pulsando las fibras más hondas y dolorosas de la especie han dado realidad a la Teología mística.

No se entiende, al menos no lo entiende quien esto escribe, cómo puede pretenderse que el término «maravilloso», «potencial maravilloso», está aquí pronunciado por tropezón fortuito puesto que se lo considera substancial y se tiende hacia el mismo en derechura. ¿Se lo rebaja, o se rebaja la idea pequeño-burguesa e inorgánica que de él mostraba tener Péret? Lo que se afirma, en primer término, es que existe en realidad un «potencial maravilloso», como lo ha sabido o creído la humanidad en todas las épocas y latitudes y lo demuestran magias, mitologías y religiones cuyos testimonios luego se han entretenido en espigar los surrealistas —exceptuando los judeo-cristianos— como si fuesen de su patrimonio exclusivo.

Diríase que estos últimos desconocen el papel que el maravillarse ha desempeñado en las especulaciones de siempre empezando por las helénicas. Se le oye así a Sócrates afirmar que «la filosofía comienza en la maravilla» y que «no era un mal genealogista [Hesiodo] el que sostuvo que Iris [la personificación del arco-iris] era hija de *Thaumas*» [maravilla, prodigio] (*Teetheto,* 155). De donde proviene ese término «taumaturgia» que cuando es pronunciado por Vallejo en relación con el Espíritu, sólo le sirve a Coyné como piedra de escándalo para despedirla —¿maravillosamente?— contra el autor de TRILCE. Y hasta el mismo Aristóteles ¿no recomienda acaso en su *Poética* (1460 a) el empleo de lo maravilloso por lo que éste deleita?

Y lo que se sostiene, en segundo lugar, y aquí se repite con mayor ahinco, a consecuencia no sólo de lo que me habían enseñado las lecturas sino, sobre todo, mi propia experiencia individual, es que esas maravillas teóricas del primer *Manifiesto del Surrealismo,* son de muy escasa consistencia y envergadura. Si me expresé como lo hice acerca de Péret cuando estaba éste en México y se contaba entre mis amistades, fue porque su pretendida *maravilla* de presumir que iban a liberarlo de la cárcel un día 22 me escandalizó a mi vez. Y allí estaba Mabille —un ejemplar de cuya «obra máxima», según Coyné (el autor no lo creía así), *Le Miroir du Merveilleux,* publicada en 1940 por Kra (y no póstuma como mi censor sostiene), tenía yo sobre mi mesa— sin que ni uno ni otro levantaran objeción alguna, Mabille todo lo contrario. ¿Cómo podría compararse esa «maravilla» superficial de jugador de ruleta, con los infinitos casos parapsicológicos y los epifenómenos místicos, y sobre todo en aquella circunstancia con la complejamente orgánica del caso Brauner? Se dice en mi librito con referencia al mencionado «potencial»:

> El caso Brauner da la tónica de las posibilidades *maravillosas* con que en adelante la humanidad se encara. Tan pronto como psicoanalíticamente, gracias a su paulatina comprensión, vayan desapareciendo las represiones que hoy modalizan en forma rudimentaria la vida del espíritu, y en particular las nociones absolutas de «Yo», de tiempo y de espacio, la Realidad suprema podrá abrirse paso *maravillosamente* a través de cada individuo, hacer acto de presencia, siguiendo su línea creadora, en nuestras vidas. La poesía debe ser hecha por todos, a través de todos construida automáticamente la apetecida ciudad del Ser humano.

O sea, la «ciudad *maravillosa* del porvenir» vaticinada por Nerval que la asociaba a la deslumbradora Nueva Jerusalem. El hecho era y sigue siendo que en vez de rebajar en mi ensayo el concepto de lo maravilloso y de dejarlo al margen para establecer mi concepción de América, se lo exalta en favor de este Nuevo Mundo al grado que cuando desde él se trata de poner las cosas en su quicio, las maravillas de Breton y compañía no pasan de ser maravillas artificiales, fosfóricas, a escala de una mente pequeño-burguesa de fin de mundo, perlas cuyo mérito suele restringirse al Oriente erótico, aunque no siempre [21].

[21] Por ejemplo, cuenta Caillois que la gota de agua a que se debió su separación definitiva del Surrealismo fue «una discusión con André Breton sobre la actitud que convenía sostener con respecto a lo maravilloso». Lo motivaron unas «habas saltarinas» de esas que se venden en México como recuerdo. «Breton quería que uno soñara, que se extasiara con el prodigio. Yo propuse más bien que se abriese uno de los granos para ve-

El mencionado *Espejo de lo Maravilloso* —cuyo resumen conservo desde entonces— es revelador al respecto. Trátase de una recopilación de literatura imaginaria, ordenada en siete jornadas capitulares y puesta bajo la advocación de *Alicia en el país de las maravillas* con que comienza, o sea, del otro lado del espejo racional. Mitos, desde los de Gilgamés y Osiris al de Quetzalcoalt; leyendas de cualquier especie; cuentos de todos los países; textos alquímicos, etc., se codean en un esquema procesal con páginas de Platón, Ovidio, Apuleyo, Tasso, Shakespeare, Goethe, Blake, Poe, Kafka, Jensen y hasta Jean Giraudoux, entreverados, en beneficio del Surrealismo, con algunas páginas de Lewis, Maturin, Rimbaud, Lautréamont y Jarry, junto a otras de Eluard, Breton, Péret, René Char y Julien Gracq, todos los últimos en dosis moderadas. Constituye el conjunto un muestrario de caracolas de ese inmenso océano de la literatura onirizante que demuestra cómo es ésta una actividad imaginativa que nunca ha dejado de surgir del espíritu humano, y que mucho intrigaba a Bergson. Del Antiguo Testamento, no obstante su inigualada colección de sucesos maravillosos, sólo figura en ella una página del *Cantar de los Cantares;* el lector se imaginará por qué. Y salvo del Apocalipsis, ni un solo versículo del Nuevo. Quizá mejor que nada, este libro de Mabille, cuya segunda edición en 1962 fue prologada por Breton, pone de manifiesto el concepto limitado que del potencial maravilloso, propio de un estado superior de Realidad, poseía el Surrealismo, justificando, a mi entender, el juicio que acerca de su insuficiencia emití en mi ensayo. En ninguna ocasión pudo en este aspecto trasponer los límites del individualismo.

Y es que la ilusión, absolutamente antropomorfa, de que «el hombre propone y dispone» es enemiga, por definición, de la maravilla trascendente, auténtica. Si de una parte predispone la credulidad del ánimo hacia los sucesos prodigiosos, de otra parte el Yo se limita a suplantar a la potencia de quien proceden las maravillas de verdad, como lo son, por ejemplo, el arco-iris o las auroras boreales en el orden de los meteoros, o cierta especie de milagros objetivos o subjetivos, entrañados al destino de los pueblos. La conciencia humana es en estos casos, receptora, aunque los fenómenos

---

rificar si no contenía un insecto, una larva, lo que (entre paréntesis) era el caso». (Roger Caillois, «André Breton. Divergencias y complicidades», en *La Nación*. Buenos Aires, 9 abril 1967, 3.ª sección).

hayan ocurrido a través de una o varias de sus individualidades, como en el caso Brauner donde el hombre ni propuso ni dispuso, razón quizá por la que Breton nunca le concedió importancia.

Viniendo a cuentas, ¿son acaso maravillas verdaderas las experimentadas por Breton, maestro de devaneos, en el más pretencioso de sus libros en este plano, *L'Amour Fou*? ¿Y cuáles son las auténticas maravillas de Aragon, convertido luego al más cerrado de los materialismos? ¿Y las de Soupault o Eluard?... Literatura especiosa, sugeridora sí, con ciertas inflexiones estilísticas extra vulgares hacia lo inadmisible por la conciencia esclerosada de la burguesía; interesantes excursiones costeras reforzadas con mixturas de ilusiones fermentadas que, como los cócteles, se suben un tanto a la cabeza, y que por lo general se relacionan con aventuras femeninas —¡vaya maravillosa novedad!—, en la práctica objeto primordial del Surrealismo. No sin fundamento afirma Alquié que las actividades del movimiento no producen en el orden artístico de lo imaginario, al margen de la verdadera realidad, razón por la que le niega al Surrealismo la posibilidad de alzarse a la pretendida superrealidad que sólo es posible en virtud de la trascendencia que, para afirmarse, el Surrealismo niega.

Más aún, ¿cuáles son las maravillas reales de Rimbaud y Lautréamont? ¿Y las de Baudelaire que no sean cualidades de estilo, aunque éste reconociera la existencia de una realidad sobrenatural, siendo su ausencia la raíz de sus males? ¿Y las de Apollinaire dedicado a cantar las maravillas de la guerra, y cuyo lema *J'émerveille* se limitó a reafirmar las convicciones tradicionales resumidas en el verso del Cavaliere Juan Bautista Marino que recuerda Guillermo de la Torre [22].

E del poeta il fin la maraviglia.

En efecto, ¿de qué resorte procede en última instancia la poesía en todas sus acepciones y en todos los tiempos, si no es de la tendencia de la naturaleza humana a maravillarse de algún modo? En este aspecto ¿no ha realizado el Surrealismo la proeza de descubrir y apropiarse el Mediterráneo?

Obligado es tener en cuenta a estos propósitos que el Romanticismo de donde además del Surrealismo desciende

[22] *Guillaume Apollinaire*. Buenos Aires, Poseidon, 1946, p. 81.

una gran parte si no toda la literatura moderna, significó una verdadera explosión del espíritu maravilloso cuyas reverberaciones alcanzan por derecho genuino de herencia a casi todos los movimientos literarios. ¿Quién no recuerda los relatos de Tieck, de Arnim, de Hoffman?... ¿Y qué decir de Federico Novalis? ¿No fue acaso la existencia del autor de *Europa o la Cristiandad* una expedición a la búsqueda de «la flor azul de las Maravillas» que simbolizaba la paradisíaca edad de oro de sus sueños? Para él, el conocimiento de Sofía von Kühn «fue un azar maravilloso», como fue «azar maravilloso» su muerte tempranísima que la transfiguró a los ojos del poeta en la redentora Sabiduría absoluta. «Yo siento más y más en todas las cosas los miembros de un todo maravilloso en el que voy a fundirme», confesaba en su correspondencia cuando hacía esfuerzos mentales inauditos por desaparecer. De principio a fin su *Heinrich von Ofterdingen* gira en torno a la maravilla de un vivir de poeta que se entrelazaba con los sueños individuales o colectivos. «Has visto la Maravilla del Mundo», se asienta ya desde el comienzo. El héroe parte en busca de la «flor maravillosa», etc., etc. *Cincuenta veces* se repite en su texto el vocablo *wunderbar,* acompañado por otras muchísimas de los demás términos de la misma raíz, dando al conjunto la tonalidad que él mismo define como «reflejo maravilloso de un mundo superior», es decir, del influjo de la invisible superrealidad, madre de todos los «azares». Imposible comparar, por cierto, a causa de la diferencia cualitativa de su significado, la historia novalisiana de su amor psico-espiritual por Sofía, con la del psico-sensual de Breton por Jacqueline —a no ser que se le reconozca a este último episodio la significación correspondiente a la tragedia española, señalada más arriba, pero de la que el definidor del Surrealismo no tenía el menor barrunto—. Precisamente, a propósito de Breton y de la hijita nacida de su *Amour Fou,* se decía en mi ensayo poético, insistiendo en la maravilla, que, por hallarse esta hijita —Aube— identificada

> con la trascendencia de los sucesos españoles, o sea, con el Nuevo Mundo, la materialización de su *Alba,* es hija del Romanticismo y de la Revolución frances ι. Broche que cierra todos los círculos significantes co ι exactitud *maravillosa* —subrayo— (p. 102).

Esto a un lado, se deduce de lo anterior que estando el

aspecto de lo maravilloso, además de reiterado, implícito en el tema básico de la conjunción del sueño y de la vida, no tenía por qué recibir en mi trabajo consideración especial. Su novedad era apenas relativa y su expresión de nivel más que modesto, según se sostenía en mi librito, donde a la maravilla no se le escatimó validez, sino al contrario. Lo que en él se señalaba es lo limitado de sus proyecciones en el círculo oficial del Surrealismo frente a las extraordinarias del caso Brauner, digno de figurar en primera línea en los anales de la «sincronicidad» expuesta por Jung en varios de sus tratados, aunque sólo monografiada tardíamente. Y, sobre todo, en relación con la potencialidad maravillosa que, como superación del Surrealismo francés contiene el «Alba de oro» del futuro americano, cosa que a Coyné parece ser lo que más se le indigesta. (Alba de Oro, Aube, Aurelia, Aurora).

Pero aun queda un rabillo del ojo con que escudriñar. El tema de lo «maravilloso» no parece a fin de cuentas ser tan «clave» para el Surrealismo como pretende Coyné. Verdad es que en el primer *Manifiesto* se lo trata con largueza. Pero en cambio no aparece como tema surrealista ni en el *Segundo Manifiesto*, ni en los *Prolegómenos para un tercer manifiesto o no*, ni en el *Surrealismo entre dos guerras* donde Breton resume en cinco puntos numerados los caracteres fundamentales del movimiento, entre los que figura el *humor negro* que parece haber ocupado el sitial de lo maravilloso. Todo induce, pues, a pensar que éste de lo maravilloso es, mejor que un subtema, una disposición anímica absolutamente romántica, según acaba de observarse, que acusó el Surrealismo en sus comienzos, pero que para él nada tiene de substancialmente peculiar. De todos estos escritos de Bretón está la noción mucho más ausente que en mi incriminado librito donde se pronuncia la palabra en seis oportunidades. De hecho, si se toman en cuenta sus relativas dimensiones, «la maravilla» sale a relucir en mi tan vituperado *Surrealismo* con mayor insistencia que en la obra cumbre de ese estilo, *L'Amour Fou* de Breton.

En el *Segundo Manifiesto* sólo consta una vez en la nota arriba considerada: «el problema de la mujer es el más maravilloso y turbador que existe en el mundo». Para la mitad del género humano cabe, sin duda, en lo posible —aunque dentro de ciertos límites de edad—. Ya sabíamos y aquí se nos ratifica que la maravilla es para los surrealistas un sentimiento muy particularizado. Y se nos corrobora que el Surrealismo, tal como fue concebido por Breton y compañeros, es una actividad de carácter psicosexual, cuyas maravillas, tan sumamente abrillantadas por Coyné en beneficio de Breton y mengua de Vallejo, están especialmente reservadas a los «varones» adolescentes e iracundos, sin que tenga mucho que ver con los verdaderos «seres humanos», ni con el esplendor de la Humanidad como un todo.

Sólo apelaré aún al testimonio de Thomas Carlyle, mencionado vergonzantemente, por cierto, en una escueta nota del primer *Manifiesto del Surrealismo* —¿por alguna sugerencia de última hora?—. Efectivamente, como se dice en ella, el capítulo VIII —del tercer libro, añadiremos— de *Sartor Resartus* se dedica al *Natural Supernaturalism*. Mas lo interesante es que en ese capítulo, así como en otras páginas anteriores y posteriores de la misma obra, se trata de la *Maravilla* escondida tras las dos grandes apariencias que envuelven al mundo, el Tiempo y el Espacio, que sólo en algún momento, al rasgarse esa textura de trama y urdimbre, permite ver a su través. Que la visión —videncia, diríamos hoy más bien— es la facultad característica del poeta. «Tanto como trabajar, el hombre debe maravillarse», sostiene Carlyle en 1831 dando al traste con futuras apropiaciones. Sobre esa indispensable *maravilla* trata en el cap. X, *Pure Reason,* de la primera parte o libro. Pero maravillémonos a nuestra vez, sin perder de vista al Surrealismo y a «las puertas de cuerno o de marfil» que sólo se abren al sueño, con que comienza *Aurélia* —y que en última instancia dependen a través de Macrobio, de la Odisea (XIX, 562-67)—, maravillémonos, digo, leyendo lo que Carlyle asienta en el cap. IX de la tercera parte, dirigiéndose al «lector inglés»:

> Si a través de esta nada promisora Puerta de Cuerno, Teulferdröckh y nosotros por su mediación, te hemos conducido a la verdadera Tierra de los Sueños; y a través de la mampara de los vestidos, como a través de una mágica *Piedra Horadada,* contemplas siquiera por momentos la región de lo Maravilloso y ves y sientes que tu vida diaria está ceñida con Maravilla y asentada en la Maravilla, y que tus verdaderos mantos y calzones son Milagros —entonces te habrás lucrado por encima de lo que compra el dinero y deberás agradecérselo a nuestro Profesor.

He aquí con casi un siglo de anticipación, reunidos en estas pocas líneas que resumen el pensamiento del autor de

116

Sartor Resartus, principios tan caros al Surrealismo como la tierra de los sueños —exaltada a su vez por Edgard Poe—, la contemplación a través de una piedra mágica, de aquello que está más allá de tiempo y de espacio, el país de las maravillas de Alicia, la Maravilla supernaturalista en función cotidiana... Pero Carlyle, gran admirador de Novalis a quien nombra y cita muy repetidamente en sus escritos, tiene para los surrealistas el imperdonable defecto, entre otras cosas, de no ser tenebroso. Al contrario, denuncia «la actual pasmosamente convulsiva 'Literatura de desesperación'». Cuando así se expresa en 1840, está juzgando en su ensayo «El héroe como hombre de letras» a Jean Jacques Rousseau, reputado debelador del «pecado original», en términos que, guardadas las naturales proporciones y distancias, parecen convenirle tan certeramente al propugnador del «amor convulsivo» y autor de *Nadja* —cuya elocución literaria siempre he pensado, por cierto, que mostraba afinidades notorias con la del de *Julie ou la Nouvelle Heloïse*— que no resisto a la tentación de traducirlas:

> El defecto y miseria de Rousseau es lo que designamos cómodamente con una sola palabra, *Egoísmo,* que es en verdad la fuente y compendio de todos los defectos y miserias, sean los que fueren. No se perfeccionó a sí mismo hasta la victoria sobre el mero Deseo; un pobre apetito (*mean Hunger*), en muchos aspectos, era su principio determinante. Mucho me temo que fuera un verdadero hombre vanidoso, ávido de las alabanzas de los hombres...
>
> Sus libros, como él mismo, son lo que llamo malsanos. No de la buena clase de libros. Hay en Rousseau sensualidad. En combinación con un intelecto dotado como el suyo, produce cuadros de cierto suntuoso atractivo; mas no son genuinamente poéticos. No blanca luz solar, sino algo como *operetístico;* una especie de rosáceo, artificial aderezo. Cosa frecuente, o más bien universal entre los franceses a partir de entonces...

Como estimo, por mi parte, que este juicio puede aplicarse perfectamente a las presuntuosas maravillas bretonianas, me siento eximido de añadir explicaciones al respecto.

Sólo he de recordar, eludiendo los profusos comentarios a que se presta este capítulo de la crítica de Coyné, que el sentimiento de lo maravilloso, tan vivo en los libros de caballerías y afines por estarlo entre las gentes de aquella circunstancia histórica, fue el que presidió al descubrimiento, conquista y población del Nuevo Mundo. ¿Quién de cuantos se embarcaron hacia estas regiones americanas dejaría de venir movido por una ansiedad de cosas y de casos nunca vistos en lo natural, en lo pecuniario y hasta en lo religioso, de que se nutrieron historias y utopías.? Las crónicas son, unas más, otras menos, centones de noticias de esta especie, desde los sueños de El Dorado (Edad de Oro) hasta el de la Fuente de la eterna juventud (Paraíso). Persona tan ilustrada y lógica como Antonio de León Pinelo recogió en un voluminoso tratado, *El Paraíso en el Nuevo Mundo,* un inmenso repertorio de noticias peregrinas y maravillosas que demuestra cómo todavía en el siglo XVII palpitaba en quienes había prendido la seducción de la naturaleza cósmica de este Nuevo Continente, la paradisíaca realidad de la maravilla, es decir, del reino de la Imaginación. ¿O no es, por ejemplo, la historia de la Virgen mexicana de Guadalupe —trasunto de la apocalíptica Nueva Jerusalem— una maravilla incomparable? Oigasele a Sor Juana Inés caracterizar de maravillosa representación paradisíaca a la que con el tiempo sería patrona de la Revolución:

La compuesta de flores maravilla,
divina protectora americana,
que a ser se pasa rosa mexicana
apareciendo Rosa de Castilla...

Sólo recordaré, para terminar, el testimonio siempre substantivo de José Martí en su carta a José Joaquín Palma (*Ob. Compl.* «Trópico», vol. XII, p. 31):

Cuando descanse al fin de sus convulsiones —necesarias todas, pero de término seguro— la América que habla castellano, ¡qué semillero de maravillas no va a salir a la luz del sol!

No parece que quepa, pues, sorprenderse de que en un ensayo poético como el de mi *Surrealismo* se sostenga que aquí, en este terreno neomúndico así abonado y refrendado por otras varias coordenadas no sólo mitopoéticas, se sitúa el lugar donde puede realizarse aquello que el Surrealismo ambicionaba, pero era incapaz de realizar. Y era incapaz por tratarse de algo que sólo puede advenir realmente por trascendencia y que, por lo mismo, fulgía más allá de sus conceptos individualistas, fuliginosos. ¿Cuál podría ser el derecho que invocara Coyné para cortarnos la marcha hacia ese más allá del destino hispano que además se asevera mediante una experiencia realísima, algunas de cuyas reverberaciones pueden advertirse en mi *Rendición de Espíritu?*

Entre guerras

Un problema debatible que Coyné plantea para resolverlo de plano en contra mía, es el de la vitalidad histórica del Surrealismo. En mi ensayo de 1944 se sostenía que este movimiento, típico de un Occidente en estado agónico, correspondía genuinamente al lapso de entre las dos grandes guerras. Me basaba para sustentarlo así, entre otras cosas que estimo más substanciales, en las nociones expuestas por André Breton en New York (1942), con estas palabras: «El Surrealismo no puede comprenderse históricamente sino en función de la guerra, quiero decir —de 1919 a 1939— en función a la par de aquella de que arranca y de aquella en que desemboca»... (*Situation du Surréalisme entre les deux guerres*). Venía a corroborar estas manifestaciones el carácter titubeante, si no un tanto pesimista de sus *Prolegómenos a un tercer manifiesto surrealista o no,* realizadas por la notable profecía del mismo Breton en 1925: «Pretenden algunos que la guerra les ha enseñado algo; están sin embargo menos adelantados que yo, que sé lo que me reserva el año 1939» (*Lettre aux Voyantes,* recordada en el *Surréalisme entre les deux guerres*). Venía a añadirse a ello la deserción de los surrealistas mayores y el hecho de que todos los demás en ejercicio nombrados por Breton en los mencionados documentos, se encontraban en América. Por contera, el científico entonces más importante del grupo a la vez que expositor del caso Brauner, había anunciado categóricamente en 1938 que la cultura de Europa occidental había llegado a su fin y que México se disponía a acoger a los futuros exiliados españoles en forma que las concausas históricas se confabulaban para la creación de una cultura nueva en este continente. Si se tiene en cuenta que Benjamin Péret, a la sazón en México, distaba de oponer reparo a mis puntos de vista, como no tardaremos en comprobarlo, se llega correctamente a la conclusión, me parece, de que mis convencimientos de entonces, aunque atrevidamente proyectados a una situación más allá, no sólo se encuadraban en el marco de posibilidades del Surrealismo ortodoxo, sino que coincidían con las de algún su-

119

rrealista de nota. Es decir, no estaban tan en oposición como pretende Coyné con «los dogmas y la trascendencia surrealistas» [23].

No mucho después terminó felizmente la guerra, acontecimiento no profetizado por el autor de la *Lettre aux Voyantes*. Volvió a ser posible el retorno a París y, por su propia imantación, inclusive contra la voluntad forcejeante de alguno de ellos, la mayor parte del rebaño disperso volvió fatalmente a congregarse en su propio habitáculo a orillas del Sena, como si nada hubiera ocurrido. Se reanudaron las críticas acerbas en las terrazas de los cafés, se organizó en 1947 una nueva exposición surrealista, se produjeron algunas publicaciones... De ahí el juicio de Coyné de que el Surrealismo, lejos de haber sucumbido, continuó tan en vida como hasta la guerra con vistas a un porvenir ecuménico, cosa que a su juicio arruina mis puntos de convicción y desbarata sus perspectivas.

Mas es éste de Coyne un juicio del que intelectualmente no nos está vedado disentir. Cierto es que Breton siguió viviendo y pontificando, y que, si bien distanciado de todos sus antiguos y principales adherentes, logró reunir en torno suyo una aunque más bien descolorida corte de secuaces. Mas no es menos cierto que a partir del retorno, el movimiento no ha dado paso que cuente hacia la liberación humana, ni se ha enriquecido con iniciativa nueva que ilumine y haga vibrar los horizontes. Ni siquiera ha emitido el tercer manifiesto anunciado como dudoso en los *Prolegómenos*. Se ha limitado, por lo general, a repetirse como sucede en las situaciones provectas. La exposición de 1947 no añadió nada en superrealidad a la de 1938, ni marcó ningún nuevo derrotero. Vinieron las reediciones de las obras de antaño, los estudios históricos, las antologías e interviews, la clarificación de los recuerdos, el asirse a los clavos más bien congelados de la magia y del fourierismo... ¿Algo por lo menos novedoso después de la inmensa catástrofe, algo que diese fe de la vitalidad de los gérmenes que en su día creyéronse tan prometedores? Nada que valga realmente la pena, me parece. Otras teorías, otras preocupaciones, otros problemas y hasta rebeldías muy diferentes son los que en Francia y en el mundo se han posesionado de la actualidad. El Surrealismo, sostenido por la presencia individual de Andrés Breton, ha pasado a reta-

---

[23] En México se encontraban por entonces, que yo recuerde: Benjamín Péret, Pierre Mabille, Wolfgang y Alicia Paalen, César Moro, Eleonora Carrington, Luis Buñuel, Esteban Francés...

guardia y no se antoja difícil predecir cuál será su destino ahora que Breton ha cumplido aquello de que abominaba o decía que abominaba en los tiempos heroicos, labrarse un nombre.

Pero ha sucedido algo más grave. No sólo lo abandonó el personal destacado que lo constituía; los grandes principios en que se asentaba el movimiento vieron perder hace mucho su vigencia. El deseo de conciliación entre el sueño colectivo y la realidad de la vida no ha manifestado virtualidad para producir fruto valedero. El de resolver la oposición entre la razón y la locura fracasó del modo más lamentable con el simulacro de *Nadja*. El famoso proyecto de alcanzar el punto cúspide que justificaba la tendencia a la superrealidad donde se resolviesen las restantes antinomias, fue abandonado vergonzosamente por el mismo Breton en 1938 a la vez que su amor loco con afanes de perennidad monogámica no resistió a la erosión de los humores cotidianos. En él se cebó el otro gran principio del *automatismo* que, lejos de satisfacerse con tal presa, ha llevado automáticamente a Breton y a su grupo, como a ciertas especies biológicas tangenciales, a un callejón sin salida. ¿«Azares objetivos» que entrañen verdadera significación? Pasaron a la historia del movimiento limitado a formar rueda en el patio de la prisión o cripta que se ha aparejado él mismo. ¿Algún gran mito capaz de conmover la credulidad de las gentes? Ni el más perspicaz de los nigromantes lo avizora. Lo vivo, al parecer, es ese principio complementario del automatismo, que se ha hecho cargo de los esquemas bretonianos, el *humor negro*, pozo donde ha venido a desaguar su pretendido monopolio de la maravilla. Ciertamente, parece ser un producto de humor negro el estado en que se encuentra la agrupación, tan soberbiamente ambiciosa, previendo el día en que será entregada, si no lo ha sido aún, al museo de los sueños insepultos. Que no puede ser otro el destino del concepto humano basado en la individualidad absoluta y en el axioma de que el individuo «hombre propone y dispone» —salvo en ciertos planos subalternos, es decir, dentro del desconocido orden superior en que se inserta—. En suma, ¿no le ha dado razón la realidad a Antonin Artaud cuyo manifiesto de 1926 se titulaba *A la grande nuit ou le Bluff surréaliste?*

De aquí que contemplado el fenómeno a esta luz íntimamente desenmascaradora me sienta compelido a sostener, en lo personal, mis antiguas convicciones: el Surrealismo fue fundamentalmente un movimiento occidental de entre guerras. Sus perspectivas fueron las peculiares de aquel angustioso entre

121

paréntesis. Nació tras la primera explosión; se desbandó con la segunda; sus cabezas restantes se trasladaron entonces a América, para reintegrarse a París, superviviéndose, luego de haber dado testimonio sintomático. Nada de lo acontecido a partir de 1940 autoriza a pensar que el Surrealismo ha seguido en posesión de su antigua energía creadora. La Europa occidental, de la que había sido producto, ha desaparecido en cuanto entidad dirigente. Hasta aquella fecha continuaba actuando como cabeza del mundo, pero este último se transformó con el cataclismo universal fraguado en el solar europeo. El organismo terráqueo ha cambiado por completo de figura. Norteamérica, la Unión Soviética, el Asia, el Africa, han roto los vínculos tentaculares que más o menos las subordinaban a una Europa superpoblada, colonialista y hegemónica. Hasta Roma va ya de capa pluvial caída. La ciencia de una parte y de otra la intervención directa de las masas que piden e imponen otro género de liberación, han transformado la estructura antropo-terráquea. Aunque a las gentes de aquellos orígenes les cueste aceptarlo, hemos entrado ya en una nueva etapa del proceso mutacional del mundo, donde Europa entera, al modo de uno de sus grandes pilares, la Gran Bretaña, ha pasado a ser uno de tantos. En suma, por lo que se refiere al Surrealismo, éste ha estado viviendo en las estribaciones de un macizo montañoso que en su ladera ascensional prometía, como la torre de Babel, encaramarse al cielo. A partir de entonces ha venido resbalando por el desliz opuesto o, si se prefiere, minifaldeando [24].

Y en este otro mundo se abren en cambio las posibilidades apuntadas no sólo en mi *Surrealismo,* sino en cuanto los resultados de mi experiencia personal me han permitido venir sugiriendo en público desde 1940 y aún desde un poco antes. Coyné las niega valor porque durante los años transcurridos no han hecho mella perceptible. Pero no toma en cuenta

[24] *Post-Scriptum 1970.*—El excesivo retraso con que le ha llegado su turno de publicación al presente número de AULA VALLEJO ha hecho posible que algunas de sus previsiones se hayan cumplido ya. Según despacho de la *Agence France Presse* de 14 de febrero de 1969, en aquella misma semana había decidido suspender sus actividades colectivas y disolverse el grupo surrealista de París. Hacía entonces un par de meses que la revista *Europe* había dedicado un grueso volumen al «Surrealisme» (noviembre-diciembre 1968), en cuyos numerosos ensayos se ven corroborados en general y hasta con profusas e interesantes precisiones y detalles nuevos los puntos de vista sostenidos en esta *Respuesta diferida* y en el ensayo *César Vallejo frente a André Breton.*

que estamos en la grande y universal historia donde las cosas llamadas a perdurar conocen inicios humildes y lentos, y no en la voluta impaciente de una generación. En mi caso, como en el de Vallejo, no se trata de sueños ni de ambiciones individuales aparatosas, al alcance de nuestra existencia personal, sino de otra clase de valores correspondientes a un concepto mucho más amplio de humanismo. La realidad se desenvuelve en el proceso de los mitos trascendentales en cuya formulación ha intervenido el llamado —mal llamado— «inconsciente colectivo» o intuición esencial de la especie con proyecciones teleológicas que, a la vez que justifican las existencias particulares en virtud de una finalidad en la que adquieren sentido, descubren la eficacia real, filtrada a través de las inconsciencias circunstancialmente modalizadas, de una Mente adánica no distinta, en lo substancial, de la infinita del Universo.

Ajuste de cuentas

Ahora bien, en su empeño de «desvirtuar una tentativa como la de Larrea» y reducir a la inanidad el valor de mis aseveraciones, Coyné trae a cuento cuanto puede prestigiar a Breton situándolo muy por encima de mis desdeñables puntos de vista. Mas lo hace en su segunda versión, después de leer mi *Teleología de la Cultura* que le obsequié tras las Conferencias. Traduce así estos conceptos del autor de *Nadja*:

> «Pienso cada vez más que la *Historia,* tal como se escribe, es una sarta de peligrosas niñerías, que tiende a hacernos tomar por la realidad de los acontecimientos lo que no es sino su proyección exterior o engañosa... Bajo estos *faits divers* de mayor o menor importancia corre una trama que es lo único que valdría la pena desentrañar. Es donde los mitos se entreveran desde el comienzo del mundo y —quiéranlo o no los marxistas— hallan cómo acomodarse con la economía (la cual en cierta acepción moderna quizá sea a su vez un mito)», proposiciones surrealistas que Larrea podría suscribir, sin que ello beneficie su tesis...

Es esta una materia que, como comprometido en ella nominalmente por Coyné, requiere de mí algún examen. A juicio de Coyné, podría suscribir por mi parte, sin que ello me beneficie, no se sabe por qué, la tesis surrealista expuesta por Breton en una interview concedida a Francis Dumont en *mayo de 1950.* Pero es el caso, en primer lugar, que el indicado es un modo de discernir que, a resultas de mis propias experiencias vitales, venía yo sosteniendo con casi veinte años de anticipación. Claro que no empecé a exponerlo en forma pública, sino después de los sucesos españoles, cuya «trama» profunda pretendí desentrañar en *Rendición de Espíritu.* En el fondo, mi manera de concebir el desenvolvimiento de la vida no difiere, hasta cierto punto, de la expuesta en las anteriores confidencias por Breton, aunque a mi juicio —discúlpeseme— vaya no poco más hondo y más lejos. Ella es la que justifica mi opinión acerca de la Realidad, con mayúscula, expuesta también en mi *Surrealismo,* y expuesta a su vez por quien se sintió electrizado ante tales perspectivas, el poeta León Felipe que cantó en 1943:

> Riman los sueños y los mitos con los pasos
> del hombre sobre la Tierra...

Se ilustraban estas palabras en *Ganarás la Luz* con un fotomontaje de mi invención representando un molino quijotesco de la Mancha, guarnecido de campesinos con el puño en alto, en cuya cruz aspada erguía también su puño el Cristo de Velázquez torturado por el buitre de Prometeo —dibujado éste por Moreno Villa—. «¡España-Cristo!»... «¡Toda la sangre de España por una gota de luz!».

Mas sucede, en segundo lugar, que Coyné ha saltado una frase del texto de Breton que no carece aquí de algún sentido. Dice:

> Querer deducir, cualquier cosa, de Historia semejante es tan vano, poco más o menos como pretender interpretar el sueño no tomando en cuenta sino su contenido manifiesto. (*Entretiens,* p. 271).

Paréceme oportuna esta ampliación aclaratoria por el hecho de que comparar a la Historia con un sueño en el que se realiza la substancia de los grandes mitos es teoría expuesta en mi *Surrealismo* en 1944. «La Historia se define así como un sueño donde se realizan los deseos de la Humanidad», se afirma en la pág. 50. Y tres adelante: «El sueño colectivo de antaño, aderezado de figuras, ha dejado el puesto en muchas mentes al sueño recóndito, sin imágenes, que compensa tal carencia mitificando sus dogmas sociales y económicos» (p. 53). Y también se dice:

> Realizar esta operación unitiva del hombre con Dios o espíritu de universalidad en las esferas genérica y planetaria, creando en diversas etapas pluriseculares la materia y el ámbito precisos para construir la ciudad universal, ha sido el designio constante que ha determinado y determina la progresión histórica del hombre sobre la Tierra. A esta luz revelan su significado y razón de ser los más remotos sueños o mitos, tales como los registrados en el Génesis, y entre todos, por la exactitud de su representación, el sueño de Jacob con su escala mística, que realiza la unión del hombre y de Dios, del individuo y de la universalidad. Una vez más puede comprobarse cómo la Historia se comporta como un sueño, lo que permite definirla como la realización de los deseos subconscientes de la Humanidad —deseos emitidos a través de aquel individuo que, dormido, fuera de sí y de su inmediato mundo, entra en contacto con la realidad genérico-cósmica—. Corrobórase, por consiguiente, aquí en el umbral de la síntesis, la sentencia que el Romanticismo pronunció por boca de Novalis: «El mundo se convierte en sueño, el sueño se convierte en mundo» (pp. 96-97) [25].

Es patente la equivalencia, en lo substancial, de estos propósitos de 1944 con ocasión del Surrealismo, con los de Breton emitidos seis años después. Unos y otros han crecido, evidentemente, en el campo roturado por Freud. Mas ello no deja de plantear un problema. ¿Existe una relación directa o influencia entre los mismos? Por mi parte creo que me asisten razones para sostener que estos mis conceptos no acusan influencia alguna de Breton, pues que la expuesta por mí fue una forma de entender que se vino constituyendo en mi conciencia, pausada, automáticamente, en virtud de las experiencias reveladoras de una vida consagrada al más allá, y espe-

---

[25] Véanse también las dos últimas páginas, 103-04, de mi *Surrealismo y The Vision of Guernica* (New York, Curt Valentin, 1947), donde se trata no poco del «contenido manifiesto».

cialmente a partir de mi aventura sudamericana en 1930-31 y, más tarde, de la catástrofe *histórica* de España en 1939. Siempre tuve a esos mis puntos de vista, publicados ya en *Rendición de Espíritu,* por plenamente originales. No recuerdo haber leído nada de ese género en nadie y menos en André Breton, acaparado hasta la ofuscación por su ego individual.

Ahora bien; las ideas expuestas por éste en 1950, ¿serán acaso fruto de su experiencia propia o provocadas por alguna lectura? He aquí planteado otro aspecto de nuestro pequeño problema, que demanda cierta aportación de datos aclaratorios en cuya posesión me encuentro, los cuales pudieran ser, además, de algún servicio para la correcta apreciación de algunos particulares del éxodo del Surrealismo durante la guerra, y de su relación proyectiva con nuestro Nuevo Mundo.

Va de historia

En el número primero de la revista mexicana «Cuadernos Americanos», de enero de 1942, esto es, en plena guerra, apareció un artículo, *Nuestra Alba de Oro,* firmado por quien esto escribe. Se trazaba en él un esquema poético-creador que pretendía explicar el sentido profundo de los acontecimientos que se vivían entonces, en forma muy similar a la que Coyné combate al presente. En función de la Poesía, con mayúscula, se esbozaban en dicho artículo ciertas perspectivas del pasado, correspondientes al último desarrollo de la civilización europea occidental, frente a un futuro en el que la Poesía estaba llamada a resolver los problemas esenciales que anteriormente se encomendaban a la religión. En Europa, a partir del Romanticismo —se escribía en aquel ensayo—

> empiezan a registrarse casos de artistas para quienes la poesía constituye un medio subjetivo de operación y conocimiento identificado con su propia vida. En estos casos, el centro de gravedad del fenómeno deja de radicar exclusivamente en la obra escrita para proyectar un nuevo punto de descarga en la existencia misma del poeta, cuya personalidad, ajustada a un nuevo esquema psíquico, deja en buena parte de ser sujeto para convertirse en objeto de poesía.

Con tal motivo traía a colación dicho artículo las teorías del absoluto poético de Novalis, mencionándose a continua-

ción a Nerval, Baudelaire, Mallarmé, para dedicar considec-
ción aparte a Rimbaud a lo largo de tres buenas páginas. Las
tentativas efectuadas por éste último de romper los flejes ace-
rados de aquella situación dejaron, no obstante su fracaso,
el empeño en marcha de que la poesía debe preceder a la ac-
ción en vez de rimar con ella, el cual fue continuado por un
sector importante de la poesía en idioma francés, cuyas actividades «revelan involuntariamente la posición exacta —frase
disgregativa— que en la travesía hacia su más allá ocupaba en
aquel momento la civilización de Occidente». Y a continuación
estámpase un párrafo que en la presente circunstancia merece,
a mi juicio, destacarse:

> El intento más importante es, sin duda, el acometi-
> do estos últimos tiempos por el *Surrealismo* en el
> que se dan, por una parte, ciertas tendencias cons-
> cientes a lo colectivo, aunque no lleguen a trasponer
> el plano de lo particular, y, por otra, la voluntad de
> introducir algunos principios imaginativos en la vida
> cotidiana. A su caudillo, André Breton, se deben
> aportaciones de importancia. Sin embargo, el indivi-
> dualismo original y esencial en que se fundan estas
> tentativas, por interesantes que sean algunas de sus
> consecuencias, no permiten al embrión llegar a posi-
> tivo logro.
> La razón es sencilla: todos ellos son impulsos ha-
> cia el más allá de un mundo en sus postrimerías. Son,
> si se quiere, las avanzadas de una nueva especie que
> al tronco añoso, y carcomido arranca la inminencia
> de una primavera creadora. A causa de su punto de
> partida dentro de un círculo condenado a muerte, no
> puede realizarse positivamente por entero. Mas sí
> puede dar testimonio de la existencia del problema,
> enunciarlo, acumular indicios de solución, preparan-
> do la ulterior solución efectiva. Este proceso de la
> poesía es asimismo perceptible en las artes plásticas.

«*Hasta aquí Europa*», se escribía a continuación, a la vez
que se recordaba el «Me voy de Europa» que enunciara «la
poesía por boca de Rimbaud», etc. Para arribar a las playas
del Nuevo Mundo

> es preciso embarcarse, trasponer un elemento anti-
> tético; es preciso morir en una orilla para nacer en

la otra («Vamos hacia el Espíritu»)... La vieja estructura individualista, basada en una apariencia de carácter metafórico, no tiene más porvenir que su negación («Yo es otro»...)...

«Desde aquí América», se continuaba. Con tal motivo se exponían consideraciones extensas relacionadas con la tragedia española, eslabón fulminante que reunió en el bando republicano a la casi totalidad de los poetas de cierta creadora validez, llegándose a conclusiones tan atrevidas como positivamente ambiciosas respecto al futuro, que, sin embargo, al cabo de un cuarto de siglo, no tengo inconveniente en volver a suscribir.

Como comprobará quien tenga la curiosidad de examinarlo, el esquema trazado en *Nuestra Alba de Oro* es idéntico, con más de dos años de anticipación, al de mi *Surrealismo* que tan abominable le parece a Coyné. Para establecerlo no se nombraba en él a Vallejo, ni a Huidobro, ni siquiera a Rubén Darío, salvo en la alusión del título —ni se citaba el *Canto de un español,* de Nerval—. Tratábase de «una interpretación poética de las circunstancias actuales conforme a los frutos de una experiencia personal inédita aún», según le escribía yo mismo en 18 de mayo de 1942 al surrealista Pierre Mabille, a quien no conocía personalmente, enviándole los dos primeros números de «Cuadernos» —en el segundo de los cuales había publicado el capítulo «Afloramiento del Alba», de su libro *Egrégores*—, a los dos días de haber leído en *Minotaure* 12-13 su artículo *L'Oeil du peintre* describiendo el caso Brauner. A lo que me contestaba Mabille desde Pétionville (Haití) el 20 de julio:

> No puede usted saber a qué punto me importa participar por poco que sea en el esfuerzo intelectual a que usted contribuye y que reúne lo que me parece mejor en el mundo en este instante: el recuerdo de la lucha española y la esperanza de la evolución en México.

Este testimonio favorable de un miembro entonces destacado del grupo surrealista, uno de los *doce* mencionados en los *Prolegómenos* —como si fuesen los olímpicos del zodíaco—, no fue el único, ni el primero. Que a los pocos días de aparecido el número inicial de «Cuadernos» con mi ensayo, tuve el agrado de recibir la visita de Benjamín Péret, a quien sí conocía de antaño, acompañado por el pintor surrealista Esteban Francés. Venían a felicitarme con entusiasta efusión por mi ensayo y a comunicarme que, si no veía inconveniente, se disponían a enviárselo, ya traducido por ambos, a André Breton que, a su juicio, no debía dejar de conocerlo.

No recuerdo que me comunicaran más tarde cuál había sido la reacción del definidor del Surrealismo. Pero es un hecho que largos párrafos traducidos al inglés de dicho «excellent article of Larrea on poetry» se publicaron en el número 1 de la revista de Breton «VVV» (junio de 1942, pp. 68-69), donde aparecieron los *Prolegómenos*. Es obvio que nada de ello casa, ni por mi parte ni por la de los surrealistas —Mabille, Péret, Francés, Breton— con el juicio que me tiene pronunciado Coyné.

He de recordar, además, para información de este mismo y de quien se interese por semejantes pormenores, que el artículo *El deshonor de los poetas* mencionado en su disertación, fue escrito por Péret a requerimiento mío para «Cuadernos Americanos». Pero se le fue la pluma en tal forma que, en aquel momento, cuando la guerra tenía dividida a la opinión en dos bandos enfrentados a muerte, resultaba imposible publicar un texto donde se atacaba de aquel modo tan virulento y total a otra persona estimada por muchos del mismo bando, en una revista no confesionalmente sectaria como «Cuadernos». Péret lo comprendió perfectamente —creo que ya lo sabía mientras se desfogaba escribiendo su brulote—. no ignorando además que, en lo fundamental, mis puntos de vista coincidían al respecto con los suyos. Vino a subrayarlo no mucho después mi *Surrealismo* donde se criticaba severamente, no a Louis Aragon como lo había hecho Péret en su artículo, sino a la actitud de Pablo Neruda, por las razones semejantes de haber traicionado a la Poesía para subordinar, innecesariamente, sus grandes fines a las conveniencias circunstanciales, en primer término suyas, de una causa político-demagógica que no lo necesitaba.

Pero antes, en 1943, vino Mabille a México por vez primera, donde permaneció unos meses exploratorios y me dio a conocer la edición príncipe de su *Miroir du Merveilleux,* ignorada por Coyné, que en 1962 se reeditó en París, tras la muerte de Mabille, con un prólogo de André Breton que desconozco. No ocultaba Mabille su acuerdo entusiasta con el contenido de *Rendición de Espíritu,* al grado de enojarse seriamente con otro ex surrealista (W. Paalen) que por entonces se sentía en disconformidad con la forma como el frenesí imaginante se atrevía a campar por sus respetos, contra tiempo y espacio, entre mitos y coincidencias significativas. Ya no estaba, sin embargo, Mabille en México cuando redacté *El Surrealismo entre Viejo y Nuevo Mundo* a principios de 1944. Mas a su regreso a mediados de este mismo año, con intención de radicarse allí definitivamente, donde el 3 de agosto dictaría una conferencia publicada al poco, *Le Merveilleux* [26] —que Coyné parece ignorar también— coincidió conmigo en que convenía enviarle a Breton mi librito —que por su parte estimaba al punto de querer traducirlo algo más tarde para editarlo en Francia. Más aún, a fin de llevar adelante mis empresas poético-americanistas, concebí entonces el proyecto de celebrar en «Cuadernos Americanos» una «mesa rodante» sobre alguno de los problemas planteados por mi ensayo que pudiera interesarle a Breton, mesa que estaría iniciada y presidida por éste mismo. Le escribí brindándole la oportunidad de ocupar la tribuna de una revista tan prestigiosa, para dirigirse a todo el continente en aquella coyuntura favorable. He aquí, traducido, el texto de la carta quizá no exenta de interés que le escribí con tal motivo, asesorado por el conocimiento que de la psicología de Breton tenía Pierre Mabille, apasionado éste en el asunto, carta cuyo original debe encontrarse entre los papeles de Breton.

CUADERNOS AMERICANOS
Aven. Rep. de Guatemala 42
Ap. Postal 965   22 de agosto de 1944
México D. F.

Mr. André Breton
45 West, 56 St.
New York

Estimado señor:

Le envío mi último libro, «El Surrealismo entre Viejo y Nuevo Mundo», no aparecido aún en librerías. Me agradaría que, aunque en español, recorriera usted sus páginas. Quizá encontraría en ellas, entre afirmaciones que le repelan en el primer momento, algunas sorpresas.

---

[26] Pierre Mabille, *Le Merveilleux*. México, Editions Quetzal, 1945 (5 febrero).

130

Entre otras, mi libro sostiene esta tesis: el deseo de resolver la antinomia entre sueño y realidad planteado por el romanticismo y el surrealismo en el dominio individual, corresponde, en cierta medida, a una conjunción histórica que, en una esfera colectiva, está llamada a resolver esta misma antinomia entre ciertos mitos del pasado y la realidad viviente. Por ejemplo: el sueño del Nuevo Mundo tenido por el Occidente a partir del Renacimiento, de un Mundo Nuevo terráqueo donde se sitúan todas las utopías, viene hoy a identificarse con la posibilidad histórica de construir en este mismo continente americano un mundo nuevo, el cual resultaría de la transformación o mutación del hombre, en cuanto ser consciente y en cuanto ser social, gracias a la instauración de una conciencia y de una sociedad nuevas. Este sueño de un nuevo mundo integral fue formulado por la imaginación de los hombres primero bajo símbolos muy revestidos en las épocas religiosas, después a través de imágenes y de nociones cada vez más cercanas a la realidad, por el renacimiento, el romanticismo y el surrealismo. Todos estos movimientos implican, de un lado, una previsión esencial de la realidad, pero de otro lado, los errores debidos a la proyección de su situación propia, menos evolucionada, sobre la fisonomía de la realidad futura, lo que confiere a cada conjunto un carácter metafórico semejante al de los sueños. En este sentido el surrealismo es también un sueño que he tratado de comprender y, plegándome a sus deseos profundos, de identificar con la realidad. A fin de cuentas, lo que Cristóbal Colón descubrió en sus viajes, no fue la realización a la letra de sus deseos, sino la realidad tal como es y también lo que había de verdad y de engaño en su imagen previa.

He llegado a través de una larga experiencia interior y exterior muy penosa a concluir que el *automatismo creador* hará nacer aquí un mundo nuevo a través de la personalidad y la voluntad de las personas que se hallen trascendidas por su conciencia universal; es decir, el contenido auténtico de este continente americano que sólo empieza a dar los primeros signos de una personalidad distinta. Si el acento material carga por el momento sobre el Norte, es evidente que el acento creador del Espíritu, aquel que está llamado a dar forma a la potencia material del Norte, encontrará su asiento en el Sur latino.

Más aún: estimo que la tragedia española de 1936-39 es el fenómeno histórico trascendental que establece la solución de continuidad entre el impulso transfigurador de Occidente y el mundo de la universalidad, cuyo foco radica en América. El análisis del Surrealismo ha venido a añadir una prueba a las que había acumulado en mi libro «Rendición de Espíritu».

Me doy cuenta de las muchas dificultades que existen para captar un pensamiento expuesto tan someramente. Mas no desespero de que pueda usted realizarlo, ya que su personalidad parece vinculada estrechamente por sus *lados simbólicos* a esta realidad profunda; lo hago así constar en mi «Surrealismo». Vuestro hermoso libro «L'Amour Fou», que no he conocido hasta este último año, lo deja entrever por cierto número de indicios.

Sé que usted busca un punto de apoyo, un mito, para ir hacia adelante. Y yo me pregunto si su deseo no es a la par que el efecto de una tensión interior hacia la diferenciación, la previsión de una realidad que la historia nos entrega ya hecha con la conciencia mítica del Nuevo Mundo. Puede percibirse que esta conciencia es suficiente para iniciar la creación de un mundo nuevo, puesto que parece capaz de mover, en un impulso de transfiguración a un número ilimitado de personas de este continente, precisamente cuando éste debería llevar a cabo su diferenciación ante el ejemplo negativo y la terrible insuficiencia de Europa.

Mi estudio sobre el Surrealismo está apareciendo también en tres números de la revista «Cuadernos Americanos». La última parte se publicará en el del primero de setiembre. Sé que es muy leído y discutido por toda la América Latina. La ocasión es, pues, sumamente favorable para interesar a todas estas gentes en los valores que nos son caros. A mi juicio, existe la posibilidad de aumentar este interés efectuando lo que llamamos en «Cuadernos» una «mesa rodante», sobre algunos de los problemas que plantea mi estudio. Damos el nombre de «mesa rodante» a una confrontación del pensamiento de varias personas sobre una materia determinada. En vez de reunirse en torno de una mesa para iniciar un debate, nuestra confrontación se realiza por escrito, cosa que permite intervenir a gentes muy distanciadas unas de otras. Alguien comienza escribiendo varias páginas (4 ó 6). Luego de leerlas, una segunda persona escribe lo que estima oportuno. Y así sucesivamente. En general suelen intervenir media docena de personas sobre la misma cuestión. Quien comenzó puede, si lo juzga necesario, intervenir otra vez. El conjunto se publica más tarde en «Cuadernos». En caso de que mi libro le interesara, así como esta forma de debate, podríamos hacer una «mesa» quizá sensacional si usted quisiera ser la primera de tales personas. Creo que Mabille, Péret, Paalen?, Masson? y otras que usted sugiera, no tendrían inconveniente en seguirle.

Antes de escribirle he consultado a Pierre Mabille que me ha animado a hacerlo. Pensamos que, situándonos en un terreno constructivo, esta «mesa» podría ser el punto de partida de un importante movimiento creador.

Me agradaría sobremanera recibir contestación a esta carta por cuya longitud me excuso.

Crea en mis amistosos sentimientos

Juan Larrea

No nos extrañó mucho que Breton no contestase, molesto quizá por el modo un tanto rudo y sin miramientos como se le trataba en mi libro. O porque creyó conveniente no pronunciarse cuando ya las operaciones bélicas dejaban adivinar el fin del conflicto, comprometiéndose en un asunto que podía escapársele de las manos. O porque mis aserciones sobre la futura reunión de lo divino y de lo humano, y sobre el individuo y sobre Europa, socavaran sus ideas anteriores. O por lo que fuese. El hecho es que no aprovechó la oportunidad que se le brindaba de dirigirse a la opinión de nuestro mundo, ni dijo una sola palabra en contra, ni aludió nunca, sino vergonzosamente, que yo sepa, al caso Braner [27]. El cual no es uno de tantos casos surrealistas, como Coyné pretende, sino un «azar objetivo» absolutamente excepcional, superorgánico, que incluye el film *El perro andaluz*, de Buñuel y Dalí, con proyecciones incomparablemente más complejas y trascendentales que las de otras simples anticipaciones de que se precia la pronosticación surrealista, empezando por las de su Adelantado Mayor. En dicho caso se concentra un impulso cultural de transferencia, de paso de un nivel a otro nivel más elevado que no asoma en ninguna de las demás aventuras del movimiento. Trátase, en realidad, de un fenómeno que, originado en el Surrealismo, se proyecta más allá del Surrealismo. Pero aun prescindiendo de algunas de las cualidades que mi interpretación le atribuye, el hecho en sí, escuetamente, es de naturaleza tal en

[27] Sólo al final de una nota de su artículo *Devant le rideau,* con que inició el catálogo de la exposición surrealista de 1947, dice, luego de mencionar sus anticipaciones del porvenir: «Cf. aussi: Pierre Mabille, *L'Oeil du peintre*» (*Minotaure* núms. 12-13, 1939)». *Le Surrealisme en 1947,* página 14.

el ámbito de los postulados surrealistas, que no puede menos de llamarnos seriamente a sorpresa el silencio en que lo mantuvo Breton que tenía contraídas algunas vinculaciones morales con Brauner, por haber sido quien escribió la presentación de su pintura en 28 de noviembre de 1934, cuatro años antes del suceso [28].

Algo parece indicar, suplementariamente, que Breton no fue del todo insensible a la lectura de mis textos. Que a su regreso a París expuso en una de sus entrevistas, convicciones relativas a los mitos religiosos que no recuerdo que anteriormente se hubiese atrevido a pronunciar. Ya que al rechazar la civilización cristiana, la que llama dogmática masoquista, «apoyada en la idea delirante del 'pecado original' no menos que en el concepto de la salvación en 'otro mundo' con los cálculos sórdidos que en éste lleva consigo», continúa del siguiente modo:

> Esto no me impide, usted comprenderá, dedicar a la mitología cristiana, a las especulaciones a que ha dado ocasión, una parte del interés que dispenso igualmente a las mitologías egipcia, griega, azteca, etc. (Interview de Aimé Patri, marzo 1958. *Ent.* p. 261).

Según lo apuntado, esta salvedad a favor de la mitología cristiana y de las especulaciones a que ha dado pie, parece ser algo nuevo en el ideario de Breton, que no concuerda ni con sus pensamientos anteriores ni con los de ninguno de sus adeptos, incluyendo al Mabille parisién. Intencionadamente o no, responden a ciertas críticas que se le habían hecho en mi *Surrealismo* y a las especulaciones que ocupan muchas de sus páginas en virtud de los «mitos cristianos».

Por cierto que, al expresarse como lo hace, incurre Breton en el error banal de confundir lo cualitativo con lo cuantitativo. Mide así por el mismo rasero de la razón teórica que tanto le subleva en otras ocasiones, los mitos teleológicos que dan sentido a la vida cultural del género humano hacia el porvenir, y aquellos otros que se limitan a fabular, más o menos psíquica y aun metafísicamente, los datos sensuales característicos del individuo. Para él valen lo mismo el Ser Espíritu Universal que crea al hombre a su imagen y semejanza, que

---

[28] Se lee esta «Presentation» en Maurice Nadeau, *Histoire du Surréalisme.* Vol. II, *Documents Surréalistes.* Seuil, 1948, pp. 270-72.

el ente psico-somático que crea a sus dioses a imagen y semejanza suyas. Una vez más, atado a la letra, Breton no comprende ni siente, contrariamente a Baudelaire, el valor espiritualmente metafórico de los símbolos.

De todo lo expuesto en el presente renglón creo que pueden extraerse algunas conclusiones:

1, que la actitud benévola que Breton había adoptado frente al contenido de *Nuestra Alba de Oro,* idéntico al combatido por Coyné, no dio a continuación ningún paso adelante.

2, que lejos de darse por enterado de la existencia de *El Surrealismo entre Viejo y Nuevo Mundo,* optó por hacerse el distraído relativamente al «caso Brauner» no obstante la relación de interés que había manifestado por dicho pintor;

3, que no es descartable la posibilidad de que su tardía posición ante los «mitos cristianos» proceda, siquiera en parte, de la lectura de mis escritos.

4, que cuando pronunció sus conceptos acerca de la Historia que, según Coyné, podría yo suscribir, hacía seis años que Breton había leído los postulados similares que figuran en mi *Surrealismo.* Por cierto, en este libro se utiliza para explicar el mecanismo onírico del fenómeno, la obra de John W. Dunne, *Un experimento con el tiempo,* publicada en Francia en 1932 (*Expériences sur le temps*), que tuvo que esperar hasta 1950 para que, reeditada bajo otro título (*Le temps et le rêve*), Breton acusara su existencia. (*Entretiens,* p. 284).

Entreacto

Hemos de exponer ahora las no cortas razones que justifican mis convencimientos acerca del Nuevo Mundo, tan impugnados por Coyné, y el papel que en los mismos vinieron a desempeñar posteriormente Rubén Darío y César Vallejo.

Pero antes hemos de hacer un corto paréntesis que permita distender un poco el ánimo del lector que haya tenido la paciencia de seguir estos laboriosos desenredos.

Como si ello fuera indispensable para discernir y resaltar lo que pudiera haber de valioso en el humanismo de Vallejo, Coyné dedicó siete u ocho minutos de su estiradísima disertación a censurar los conceptos acerca del Surrealismo emitidos al pasar por Saúl Yurkievich en el Simposium cordobés de 1959. Mas el sacro furor de que Coyné venía poseído, no se limitó a remediar esta deficiencia sino que extendióse a criticar severamente el artículo asimismo de Yurkievich, *Una pauta de Trilce,* publicado en el número 1 de «Aula Vallejo». ¿Por qué, cabe preguntarse, se entretuvo en censurar este artículo de Yurkievich y no en hacer lo propio con los infinitos y con frecuencia no poco criticables que sobre Vallejo han aparecido en Lima y en otras capitales? Llama la atención que el denominador común que se distingue en las críticas de Coyné sea la Universidad de Córdoba donde se celebró el Simposium, se publicó «Aula Vallejo» y actúa como profesor quien organizó las Conferencias, es decir, quien esto escribe, el cual ha sido a su vez objeto de una seria reprobación traída un tanto por los cabellos. Sobre todo que Coyné se manifiesta *extrañado* de que nadie levantara la voz en el Simposium para corregir la inexactitud conceptual de Yurkievich sobre el Surrealismo. Diríase, aguzando el oído, que dicha extrañeza me estaba dirigida, pues que me hallaba presente, como organizador responsable, cuando Yurkievich emitía sus opiniones en 1959, siendo una de las dos personas —con Guillermo de Torre que no levanta en Coyné ninguna objeción— que entre los circunstantes hubiese dedicado un ensayo al Surrealismo. Parece, pues, perfilarse en la extrañeza de Coyné un solapado reproche adicional contra quien esto escribe por haber dejado pasar semejante incorrección sin denuncia.

Algo he de alegar, por consiguiente, en mi descargo. En el Simposium, centrado sobre la Vida, la Obra y el Significado de Vallejo y sin relación alguna con el Surrealismo, no había ni razón ni tiempo para ocuparse de semejantes opiniones que por sí solas proclamaban su arbitrariedad ante las personas entendidas, como no se rebatieron los pronunciamientos mucho más graves de Abril sobre Mallarmé, etc. —y como no pudieron rebatirse en las Conferencias recientes, entre otros muchos, los dictámenes que ahora hemos venido examinando—.

En este género de reuniones no puede aplicarse el aforismo de que quien calla otorga. Es obvio que para el discreto no era aquélla la ocasión de dedicarse a opugnar detalles sin relación con el tema sobre el tapete. Pero, además, en el presente caso existen pruebas de que por mi parte no fui insensible a éstas, mas no sólo a éstas, sino también a otras flojedades comprensibles del entonces muy joven Yurkievich, dotado de otras virtudes estimables. En el extenso trabajo *Considerando a Vallejo* publicado con el n.º 5-6-7 de «Aula Vallejo» que, cuando manifestaba su extrañeza, tenía Coyné en sus manos, se lee en una nota de la pág. 265, tras indicar la falta de información de que adolecía Yurkievich en aquella época sobre Huidobro, cosa que a Coyné no le ha perturbado:

> No polemizaremos por nuestra parte con su con-
> cepto de Surrealismo —sin Surrealismo— que inevita-
> blemente tendría que englobar, según su definición, a
> *Un Coup de Dés.* No faltará quien lo haga.

En efecto, aunque en forma digresiva, Coyné encontró el medio de demostrar brillantemente que no es necesario comulgar con el Surrealismo para que ciertas previsiones —por no decir «profecías»— resulten atinadas.

III

Según Coyné, la cosmovisión neomúndica de mi *Surrealismo* es producto arbitrario de mi estimación por Vallejo y Darío. Como ni ello ni sus derivaciones se ajustan a la mera realidad, estimo conveniente poner, por lo que significan, las cosas en claro. Hoy puede este propósito parecer excesivo, inútil, determinado por un no muy irreprensible afán de autopromoción. Mas mirando los valores colectivos envueltos en el asunto y el porvenir que entiendo los espera, me parece probable que la opinión de mañana sea muy otra. He aquí por qué, antes de salir en defensa de la modernidad de Darío, me decido, con todas mis excusas por delante, a apelar a la sinceridad sin reservas de mi memoria en el momento de emprender esta

Confesión ante Darío y Vallejo

Personalmente, nunca, ni aun en los momentos más radicales de ruptura, me sentí detractor de Darío, como lo fueron quienes sólo apreciaban sus modos y modas de decir, y en cuanto a rompimientos, se satisfacían con los de la inmediata superficie. Siempre la vitalidad polifónica de su lirismo y su fuerte discrepancia con el rezago español para proyectarse a motivos y esperanzas universales —además de sus consumadas hermosuras— lo convirtieron a mis ojos en un Adelantado de la entrega poética a la Vida, por la que en mi atrofiada reclusión se venía suspirando. Lo mismo les sucedía, aunque dudo que por las mismas razones, a Huidobro y a Vallejo, y aun a

137

Picasso y a Gris, según me consta. El hecho de ser americano y no peninsular, saturado de horizontes de la más alta lontananza, lo investía, a mi parecer, con un suplemento de prestigio literario, de manera que frente a todos los poetas sin excepción lo singularizaba como héroe —poeta y hombre— de mi devoción. Me era como una ventana abierta al más allá. De aquí que por mi pluma la vanguardia de *Favorables Paris Poema* se colocara bajo su signo vital desde su primera frase.

Pasaron los años. Por reacciones imprevisibles fui llevado después a desprenderme por completo, ya no de España, como hasta allí, sino de Europa, de Occidente, embarcándome hacia el altiplano andino. Aunque no me detuviese entonces a reflexionarlo, la emoción de presencia cósmica que me trascendía al pisar tierra americana no era de índole distinta de la de aquellos deslumbres enajenadores con que me habían maravillado a veces los lirismos de Rubén. En una y otras ocasiones había tropezado en mi sentir con la naturaleza poética del universo, aunque lógicamente las obras del nicaragüense sólo se me hubieran definido como el punto de partida de un proceso vital cuyas promesas pedían, para verificarse, avances mucho más adentrados en el allende decisivo. En este orden de valores, Vallejo era para mí una especie de impulso hermano natural, como lo había sido Huidobro, cuyos artificios me deslumbraron también durante algún tiempo.

En América, en la altiplanicie peruana, en el Cuzco y hasta en el borde mismo de la selva amazónica, así como en Lima después, aguardábame para vivirse una experiencia inusitadamente significativa —en mi opinión— ligada a las reliquias arqueológicas de aquel incomparable territorio. Lo importante, poéticamente, no fueron entonces las concepciones y sentimientos subjetivos, sino los sucesos externos que, convergentes desde varios puntos del espacio-tiempo, se engranaban en síntesis consecutivas tan casuales como cargadas de sentido, con las reacciones, diríase dirigidas, de mi propia actividad. Todo parecía girar disparatadamente en torno de conveniencias centradas en mi persona, sometida —más tarde me di cuenta— a un tratamiento progresivo, como de trasmutación. En suma, presentó el fenómeno caracteres tan objetiva y expresamente revolucionarios en el orden de la conciencia individual, que al regresar al viejo mundo dos años después, mis nociones occidentales —europeas— acerca de la realidad poética de la Vida se habían trastocado por su base hasta convertirme en alguien ya mentalmente distinto. En el preámbulo de *Corona Incaica* se alude un poco menos escuetamente a estos sucesos.

No había vuelto a pensar en Darío entre tanto trajín y vuelta de campana ni lo hice durante varios años más, aunque mi simpatía por él no hubiese decrecido. Lo que se modificó, si bien al principio embrionariamente, fue mi manera de estimar el dinamismo general del mundo, entendiéndolo a partir de entonces, poco a poco, como correspondiente a un proceso imaginativo multidimensional, con propensiones finalistas y, en algún modo, providenciado creadoramente hacia una situación universal, espiritualmente «paradisíaca» y ya en puertas, cuyo punto focal de aparición se situaba en el Nuevo Mundo. Sólo así podían sostener figura coherente en una plataforma racional mis experiencias sudamericanas, aunque todavía no comprendiese de las mismas sino una parte, la epidérmica y aparente, de lo que entendería largos años después cuando sus entrañaciones me fueron conduciendo, también en forma gradual, a consecuecias fuera de lo común. Y en el fraguado de esa concepción revolucionaria no había intervenido nadie, ni Vallejo, ni Huidobro, ni Darío, sino que era fruto directo de una casualidad poética adecuada a mi capacidad progrediente de comprensión en el mundo del hacer y del acontecer, por completo al margen de los círculos e intereses literarios. De ahí mi dedicación durante algún tiempo a la arqueología peruana, persuadido de que las circunstancias prácticamente «providenciales» me asignaban estos senderos tan desviados, al parecer, de lo que había sido hasta allí la vocación de mi vida. Me refiero a los años 1933-36.

Mas con motivo de la guerra española mi cosmovisión experimentó un cambio apreciable. Convencido de la plena justicia que asistía a la causa popular de la República, así como de la posición deicida —vox populi, vox Dei— de sus incalificables agresores de dentro y de fuera, hube de tomar partido absoluto en el conflicto, siendo llevado a presumir que mis conceptos acerca del modo de instaurarse el presentido mundo nuevo pedían cierta rectificación. Sentí que aquel era, sin duda, el instante histórico crucial para el que mis avatares poéticos habían preparado a mi conciencia, inducida a juzgar inminente la aparición de una nueva época del Espíritu. Pero el procedimiento histórico-geográfico de la transformación parecía ahora mostrarse, en la realidad, algo distinto al imaginado. Supuse entonces que el punto de aparición y arranque de lo nuevo debía ser la península, de donde irradiaría su virtud hacia la América española para extenderse al resto del mundo. Estimo todavía que todo en esta concepción era verdad —como seguía siéndolo la primera—. Pero lo era en forma negativa, en acuerdo con su sentido dialéctico, predestinada a una sublimación trascendental en testimonio del Espíritu.

Años de tortura atroz. En ese lapso de la guerra tuvo lugar la donación de mis pertenencias arqueológicas del Perú al pueblo de la República con el que me identifiqué totalmente, y un año más tarde la muerte de Vallejo, víctima de aquel martirio indescriptible. Aunque ya la tragedia española entraba en sus horas más sombrías, cuando redacté en aquel entonces el texto *Profecía de América,* me seguía siendo imposible dejar de creer —no sin razón— en el triunfo de la causa humana de la República. Pero en lo material el crimen se consumó, delito nefando en el que, a mi juicio, se condenaron terminantemente los valores occidentales, políticos y religiosos, y en bloque la prostituída entidad —seudo espiritual— de Europa.

El desenlace desprendió de mis ojos la venda subjetiva correspondiente a la contrafaz de la tragedia. El esquema primero recobró su validez, enriquecido con la potencia trasmutadora del segundo. América era, en efecto, el lugar cósmicamente apropiado donde se establecería el «Paraíso» tras la muerte —muerte poéticamente redentora en el campo de nuestros símbolos trascendentales— del pueblo de España. A ella apuntaba la trasmigración, ya no de un individuo aislado, sino de una fracción representativa del pueblo mismo, acompañado por la plana mayor de sus poetas, y en cuya suerte había quedado materialmente integrada la indefinida de mi experiencia anterior. El pueblo era el protagonista de la tragedia trasfiguradora, entidad moral en carne viva cuya razón natural había sido victimada por la confabulación de todas las potestades, apenas disfrazadas, de la barbarie, que, como era previsible, proyectaron a continuación sus sañas destructivas sobre Europa hasta devastarla y destituirla como poder hegemónico para siempre. El organismo de los significados ético-poéticos funcionó con admirable precisión. El crecimiento cultural de nuestro mundo ultra-cristiano se abría, como era lógico, más allá de la muerte, en el envés de la conciencia rutinaria, o sea, en aquel horizonte ulterior a donde las circunstancias habían venido trasponiendo por anticipado a mi capacidad de entendimiento. El «Post-Scriptum» de *Profecía de América,* México, diciembre de 1939, da fe del cambio operado en mi concepto poético de la realidad, que me volvió, aunque con

140

las entrañas destruidas y el cerebro en llamas, mas no por ello menos enriquecido, a las perspectivas generales de la concepción primera. Pero en mi conciencia, el pueblo, con el que me sentía identificado, era el protagonista material. De ello son testimonio el Manifiesto y los editoriales de «España Peregrina», así como *Rendición de Espíritu. Introducción a un mundo nuevo.*

Con el restablecimiento del esquema inicial e impelido por mi estado incontenible de pasión, a desarrollar actividades en el campo de la conciencia pública, Darío volvió en mí por sus fueros. En esa misma «España Peregrina» hube de salir al encuentro de la propaganda del franquismo que intentaba desnaturalizar la imagen del nicaragüense para extender su estulto «imperio azul» sobre el orbe hispánico. Improvisé en consecuencia un artículo, *¿Rubén Darío contra Bolívar?* Así fue como empecé a dedicar atención y a vislumbrar, al confrontarlo con el significado de mi propia experiencia, el mensaje trascendental de Rubén a favor de los «países de la Aurora». Por nueva razón polémica me fue posible considerar en el número 3 de «Cuadernos Americanos» (1942), aunque no muy a fondo todavía, la calidad profético-apocalíptica del vate, aconsonantándola con otros elementos míticos del horizonte mexicano que entonces percibí. *El vaticinio de Rubén Darío* se titulaba este segundo ensayo, surgido a consecuencia de la catástrofe española y relacionado con nuestro destino ulterior. Pero mi entendimiento del contenido substancial del poeta no pudo en aquella sazón penetrar más a fondo, pese a que cuando un año después redacté el último capítulo de *Rendición de Espíritu,* libro donde coordena sus grandes líneas poéticas el esquema de la trasmigración cultural, la presencia de Darío se me vino espontáneamente a la pluma en compañía de Whitman, de Bolívar y de Martí. Mas no vi posibilidad de enaltecer su figura con nuevas aportaciones, lo que se aplica también al *Surrealismo* compuesto un año más tarde. Tampoco mis conocimientos de entonces me permitieron reconocerle a Vallejo ninguna consistencia objetiva de carácter universal que justificase su inserción en el desarrollo del contexto significativo.

Requirióse una década para que, viviendo en Nueva York abstraído otra vez del mundo, pero ya en distinta condición, volviera a ocuparme de Darío en cuanto elemento de un desfile procesional de fenómenos culturales que desde el Renacimiento y en especial desde el Romanticismo se proyectaba, por Francia y España, al Nuevo Mundo (*Noche en Cruz*). Al

141

indagar el porqué de ciertos versos de su «Salutación al Aguila» pude darme cuenta, en enero de 1951, de lo que este poema y el titulado «Visión» contenían con referencia al Dante por intermedio de las Notas de Mitre a su traducción de la *Divina Comedia*. Semejante descubrimiento no modificó en nada mi diseño anterior. Muy al contrario, lo corroboró esplendorosamente, a la vez que lo proyectó con precisión más segura, al cielo de los Andes —allí donde había tenido principio lo señero de mi transformación personal—, iluminando horizontes que lo avaloraron sobre medida. No tuve que esperar muchos años para que al leer por otros motivos a Carlyle comprendiera el papel que este ensayista de *Los Héroes* había desempeñado en las concepciones maduras de nuestro vate. Mas sobre todo, cuando, entre una cosa y otra, se me hizo visible automáticamente, sin buscarla, la desnuda realidad histórica del Apocalipsis y lo que su descubrimiento significaba y traía aparejado para nuestra conciencia cultural, fue cuando empecé a percatarme de *toda* la trascendencia incomparable del mensaje poético-profético del autor de *Pax,* prácticamente complementario del que al cabo de tantos años y tormentosos laberintos, habían perfeccionado en mi entendimiento, con progresión inexplicable, las incidencias reveladoras de nuestra época. De este modo terminó de esclarecerse la estructura de la personalidad y del mensaje latinoamericano de Rubén, aunque no quiera ello decir que en los años posteriores no viniera perfilándose aún mejor y descubriendo entresijos más y más aclaratorios. Creo que de ello ha de dar fe mi ensayo *Intensidad del Canto Errante*.

En suma, el esquema de mis convencimientos actuales es idéntico en lo fundamental, al que le exponía ya a Vallejo en nuestras conversaciones de 1932-33. Nada varía que sus líneas de fuerza hayan conocido con los años y los acontecimientos un desarrollo en frondosidad con toda suerte de corroboraciones y aderezos auxiliares que por entonces permanecían en el reino de lo inconcebible. Por cierto, imaginaba en aquellos días sobre el fondo de mi experiencia peruana, que la personal de César, tan ligado conmigo en varios aspectos, debía hallarse comprometida a su manera, en el fenómeno poético trascendental que, no obstante haberse producido en función de mis andanzas, era esencialmente imposible considerarlo de mi propiedad en cuanto individuo. Nuestros denominadores comunes: poesía de absoluto desafío vital y mental; la sierra del Perú, donde había nacido mi hija con calificaciones muy es-

142

peciales; España, donde mientras tanto él había presenciado el nacimiento de la República; las antigüedades de su pueblo aborigen; más nuestra amistad tan infrecuente por el tono de honda e ilimitada confianza fraterna, y los vínculos de *Favorables* y la publicación de TRILCE en Madrid, entre otras cosas, inducían a imaginar que la persona tan particular y un tanto enigmática de César debiera no ser ajena a aquel derrame de novedades que en su tierra había hecho presa en mí y utilizádome como instrumento. Por tal razón y con el propósito de que lo leyera atentamente, le di a mecanografiar, conforme a sus reiteradas solicitudes de trabajo, el largo manuscrito donde, en busca de sentido, daba ya entonces rienda suelta a la recapacitación de mis horas vividas y registraba mis exploraciones y peripecias mentales.

Como consecuencia, varias veces intenté descubrir en el desarrollo del destino de César alguna manifestación del mismo orden translógico que había modulado mis actividades y trascendido a dosis progresivas mi conciencia de la realidad a partir sobre todo del Perú. El fracaso de estas mis tentativas de exégesis, más de una conversada con César, fue completo. No daban lugar a ninguna hipótesis suficientemente firme donde asentar pie. En realidad, ni era aquel el momento oportuno, ni era tal género de presunciones, en la línea de las de mi todavía embrionaria experiencia, el acertado. Los indicios de su significación trascendental sólo empezarían a traslucirse en función de las circunstancias, a raíz de su fallecimiento y de la lectura de su ESPAÑA, APARTA DE MÍ ESTE CÁLIZ y otros poemas póstumos. En el contexto de la tragedia que a muchos nos atribulaba cruelísimamente y que la sensibilidad de Vallejo mostróse incapaz de soportar, se esbozaron las perspectivas imaginarias que contribuyeron entonces a esclarecer y abrillantar los significados poéticos y, librado a la imaginación, me permitieron escribir sobre el cañamazo de mis anteriores experiencias y convencimientos, «Profecía de América». Presumo que no es del todo ocioso recordar aquí el modo como pude expresarme acerca de él en este texto de mayo de 1938, luego de haber empezado por definirlo como el «poeta peruano cuya figura domina una extensión de tiempo y espacio literarios tan dilatada como todavía difícil de determinar». Añadía más adelante:

La figura de César Vallejo corresponde, sin duda, a un concepto distinto al que el común sentir designa con el vocablo poeta. No es un cantor, sino un instrumento de la poesía viva, la cual, si se expresa en parte por medio de sus palabras, se autentifica, corroborando su carácter creador, al manifestarse complementariamente a través de los actos extra-voluntarios de su persona, convertida en encarnación ilustrativa del tema poético del mundo. De esa realidad profunda a que obedecía, él mismo no tenía quizá más conciencia que la inefable noción filtrada a través de su sensibilidad propia. Su vida participa, pues, de aquella condición profética de la mejor tradición, que estos últimos siglos parecía exclusiva de los fenómenos religiosos. Puede ser esto así porque la historia se encuentra en los albores del Nuevo Mundo y César Vallejo, venido a más en estas latitudes de esperanza, es un emisario de América, cuya misión ha consistido en dar, en lenguaje de Nuevo Mundo, testimonio de Nuevo Mundo, calificando con su presencia la significación de los acontecimientos que se desarrollan en España [29].

Aunque escribí otros dos artículos en su memoria, en 1940 y 1942, nada pasó todavía de ahí. Pese a haber permanecido un mes en el Perú, en 1951, el panorama de Vallejo seguía en mí limitado al encendido culto que se le rendía en mi fuero interior. Fue preciso que a instancia de los estudiantes de Córdoba volviera a considerar, años después, la experiencia vallejiana con instrumentos culturales más elaborados y eficientes para empezar a distinguir el sustrato poético de su mensaje vital en forma mucho más compleja que hasta entonces. Con la serenidad de los tiempos, en esas honduras fue donde percibí al detalle los aspectos de la verdadera integración del

[29] «Profecía de América» en el homenaje a César Vallejo del boletín *Nuestra España,* París, junio 1938, reproducido luego como prólogo de la edición mexicana de *España, aparta de mí este cáliz* (febrero 1940).
No fue esta la primera vez que manifesté en caracteres de imprenta mi estimación por Vallejo. En un artículo sobre «Carlos More, pintor», aparecido en *La Revista semanal* de Lima el 13 de agosto de 1931, me atreví a denunciar el espíritu de confusión que reinaba sobre la mayoría de la intelectualidad del Perú, añadiendo: «¿No es esta la explicación del silencio con que ha sido acogida la segunda edición de *Trilce*? Lo que no es obstáculo —y permítaseme de pasada rendir tributo de admiración a otro hermano de espíritu— para que *Trilce* sea la única obra de poesía peruana que arranque nueva y genuina vibración a la lira universal».

fenómeno de su existencia en el área, ahora amplificadísima, del que se había venido viviendo en mí antes y después de su muerte, es decir, aquella proyección significativa de su experiencia que había buscado vanamente en 1932-33. Las circunstancias parecieron haberse propuesto a partir de dicho momento, que tuviera que seguir escudriñándola, para descubrir en ella, no sin asombro, una estructura psico-mental como no ha sido revelada, que yo conozca, en ningún otro poeta, dando así razón de su novedad intrínseca. Que si de Darío he manifestado ya prácticamente todo lo que en este momento sé acerca de él, de Vallejo, en cambio, como quizá algún lector lo haya intuido, creo saber en la actualidad no poco más de lo que he tenido ocasión de exponer hasta el presente.

Uno y otro, Darío y Vallejo, han venido a respaldar corroborativamente, lo mismo solos que entrelazándose, las concepciones surgidas de mi inusitada experiencia inicial, con sus secuelas y desentrañaciones hasta hoy no menos, sino más imprevisibles. Esa como confabulación intrínseca entre uno y otro —y de ambos con mi capacidad progresiva de entendimiento—, con proyección por caminos tan diferentes a un mismo fin, es cosa que me parece de maravilla, ya que ambos se convierten en índices reveladores de la realidad poética de nuestro Nuevo Mundo. Sus obras y experiencias vitales se engranan y coyuntan con otros muchos testimonios en un universo de congruencias que, por lo enteramente fuera de la razón vulgar, suele hoy levantar ante quienes se exponen, no pocos obstáculos para su aceptación y hasta fuertes repulsas. Nada más dentro de la lógica. Que la insumisión de tales fenómenos a los encadenamientos de tiempo y de espacio viene a descomponer no sólo las estructuras conscientes del horizonte literario de las apariencias que comúnmente se conoce y cultiva, sino también las de la realidad e inclusive de la superrealidad que materialismo e individualismo tienen preestablecidas en la mente de nuestro ámbito. Se entiende y admite con encomio que un individuo se lance a fabular a sus anchas subjetivas, sistemas y argumentos independientes hasta cierto punto de los rigores témporo-espaciales. Para eso es uno libre —dentro de la cárcel colectiva— de soñar cuanto se le antoje y de organizar a su arbitrio cuantas ficciones se le ocurran. También está empezándose a admitir en los medios gobernados por la razón correspondiente al que se dice sentido común, la legitimidad de los fenómenos de diversa especie lla-

145

mados parapsicológicos. Pero parece monstruoso, contra natura, suponer siquiera que esa misma potencia imaginante que trasciende a soñadores y artistas esté funcionando en escala grandiosamente superorgánica fuera de nosotros, aunque englobándonos, como providencialmente, en el cuadro de ciertos fines, según se pensaba, si bien en forma embrionaria, en épocas perimidas, sin que hasta hoy la mente humana haya podido darse cuenta de su *modus operandi*.

Sin embargo, también aquí se halla en plena vigencia, contra tiros y troyanos, el famoso *E pur si muove*.

Modernidad de Darío

Habiendo echado mi cuarto a espadas contra el secreto profesional, lo que desvanece, imagino, posibles confusiones tendenciosas, requiere ahora alguna consideración la debatida modernidad de Rubén. Quedó expreso mi desacuerdo con algunas afirmaciones emitidas con su motivo en las Conferencias, ya no sólo por Coyné, sino también por Juan Carlos Ghiano. Por ello dejaremos al margen el asunto de su condición profético-apocalíptica que entonces y ahora ha sido suficientemente aludido, así como en *Intensidad de «El Canto Errante»*. Los conceptos pendientes son otros; que Darío no era moderno; que lo era menos que Baudelaire, fallecido en el año que Darío nació; que alucinado éste por las palabras, no hacía el poema; que su pensamiento pertenecía al siglo XIX, que no tenía nada que ver con el Surrealismo...

Todo depende, evidentemente, de la acepción de los vocablos y, en primer lugar, de la que se atribuya al calificativo «moderno». Enfréntase aquí me parece, el mismo equívoco en que Vallejo nos sitúa. Es muy posible que para la perspectiva francesa, ni el peruano ni el nicaragüense quepan en su categorización de lo moderno, puesto que así lo estima Coyné. El concepto francés del *esprit moderne* que Breton aspiraba a acaudillar en su fallido Congreso sobre el tema, en 1922, derivado en parte del horror de la guerra reciente, si se pretende universal es sobre el supuesto implícito de que Francia es el foco dirigente de esa modernidad, llamada a desplegarse sobre el resto del mundo. Decía así Apollinaire en el último de sus escritos (dic. 1918):

En ninguna parte como en Francia se ha abierto paso el espíritu nuevo que dominará el mundo entero (...). No existen hoy más poetas que los de lengua francesa. Todas las otras lenguas parecen guardar silencio para que el universo pueda escuchar mejor la voz de los nuevos poetas franceses. El mundo entero vuelve sus ojos hacia esta luz que, sola, ilumina la noche que nos rodea [30].

Por mucho que se estime lo que vale y significa la experiencia francesa, cabe sin embargo disentir, y especialmente en nuestros días, de dictámenes tan descaradamente galo-céntricos. Ya nuestro español Séneca sostenía que todos los lugares de la tierra se encuentran a la misma distancia del cielo. Por consiguiente, en principio y especialmente en esta época de síntesis universal, los oriundos de otras regiones y continentes han de allegarse en lo posible a la universalidad que desde fuera y desde dentro nos acosa, por sus propios medios y vías. Es cierto que en Francia, el Occidente produjo una gran llamarada antes y a continuación de la guerra del catorce. Pero ello no excluye la legítima posibilidad de otros fuegos no menos refulgentes.

Es este un asunto un tanto complejo que, para dilucidarse como es debido, reclama cuidadosa atención. Ante todo es, a mi juicio, necesario distinguir la acepción correcta de dos términos que hemos venido empleando y que, en ocasiones, pueden parecer equivalentes y hasta casi identificarse como sinónimos: *moderno* y *universal*.

Lo *moderno* significa algo asociado a un lapso de tiempo actual cuya vigencia se afirma en contraste opositor a otro término del que se distingue, lo *antiguo,* cuya área de subsistencia puede, por su elasticidad, extenderse en formas tan variadas como variantes. En historia suele sostenerse que la época moderna comienza con la toma de Constantinopla por los turcos, o si no, por el descubrimiento del Nuevo Mundo, sucedidos que distan de ser contemporáneos. En cambio, cuando André Breton empleaba el término al convocar al Congreso de *L'Eprit moderne* en 1922, se refería a un estado de espíritu muy reciente, propio de la posguerra europea que pretendía diferenciarse radicalmente de otro estado de espíritu anterior, aunque con referencia inequívoca a Baudelaire que

[30] «L'esprit nouveau et les poètes», en *Mercure de France,* 1 de diciembre de 1918, p. 393 ss. Utilizo la traducción de Guillermo de Torre en su *Guillaume Apollinaire.* Buenos Aires. Posseidon, 1946.

147

dio gran énfasis a tal designación, y al «*Il faut être absolument moderne*» de Rimbaud (*Une Saison en Enfer*).

Por su esencia temporal, lo *moderno* puede y hasta no tiene más remedio que trocarse en *antiguo* con el paso de los años, en una alternancia semejante a la de las dos piernas, mientras que lo auténticamente *universal* perdura. Es este último un concepto omniabarcante y a-temporal que en los días actuales presenta interés de primer plano porque la creación histórica está precipitando sus grandes e irreversibles corrientes a la *universalidad* en todo orden de realidades. El hombre de nuestra época vive lanzado a la conquista de lo *universal* lo mismo planetario que cósmico por todos los caminos imaginables y aun por otros que quizá no lo son. Puede decirse con entera propiedad que estamos en los albores de una situación humana *universal,* algunas de cuyas posiciones claves, como lo son las de ciencia y técnica que unifican a los pueblos del mundo, parecen estar bien asentadas. El hombre sabe y hasta domina ya muchas cosas del *universo* de que es fruto.

Por consiguiente, decir *universal* en este orden de valores, es decir *moderno.* Todo lo substantiva y actualmente *universal,* lo mismo en sus consecuciones que en sus tendencias positivas, es *moderno,* en oposición a aquellas otras situaciones particulares muy modernas en su día, que ignoraban el valor auténtico de lo *universal* y que eran algo así como la oscuridad o la penumbra relativamente a la luz.

En cambio, decir *moderno* no es decir *universal* en cuanto que su acepción se afirma en contraste con un *antiguo* susceptible de ser de muchas especies menos de la *universal* que, como actual omniabarcante, no puede ser negada ni subalternizada. De aquí que puedan existir y de hecho existan muchos objetos, términos y posiciones designables con la voz *moderno* que en lo substancial no son *universales* por no ser omniabarcantes ni tender en forma positiva a la *unidad* del conjunto perceptible desde el mirador humano.

De ello se deduce que merezcan calificarse de *universales* algunas cosas y hasta acontecimientos más *antiguos* que contrastan con otros más avanzados en el desarrollo del tiempo y, por consiguiente, más *modernos,* más a la moda. Por ejemplo, la Revolución francesa fue un fenómeno no sólo más europeo, sino más *universal,* como más humano, que la Restauración o las subsiguientes Repúblicas, más nacionales, según lo demuestran sus repercusiones. En este aspecto, lo *universal* puede ocupar la posición dialéctica de la *tesis* o enunciado proposicional, mientras que lo moderno puede tomar posición en el campo transaccional de la *antítesis* elaboradora que, por su oportuna negación, da paso a la *síntesis* donde se cumple en su pleno desarrollo evolutivo lo substancial de la *tesis*. Que por lo omniabarcante de su naturaleza, la *universalidad,* si emparentada con la *tesis,* lo está aún más con la *síntesis.*

Algo del mismo género parece haber ocurrido entre los escritores y poetas. Así un Víctor Hugo, punto de confluencia de los ímpetus de la Revolución de su patria y del Romanticismo, puede ser más *universal* que cualquiera de sus epígonos que, sin duda, le aventajan en *modernidad.* Y aun dentro de la misma persona, el autor de *Les Contemplations,* de *La légende des siècles* y de los poemas póstumos, es indiscutiblemente más *universal* que el de *Les Châtiments* y otras obras circunstanciales, aunque ambos se llamen Víctor Hugo, a causa de su ubicación ante los problemas humanos, ya genéricos, ya nacionales, de su espacio-tiempo.

Se hace esa cuestión más trasparente al tener en cuenta que la poesía llamada *moderna* es una especialización dentro de un campo más extenso. Desde la cúspide de sus amplitudes, Hugo domina ese vasto territorio caótico abierto por la Revolución francesa y el Romanticismo hacia un estado superior de humanidad, en el que se reúnan y resuelvan unitariamente, en un Bien supremo que venza al Mal tenebroso, todos los grandes símbolos moldeados por las avideces ancestrales. El panorama de Hugo es *colectivo,* genérico a la vez que cósmico, y por lo mismo incapaz de percibir con detalle las situaciones más restringidas, como lo harán sus epígonos y sucesores que dedicarán su emoción lírica a otras posibilidades más concretas del hombre circunstancial y del lenguaje, y cuyo instrumento, frente a lo genérico de Hugo, es el individuo actual que en su inclinación a universalizarse se encapulla en el *individualismo.*

En suma: Hugo es más *universal* y afecto al Bien supremo de la especie; más adecuado al destino de la colectividad sin condiciones. Pero aprieta poco por abarcar mucho, como frente al microscopio le sucede a una vista panorámica. Baudelaire, veinte años posterior, es más *moderno* y seleccionado, y con él sus continuadores, en cuanto que sufren y adormecen con sus refinamientos literarios, el infortunio del individuo situado entre los molares de la época de transición donde chocan los ideales antiguos con las malignas sordideces de la actualidad,

149

resolviendo el conflicto estéticamente, en un recurso a lo inmediatamente perfecto.

De otro modo: Hugo *extravierte* su mirada —aunque se hunda en sus abismos— hacia los panoramas generales de la especie contemplada en su conjunto, desde cierta distancia, desde fuera. Corresponde a una situación profética de *tesis* que, por su relación con la multitud no puede dejar de tener caracteres políticos con sus obligadas elocuencias en grande. Baudelaire y compañía mantienen una posición *introvertida* en el estado social del París de su tiempo, no exento de abyecciones. Son «ciudad», y ciudad «caída» de un sueño paradisíaco, a los bajos fondos. Frente a Hugo, su ubicación es de *antítesis,* como lo es la de sus continuadores, Rimbaud, Verlaine, Mallarmé y compañeros. Estos buscan una salida subjetiva hacia el más allá donde radica la *síntesis,* mas lo procuran por medios y con fines individuales. Quizá sintomáticamente, Rimbaud se desentendió en ese impulso de la poesía y de su país, o sea del Occidente con su calidades y prestigios, sin ocultarle su absoluto menosprecio. Adaptado a Francia, Verlaine refinará, en cambio, la sensibilidad, integrándola en las sinuosidades de un simbolismo hospitalario, rico en penumbras, sordinas y matices. Mallarmé ahondará con inteligencia y bajo el signo de Poe, el introvertimiento en el dominio del lenguaje, proyectando disparatadamente su voluntad, mediante la elaboración abstracta de los símbolos, a la idea de un Verbo absoluto identificado con su propia mente. Todos ellos se sienten muy *modernos.*

En este proceso reductivo y de especialización, resulta en virtud de la lógica histórica, que en vez de hacerse en Francia el fenómeno del desarrollo poético más *universal,* se hace más y más occidental, francés, muy de acuerdo, por cierto, con la tendencia a propagar la cultura de este país sobre el resto del mundo, como si en ello estribara el problema de su *universalización.* Lo contrario es, a mi entender, lo cierto. La poesía francesa no gana en *universalidad* efectiva, pero sí en *modernidad* dentro del círculo de Occidente donde descuellan y prevalecen sus valores. De lo que deducimos: Francia puede reclamar con justicia que se le reconozca su preeminencia en la *modernidad.* Mas no en la *universalidad* efectiva. Con la agravante de que esa su *modernidad,* como dialécticamente negativa, se opone en el campo de la Cultura a la *universalidad auténtica.* Para llegar a ella, Francia, como simbólicamente Rimbaud, tendría que despojarse de lo *mo-*

150

derno cuyos refinamientos son, siquiera en parte, fruto de la decadencia de un sistema de vida.

Si todo lo considerado corresponde al siglo XIX, es obvio que el Surrealismo como punto más extremado y extremoso del vanguardismo francés, ha venido en el XX a confirmar punto por punto la realidad de este proceso, según se desprende de lo reseñado en páginas anteriores. Su impulso genuino —jacobino, romántico y de cepa *mallarmeana*— radica asimismo en la *modernidad* y corresponde al vértice mental de la Francia de post-guerra y más específicamente, de París. Su tendencia a propagarse por el mundo parece encerrar doble significado: necesidad de la mente humana de proyectarse a la cima y cúspide de lo *universal,* que se siente muy próximo, donde se resuelvan las grandes oposiciones dualitarias; e imposibilidad de llevar a cabo ese ascenso en Francia ni por medios occidentales, esencialmente individualistas y *modernos,* o sea, por uno solo de los términos de una figura de disyunción.

Muy simple es lo que se desprende de todo ello. Desatino sería sustentar que para merecer la *universalidad,* los demás países se hallen obligados a hacer suya, colonialmente, la experiencia francesa a fin de prolongarla a su modo en su misma dirección. Equivaldría a colocar a los países latino-americanos en situación de antítesis en relación con su propia personalidad y futuro, es decir, condenarlos a no ser ellos mismos, a uncirse bajo el yugo cultural de Francia negando su propia naturaleza cósmica y con ella la realización del Nuevo Mundo que potencian. Muy al contrario, para alcanzar su *universalidad* estos países están obligados a romper con la *modernidad,* cosa que ya hicieron, en imagen sintomática, al renegar del modernismo. De otro modo, han de negar lo que la cultura occidental tiene de *antítesis* —como también sintomáticamente lo hizo Rimbaud—, único modo de que amanezca en ellos la *síntesis* tan desde siempre apetecida. Y lo mismo ha de decirse de España, situada no sin razón al margen de la *modernidad* occidental.

Sobre este diagrama a grandes trazos, nos va a ser posible apreciar el significado de Darío empezando por advertir que si desde cierto punto de vista global, Darío es una entidad unificada, desde otro punto de consideración y dado el proceso diversificado del mundo, es posible hablar, analíticamente, de varios Daríos. Por su naturaleza poliédrica que, a la vez que descompone su impulso poético nuclear en diversas direcciones y matices, puede tomar en retribución de los distintos

151

lugares que visita, las calidades en ellos peculiarizadas, Darío es muy diverso. Su estudio desde los puntos circunstanciales que lo rodean, se enfrenta pues, con distintos semblantes del poeta, de manera que cuanto de él afirman sus contempladores, casi siempre ha de resultar en cierta medida acertado. De aquí que cuando el observador se fija en aquellos principios que Darío sorbió y conservó de los días de su adolescencia, pueda pretender que no es *moderno* puesto que tales principios pertenecen evidentemente a un mundo que pide con toda propiedad denominarse *antiguo.* Que si a Hugo se le niega la calidad de *moderno,* con mayor razón a Darío cuando se lo asocia a Hugo. Puede sostenerse asimismo, si se enfoca la atención en los momentos más agudos del aspecto del modernismo deslumbrado por la pedrería, que Darío se interesa más por el fulgor de las palabras aisladas que por su empaste en el conjunto del poema. Y ello a pesar de que una de sus características principales sea el manejo de una riqueza y lozanía de ritmos como seguramente no ha habido, al menos en castellano, poeta alguno capaz de competir con él, siendo este del ritmo un carácter que por su índole pluriverbal, reina en lo externo por encima de las palabras aisladas que somete a domesticación. Y no obstante también que a su pluma se le deben algunos de los poemas más redondos, más perfectamente empastados y acabados del idioma, en los que los elementos nocionales y los verbales se integran a las modulaciones rítmicas e imaginativas de su sentimiento, constituyendo un todo indisoluble. A pesar de ello, quizá pueda sostenerse también desde un punto analítico de visión —aunque no estoy muy seguro—, y si sólo se estudian aparte cierto número de composiciones de su fárrago lírico, que no hacía el poema. Pero he de confesar que, por mi parte, no acierto a saber lo que esto de no hacer el poema quiere decir cuando recuerdo composiciones como el *Nocturno* («Dichoso el árbol»...), el erizadísimo de dificultades *Responso* a Verlaine donde el virtuosismo del cantor alcanza diapasones nunca presentidos, *El Coloquio de los Centauros,* el inicial de *Cantos de Vida y Esperanza,* la *Salutación del Optimista* e inclusive la *Canción de Otoño en Primavera,* tan fresca como el primer día y tan sencillamente colmada de modulaciones geniales, entre centenares más. De todo y para todos los gustos, incluidos los de sus censores, hay en esta viña de Rubén.

De aquí que definirlo al poeta en este asunto de cualidades por aquellos momentos en que dormita su eximia cualidad, sin alcanzar los plafones que le son característicos, resulte a mi entender un tanto arbitrario —anti homérico— y, en lo universal, erróneo, tanto como pronunciarse acerca de la realidad de una montaña altísima sin tomar en consideración lo que de ella sobrepasa los quinientos o mil metros. Lo correcto me parece ser, en virtud de lo esbozado, contemplar a Darío hasta donde se puede en su totalidad *universal,* máxime siendo esa la identidad que él mismo se reconocía al definirse como «muy antiguo y muy moderno, audaz, cosmopolita», y cuando dedicaba sus devociones más íntimas a Pan o el Gran Todo.

Hemos de considerarlo, pues, en relación con el esquema arriba trazado, advirtiendo para empezar que si uno de los caracteres típicos de lo moderno es, según parece, la tendencia a lo *universal,* es obligado reconocer que en Darío dicha tendencia es prácticamente innata. Desde el principio su poesía manifiesta que en su autor palpita una imaginación de alas tan potentes que considera el mundo en su totalidad y, como propio, el destino de América. Su diferencia en el conjunto de la poesía española tanto pretérita como contemporánea suya, es en este aspecto, radical. Antes de que leyese a Víctor Hugo el germen de lo *universal* se halla más que inoculado en él, razón por la cual se siente a disgusto, afligido de neurastenia, en el mundo local que lo circunda y aisla, y que, por parecerle ajeno, a él le condena a la enajenación. Nada más lógico que se sienta arrebatado inmediatamente por la *universalidad* de Víctor Hugo y sus temas revolucionarios que constituyen un alivio para su dolencia interior al abrirle la esperanza hacia el porvenir, teniendo sobre todo presente que el Romanticismo y la Revolución francesa habían sido los padrinos de estas disensionadas Repúblicas. Los grandes temas de Hugo: Libertad, Paz, Universalidad de lo humano, Porvenir, Reino del Espíritu, se acomodan como humanos que son, en la humanidad a ello predispuesta del poeta prodigio. Curiosamente, puede decirse en cierta manera que a través de su propia persona, Rubén transfiere legítimamente desde el principio las visiones proféticas de Víctor Hugo al continente americano. A su manera, Whitman haría lo propio en el Norte. Por consiguiente, la *universalidad* y la proyección al futuro deslumbrante que se cierne sobre las grandes visiones se identifican con la realidad de este continente nuevo que fue descubierto por la conciencia renacentista y pre-universal en el momento en que la *universalidad* terráquea con todos sus porvenires se devela e instala materialmente su redondez en la conciencia del mundo. El poema *El Porvenir* es, por ejemplo, prueba palpable de lo dicho. Por ser americano, por ser *universal*, Darío se nutre y exalta con las grandilocuencias de Hugo.

Pero este limo básico no podía, pese a su riqueza, satisfacerle por completo al grado de estacionarse en él. Una vez embarcado en el gran río verbal de Francia, lo que en Darío había de sentimiento cultural de Occidente no podía menos de interesarse por lo *moderno,* forma complementaria de tender a lo *universal.* Se siente imantado por la *modernidad* de la poesía francesa cuya especialización asimila con facilidad portentosa en la medida de lo posible. Se sitúa así espontáneamente en un punto que pudiera llamarse *sintético,* puesto que contempla las dos vertientes, la huguesca, épica y profética de la *tesis,* y los campos jardinados del Parnaso y del Simbolismo, predominantemente líricos y propios de la *antítesis,* que recorre con delectación —al tiempo que es reclamado por las tradiciones de su propia lengua española que completan su tendencia a la *universalidad*—. Su sensualidad, reprimida por la educación católica y la compresión del medio, ha creado en él problemas que lo emparientan con Verlaine y su modo de sentir el simbolismo. Menos abstracto y cerebral que Mallarmé, contempla las introversiones líricas de este último un tanto desde fuera, sin que le fuese posible ni útil aposentarse en sus severas criptas. Que Mallarmé representa la extrema tendencia de lo *moderno* hacia la idea de una *universalidad* absoluta de la palabra, inasequible por su camino puramente subjetivo de contradicción que, en vez de conducente, se limita a ser un acercamiento por lo cóncavo, en realidad un callejón sin salida —salvo por el salto mortal de la trasmutación—. Ruptura cuyo comienzo, presagiado por Rimbaud, correrá a cargo del futurismo.

En cambio, la tendencia a la *universalidad* no es en Darío producto de una decantación reflexiva, ni de un lucubrar teórico —filosófico o estético— sino que brota de la médula impulsiva de su existencia. Se hace ello visible en el desarrollo de su proceso vital gobernado por un *cosmopolitismo* cuya substancia se traduce en un trajinar por la superficie terrestre, comparable, según lo dejó él mismo expreso, al del judío errante, símbolo de la *universalidad* que se busca a sí misma. Ese cosmopolitismo itinerante de Rubén, lo mismo en lo que toca a sus viajes ininterrumpidos que a sus aficiones literarias, viciadas muchas de ellas por el gusto del 900, son consecuencia de su propensión a asimilar los valores diseminados por Viejo y Nuevo Mundo. No le era a él dado satisfacerse con escribir una *Invitation au voyage* o una *Marine,* sino que por la fuerza del destino esencial emprendió desde muy temprano su profesión de lanzadera en los telares planetarios. La *universalidad* del aspecto más valioso de Darío era espontánea y auténticamente real con sus pros y sus duras contras. Es obvio que, correspondiendo el sentido de su representación poética no al espíritu francés, sino al del alma hispanoamericana, le era ajeno pensar ni vivir los problemas del hombre como Baudelaire y Verlaine, mucho menos como Mallarmé, quienes si pusieron los pies en Londres, Bruselas o las islas del Indico, se apresuraron a enhebrar los pasos contados de sus poemas en las calles constipadas y no siempre caleidoscópicas del viejo París. También en este aspecto, la *universalidad* de Darío procura allegarse a la realidad lo mismo por dentro que por fuera. Los suyos no pueden ser los problemas peculiares de los ciudadanos de la añosa babilonia parisina, de cuyos frutos se nutrió, sino los de una familia joven de naciones repartidas por el globo cuyos fundamentos vitales corresponden lo mismo a los de las culturas aborígenes, arraigadas en la *naturaleza,* que a los del hombre occidental en quien prosperó, bajo cierta forma, el *Espíritu.* Como en América, en Darío se plantea, en procura de solución, este hondo problema que, a la postre, resulta ser el *universal* de la especie humana, cuya *síntesis* ha de comprender, en la esfera cósmica, desde el *terre à terre* hasta el *ciel à ciel.* Obvio se torna otra vez, para esta perspectiva, que el universalismo modernizante de los poetas franceses es un seudo universalismo de comportamiento limitado, sin «naturaleza», como el occidental de su patria.

En conformidad con lo dicho, en Darío se plantea, sobreagudamente, el problema general de nuestro mundo, o sea, el creado por la oposición entre el orbe de las ideas metafísicas o religiosas que dan contenido y ansia trascendental a la conciencia humana, y el orbe inmediato de los sentidos reforzado modernamente con las evidencias y requerimientos de una sociedad industriosa. Es el mismo planteo universalizante del Romanticismo de mil ochocientos aunque en clave existencial más intensa y filosa a causa del temple católico-arábigo-español. Entre las ruedas dentadas de ese enfrentamiento se siente desgarrado el poeta cuya aspiración más urgente y profunda sería arbitrar una fórmula conciliatoria en que se armonizara pacíficamente, conforme a sus ansias universales, ese antagonismo cruel. Le era imposible encontrarla, claro está, salvo simbólicamente en alusiva forma figurada. Como tampoco le ha sido posible a nadie. Que cerrar los ojos a dicho enfrentamiento necesario de la dualidad antropológica en beneficio de uno de sus dos términos con exclusión del otro, es cualquier cosa menos resolverlo. Es este último un parcialismo ficticiamente universal al que no le está permitido acogerse a Darío quien ni siquiera podía entrar en los equilibrios paralelísticos de un Verlaine. A él no le está dado hurtar el alma a la despiadada lucha frontal entre los dos principios antagónicos, tan humanamente milenarios que se hallan presentes en los mitos iniciales de nuestro Génesis. Tampoco le está dado asilarse en el sueño individual, con todos sus terciopelos, como sedante para su martirio. El problema planteado en su persona no es individual, *moderno*. Es un problema de muchedumbres —«sé que indefectiblemente tengo que ir a ellas»—, es decir, del campo colectivo de la cultura a que pertenece. Lo individual, o sea, la substancia del subjetivismo *moderno,* es en él sacrificado en aras del bien *universal,* común. Espontánea, irreflexivamente, su vida se somete al tratamiento de desarreglo de los sentidos, preconizado por Rimbaud en la carta hoy famosa pero sólo conocida decenio y pico después de la muerte de nuestro vate. Rimbaud lo encarecía como procedimiento para alcanzar la *videncia* que se cierne más allá del inmediato plano, que intentaba destrozar, de los sentidos.

Pues bien, conforme progresa la vida de Darío y cuanto más su experiencia individual irá hundiéndose en la desdicha que lo orienta en angustiosa impetración hacia los poderes trascendentes, más se volverá hacia las soluciones supervidenciales, colectivas, cargadas de esperanza, nacidas de los gérmenes de su niñez. El profetismo apocalíptico late en él y resurge en erupciones volcánicas cuando, sobre todo a partir de 1905, las circunstancias lo favorecen. Vuelve a coincidir con las visiones *universales* de Hugo en cuyos valores se cifra su salvación, que es la de su mundo, anunciando para enseguida la catástrofe trasmutadora que justifica el sentido doloroso de nuestra milenaria cultura tan expresamente consagrada a lo *universal* que se ha apropiado para sí desde hace muchos siglos —en situación sectaria de antítesis— la denominación de *católica*. Su neomundidad básica reclama soluciones colectivas adecuadas al mundo nuevo que anuncia.

Llega así el momento en que Darío se desprende del círculo de lo *moderno* para volverse al de lo *universal* que lo reclama, o sea, al americano. No se refugia bajo la corteza del sentimiento puramente individualista, acogido a sus «hospitales», sino que contempla el desarrollo de la historia en grande y en concreto, mediante el significado de sus mayores símbolos y mitos. Y tan es esto así que, a partir de 1906, su pensamiento de fondo rompe definitivamente sus vínculos con el Occidente francés, con lo *moderno,* para proyectarse y aconsejar a los poetas de quienes se estima cabeza responsable, que se proyecten a lo americano, a lo *universal,* o sea, a aquello que se encuentra, no detrás, como valor *antiguo* del que se diferencia lo moderno, sino como auténtico valor de *universalidad* situado ante nosotros como *síntesis* de la tesis revolucionaria, que sobreviene tras la *antítesis* o posición *occidental moderna.* Da de ello fe, con sus «Dilucidaciones» y su «Intensidad», *El Canto Errante.*

Si ante el examen a que cada cual puede someterlas, estas interpretaciones esquemáticas se manifiestan firmes, según creo, no es preciso extenderse en análisis suplementarios. Error y no venial es sostener que Darío pertenece por su ideario al siglo XIX, aunque no deje de estar a él imbricado en más de un aspecto. Su modo de sentir y de pensar es el de la vanguardia de América en el siglo XX con miras a la *universalidad* a que nuestro continente se ve abocado, como el resto del planeta, de una parte, y por su destino peculiar, de otra. La solución en síntesis de la oposición entre Naturaleza y Espíritu, no en el campo de lo teórico, sino en el concreto de la creación colectiva, es su problema. Ello empieza a percibirse mejor ahora, cuando la institución que constituye el pivote católico de Occidente ha traspuesto los umbrales de la crisis correspondiente al fin de su propia finalidad. Trátase de la crisis tan a grito herido profetizada por Rubén al sentir adviniente para nuestro siglo en curso, el más formidable de los acontecimientos prefigurados en las escrituras de la Revelación.

Resumiendo: Rubén Darío, con su modernismo desanquilosante de la lengua y de la imaginación españolas; con su cosmopolitismo andariego que secundaba corroborativamente el significado universal de su vocación constitutiva; con su introversión a la vivencia de las angustias subjetivas del ser humano; con sus cantos a la Paz, al Porvenir esplendoroso, a la exaltación virgiliana de estos «países de la Aurora» hacia un «reino nuevo»; con su mensaje «a los nuevos poetas de las Españas» convocándolos a una misión heroicamente supervidenciadora, fue el precursor en quien se encarnaron las tenden-

157

cias transpositivas de Occidente hacia lo que en este nuestro Nuevo Mundo es substantivo: la verdadera realidad *universal*. Fue en cierto modo el Moisés que murió a la vista del nuevo mundo prometido. Lo erróneo es juzgar, individual, cualitativamente, que sólo posee significación lo por él predeterminado, siendo lo demás producto de inorgánica «casualidad», siendo así que dicha casualidad era, dentro del cuadro circunstancial de la Cultura, modulación expresiva de un círculo más amplio y complejo de realidades, superior al de su conciencia propia, pero atestiguado por su concepto de «supervisión». De ahí su calidad profética o conjunción de la conciencia subjetiva con la realidad objetiva, no en el momento de su vida presente, sino en el futuro.

En el medio siglo transcurrido desde su desaparición, todos, absolutamente todos los elementos culturales del existir humano se han transformado en cada uno de los peldaños de la faz del orbe, inclusive en el literario, y en forma tal que al presente basta un mínimo de información más que de penetración para tener por seguro que en nuestras vidas se están velando las armas espirituales conducentes al «nuevo triunfo» o «cultura nueva» anunciados por Darío al vaticinar el Advenimiento, en el definitivo de sus grandes cantos: PAX («Salem»).

Con esto el campo queda libre y desbrozado para considerar las afinidades existentes entre Rubén Darío y el Surrealismo, último medio arrebato, medio estertor del Occidente en su proyección a nuestro más allá.

Mas no lo haremos sin antes manifestar que, desde nuestro punto de observación, enfrentarlo a Darío con Martí como se ha intentado en las Conferencias, es una operación infructuosa que sólo puede redundar en perjuicio de ambos. Es como restar entre sí dos cantidades llamadas a sumarse, si no a multiplicarse. Martí es un patriota americano militante, con vocación ingénita al sacrificio y sin más problemas humanos que los socio-políticos del mundo externo. La suya es una mente muy lúcida, desde luego genial cuando perora o escribe en su estilo impar, en el que cultiva las galanuras del modernismo en puerta con mayor riqueza y virtuosidad que ningún otro. Es cosa sabida que en este aspecto influyó sobre la prosa de Darío. Pero en lo poético, en lo lírico, es, no obstante su valor, imposible compararlo con Rubén cuya genialidad resulta, en este otro campo, avasalladora. En la conciencia de Darío palpitan las hondas substancias culturales, estableciéndose por ello en otras regiones imaginativas menos inmediatamente concretas que las de Martí. De aquí que viva y contemple la realidad subjetiva del hombre y del mundo en otras proyecciones simbólicas por las que era imposible que Martí se interesara. Martí está mucho más cerca del ideario socio-político actual. Es o parece ser *moderno* en este aspecto. Pero también aquí Darío es más *universal,* como sintonizado por sus vivencias medulares con el sentido genérico del porvenir. Y en la convergencia hereditaria de ambos surge Vallejo, inclinado al sacrificio personal en la línea de las encarnaciones arquetípicas crístico-santiaguinas por una parte, mas asimilado, por otra, a los problemas del ser mestizo en función de la universalidad poética ante el ser humano y ante el mundo. Su pasión por la «Unidad», por «lo que es uno por todos» lo atestigua.

Darío y el Surrealismo

Al afirmar que Darío no fue surrealista, Coyné aslenta una proposición axiomática. No lo fue, como tampoco lo fueron ni Lautréamont ni Nerval, pues que Darío desapareció un año antes de que, con motivo de *Les mamelles de Tiresias* pronunciara su autor por vez primera la palabra «surrealista». Tampoco pudo este último formar parte del grupo que ni quizá hubiera existido de haber seguido viviendo Apollinaire.

De otro lado, si al Surrealismo se lo considera principalmente como depósito donde han venido a sedimentarse los légamos negativos generacionados por el gran pulpo europeo, es obvio que Darío poco o nada tiene en común, no obstante su pozo negro individual, con semejante estado de espíritu. Como tampoco lo tiene, en este aspecto, Apollinaire que en el prefacio de una reedición de *Les Fleurs du Mal,* y luego de confrontar a estas flores con el «espíritu nuevo», había anunciado el fin del baudelerismo en razón de su carácter malsano. (Bibliothèque des Curieux, 1917).

Pero el Surrealismo no se limita a ser colector de negruras, cosa que en lo teórico constituye el elemento circunstancial de su compuesto específico. Que si acumula y elabora en la malignidad de sus cavernas esos viscosos betunes correspondientes al pesimismo de una entidad que, como el caracol de Occidente, se avecina en su propio ocaso, de otra parte recogió e hizo suyos, como quien se reclama de un antepasado ilustre, los conatos de las oleadas románticas hacia un humanismo de valor más cimero. Y este es el principio esencial en que justifica su nombre, o sea, la yema de su óvulo. El Surrealismo proclamaba, según sabemos, la necesidad de unir los mundos del sueño y de la realidad, vale decir, de la imaginación y de la razón, en una especie de realidad superior, así como apuntaba al triunfo de la Videncia.

En este horizonte positivo es donde Rubén ostenta títulos que, aunque por lo general sólo discretos, no desdicen de los del Surrealismo derivado de Novalis y Nerval. Los medios eran diferentes en cuanto que el movimiento francés se sitúa en un término antitético de lo cristiano, mientras que Rubén se afirma en un inminente ultracatolicismo sólo posible por la intervención de una potencia superior a la voluntad consciente del hombre. Pero uno y otro aspiran a una situación nueva y universal que el Surrealismo, negado a la esperanza, comete el abuso lógico de pensar que consiste en la universalización del polo negativo en que radica. En suma, ambos, aunque cada cual a su manera, solicitan la intervención de un algo trasconsciente.

Darío aspira desde el comienzo a un más allá que se sitúa tras los límites del mundo inmediato. En el tiempo y como voz de un Continente en gestación, lo ubica en el futuro, identificado él mismo con el porvenir de ese territorio. Pero, de otra parte, se le asocia en él al mundo maravilloso de los grandes sueños de la especie, materializados en sus mitos culturales, paganos en un aspecto, pero en lo esencial y trascendental cristianos. Se procura así, en imagen, resolver la dualidad que representan esos dos valores.

Que el campo del más allá de la conciencia, de donde proceden los sueños, era una de sus preocupaciones importantes, lo demuestran los numerosos artículos que dedicó a esta materia tan particular en su tiempo. Al año de su desaparición se publicó en Madrid un volumen suyo titulado *El libro de los Sueños*. Corresponde a una obsesión que venía arrastrando en forma concreta desde hacía mucho, según lo declara él mismo. El soñar, dormido o no, fue siempre en él motivo de desvelo. En sueños se merodea, siquiera, en torno de ese misterio infinito que en la vigilia le está vedado al individuo de nuestro horizonte cultural. Fueron numerosos los textos que publicó en «La Nación» sobre el tema, sólo algunos de los cuales se recogieron en este volumen que ignoro si fue preparado por Darío en persona, ya que en él se echan de menos no pocos artículos, y en especial los tres que dedicó a *Edgard Poe y los sueños,* tan soñador permanente como poeta de su devoción [31].

Pues bien, entre los ocho capítulos de que consta *El libro de los sueños,* existe uno, compuesto de tres crónicas, dedicado a «El Marqués d'Hervey de Saint-Denis», autor del libro *Les Rêves et les moyens de les diriger* (Paris, Amyot, 1867). Trátase de un autor y de un libro bastante raros, propios más bien de especialistas, cuya presencia en el volumen de Darío basta para acusar la afinidad existente entre las preocupaciones de nuestro vate y las del Surrealismo. Que André Breton manifestó el mismo interés por Hervey de Saint-Denis en las primeras páginas de *Les Vases communicants* de 1932. Y en esto Darío superó a Breton no sólo por la mayor extensión de su tratamiento, sino por sus ramificaciones. Que otro de los capítulos de *El libro de los sueños* está dedicado a «Un soñador: Saintine. La segunda vida». Saintine es un autor casi olvidado de la primera mitad del siglo XIX (1798-1865), trascendido por el interés romántico por los sueños y otras manifestaciones alucinatorias, infractoras de las grandes categorías de tiempo y espacio. Saintine presenta además el interés no sólo de haber sido íntimo amigo de Nerval, sino de haber escrito una narración absolutamente onírica, «La Saint Babylas», donde el suicidio del pobre Gérard juega papel preponderante. Uno y otro, Saintine y Hervey de Saint-Denis llevaban un diario de sus sueños y se movían en la cauda de preocupaciones que dejó flotando *Aurelia.* Uno trata de «la segunda vida» de los sueños, y el otro de la voluntad «de dirigirlos», propósitos literalmente nervalianos. ¿No merecen por esta razón inscribirse uno y otro entre los antecesores del impulso surrealista? André Breton se lo reconoció al primero a causa de su voluntad de dominio, mas ignoró al segundo. No así Darío, que dedicó a este último varias crónicas, sólo una de las cuales se recogió en *El libro de los sueños* [32].

No se pretende que por este solo hecho merezca Darío incorporarse al círculo reservado de los intereses surrealistas, pero tampoco cabe desconocer la afinidad que delatan ambas mentalidades en lo más enjundioso del empeño romántico. Lo cual no parece que ni para el Surrealismo ni para Darío pueda interpretarse como producto de un salto atrás, sino al contrario,

---

[31] Léense en *Escritos dispersos de Rubén Darío,* recogidos... por Pedro Luis Barcia. Univ. Nac. de La Plata, 1968, pp. 319-341.

[32] *Ibíd.,* «Un soñador, Saintine», pp. 227 y ss. «Un soñador, Saintine y Gérard de Nerval», pp. 229 y ss. Ambas son de enero de 1912.

como reanudación de una tendencia allendizante aparecida en la explosión romántica y luego soterrada por las alternativas sociales de la historia. Tanto este aspecto de Darío —lector de Maury y de Vaschide, para el primero de los cuales los sueños eran productos del automatismo psíquico— como el del Surrealismo, son expresiones reveladoras del curso que está siguiendo, por lo bajo, el proceso evolutivo de la Cultura. O sea, expresiones del transconsciente genérico.

He aquí cómo sentía Darío al tratar de Hervey de Saint-Denis:

> Hoy mismo, todos nuestros ensayos de renovación religiosa, el misticismo, el iluminismo, el swedenborgismo, el espiritismo, el magnetismo, ¿no llaman al sueño o al ensueño (*rêverie*) llevado hasta la exaltación, para ponernos en comunicación directa con las potencias de lo alto? (p. 116).

Si estas líneas escritas en 1911 ó 12 lo hubieran sido unos años después, se hubiera podido incluir en ellas el Surrealismo añadiendo únicamente a «las potencias de lo alto» las «de lo oscuro». Las afinidades renovadoras tórnanse una vez más evidentes por acusadas que sean las diferencias entre ambas actitudes a causa de su coloración psicológica y de su individualización, propias de las dos vertientes, europea y americana, frente al porvenir.

En este mismo orden de cosas recordaremos que en su primer *Manifiesto* Breton reconoció en Carlyle un precedente de su movimiento, como teórico del *Surnaturalism,* aunque en realidad no llegó nunca a conocerlo bien ni, por cierto, a interesarse por sus teorías tan adversas a la corriente sádica y nigrabunda del Surrealismo. A Darío le impresionaron asimismo e intensamente los conceptos románticos de Carlyle que cimentan no pocas de las convicciones de *El Canto Errante.* Lo que en esto le separa del Surrealismo no es, pues, la sustancia, sino el accidente, aquello que hubiera repugnado lo mismo a Baudelaire que a Apollinaire.

Mas no cerraremos *El libro de los Sueños* sin advertir el interés que Darío manifiesta por el dibujante Grandville, motivo de uno de sus capítulos. He aquí un artista plástico de especie aparte, que se interesó como ninguno por las expresiones de la vida onírica y que por ello llegó a atraer la atención de Poe. Si algún dibujante de la primera mitad del siglo XIX se mostró digno de merecer cierta consideración de los futuros surrealistas, este fue Grandville. Artísticamente nada tiene que ver, ocioso es decirlo, con los sueños de Goya. Mas los del pintor español son sueños imaginarios destinados a fustigar las costumbres y caracterizar la brutalidad de su contorno. Los de Grandville son sueños auténticos que proceden del subconsciente individual. Se empeñaba, como dice Baudelaire, en notar en forma plástica la sucesión de sus sueños y pesadillas con la precisión de un estenógrafo que registra el discurso de un orador. «Quería, sí, quería que el lápiz explicase la ley de asociación de las ideas». (*Quelques caricaturistes français,* 1857). Su conexión con el Surrealismo, con la voluntad del Surrealismo, es pues notoria, sobre todo cuando se advierte que su lápiz se dedicó a explorar las regiones de la locura en cuyo abismo acabó por sucumbir. Sin embargo, ni Breton y compañía le dedicaron, me parece, atención, ni Baudelaire comprendió lo que significaba este aspecto onírico de la obra de Grandville, ni fue justo con él, según se reconoce en la actualidad. Y el caso es que no le agradaba por algunas características muy peculiares del Surrealismo como «el desorden sistemáticamente organizado». Cosa esta última que invita a pensar la escasa admiración que en el autor de *Los Paraísos Artificiales* hubiera despertado el desorden moral por no hablar del sadismo, a él tan entrañado al dolor («Je sais que la douleur est la noblesse unique»), del movimiento dirigido por el autor de los *Manifiestos.*

Pero la intuición de Darío fue en este aspecto quizá más perspicaz que la de Baudelaire y los surrealistas. Veinte páginas ocupan los dos artículos dedicados a Grandville en *El libro de los Sueños* donde describe paso a paso los dos dibujos últimos del pintor y lo juzga a éste «como uno de los más sutiles y profundos investigadores gráficos de lo invisible, o visible únicamente a los ojos de la sola psiquis o de la fantasía».

Como todo poeta de verdad, Darío se situaba en la arista fronteriza, que une a la vez que separa al mundo de las realidades concretas del subjetivo de los sueños, o sea, lo extra de lo introvertido. En él no era esto producto de teorías, ni de deliberadas búsquedas, ni derivación de lecturas psicológicas, sino fruto espontáneo de su personalidad. Le interesaba ese horizonte imaginativo donde la conciencia se siente liberada del mundo inmediato que la ciñe y aprisiona, inmersa en una atmósfera aparte donde el tiempo y el espacio pierden sus prerrogativas carcelarias y dan paso franco a los deseos de la imaginación. Él mismo confiesa en su ensayo sobre Hervey

163

de Saint-Denis «haber compuesto poesías soñando». Pero cuando despierto, logró recordar una parte de las mismas, las vio «incoherentes», sin «coordinación alguna». ¿Podrá caber duda de que, no obstante hallarse «censurado» por las exigencias de la razón generalizada, entre sus maneras de sentir y la de los surrealistas sólo mediaba un paso?

Darío mismo recoge en el relato de su vida y refiere en otro de sus escritos, las experiencias de ultramundo que vivió. Existe además constancia de que una de sus frases favoritas, al menos en ciertas ocasiones, era *Anywhere out of the world*. Lo recuerda Angel Estrada en la breve semblanza que dedicó al poeta a raíz de su muerte. «No importa dónde con tal de que sea fuera del mundo» [33]. Es esta una frase significativa por demás que Darío dejó vibrando al menos dos veces en sus crónicas [34], tomada de *Le Spleen de Paris* (XLVIII) de Baudelaire, el cual la había bebido en *The Poetic Principle,* de Poe, donde se transcribe el poema *The Bridge of Sighs* del poeta inglés Thomas Hood, a quien ese verso pertenece. He aquí cómo el ansia del «más allá», de evadirse hacia el país de donde el poeta se siente desterrado, transfiere su antorcha de soñador en soñador con matices sin duda diferentes, mas con significados muy próximos si no idénticos: la búsqueda de otra realidad, la urgencia de que se den aquí y ahora las condiciones del «paraíso revelado» de que hablaba Baudelaire con ojos húmedos en su estudio sobre Poe, o de que se cumplan las promesas, según la versión de Darío que, como menos *moderno,* pero según hemos visto, más *universal* en cuanto recipiente de los mitos trascendentales de la Cultura, sentía la imposibilidad de resolver el problema por los medios de la voluntad humana. Era demasiado infinito lo ansiado y de índole no individual, sino colectiva, para que el hombre pudiera «apoderarse» del paraíso, como si fuese éste una cosa, según apetecía Baudelaire; ser «ladrón de fuego», a la manera prometeica de Rimbaul; proponer y disponer, como sostenía Breton en un estrato irremisiblemente disociado, característico de la abstracción literaria.

Ello no impidió que Darío se interesara desde temprano por las inclinaciones del siglo hacia las ciencias ocultas, exactamente como las grandes personalidades en la línea román-

---

[33] «Rubén Darío», por Angel Estrada (hijo), en *El Libro de los Sueños,* p. 197.

[34] En «Granada», de *Tierras Solares;* en *Peregrinaciones* (p. 158), donde confiesa su procedencia de Baudelaire.

tica que conducen al Surrealismo (Hugo, Nerval, Baudelaire, Rimbaud...). Es este del ocultismo un movimiento sincrético, considerado por ellos muy *moderno,* que viene a acomodarse en el vacío dejado por el desalojo al menos parcial de las ideas religiosas, que permite, además de esta interpretación de modernidad, la opuesta. Que de un lado constituye el intento de asomarse, si no de transferirse por la magia a una situación donde la conciencia del hombre del siglo XIX alcance en el orden del espíritu la satisfacción de sus apetencias de conocimiento y poderío, como si se tratara de algo de orden material. Mas simultáneamente corresponde a un estado de espíritu un tanto antiguo, si no anticuado, comparable a la alquimia, la masonería y otras prácticas confusas que sirven de refugio y lenitivo para las ansiedades individuales, muy sintomáticas, desde luego, pero que en realidad son apósitos de niebla que no procuran ninguna visión despabilada.

No estaba en el temperamento de Darío, a pesar de su relación con el Dr. Encausse, entregarse a tales exploraciones. La naturaleza misma de su imaginación, que al ocuparse de esos fenómenos de género semejante a los que experimentó en su mocedad le hacía sentirse morbosamente afectado, le impidió adentrarse en sus dédalos sin salida, después de haber dejado constancia de la afinidad de su situación mental con la del modernismo literario francés, básicamente individualista. Las soluciones reivindicadas en el ámbito religioso —colectivo— por la imaginación dariana, sus reclamos del más allá, se orientan en otras direcciones. Si se admiten los esquemas psicoanalíticos de Freud, habría que decir que el *ego* y el *id* o *ello* constituyen el coto reservado para sí por el Surrealismo, mientras que el interés de Darío apunta no sólo a las Siete Virtudes y a los Siete Pecados Capitales de su *Reino Interior,* sino además hacia el *Super-ego* y aun hacia un *Super-ego* no individual, polo cúspide del que aguarda e implora la transformación del mundo, urgido en lo personal por las angustias provocadas por sus desarreglos «rimbaldianos», que le han resquebrajado los cenitales del cerebro. El hecho de que el Surrealismo se afirme anticristiano y Darío ultra o supercristiano no significa que sus proyecciones fuesen opuestas, sino que equivalentes en lo fundamental, puesto que repelidas por la realidad inmediata se proyectaban a algo más allá, respondían aún otra vez a dos ubicaciones diferentes, la europeo-occidental, individualista —de antítesis—, y la americana o neomúndica, de espíritu colectivo y universal —de síntesis—. Ambas, aunque de signo cambiado, pertenecen al horizonte psicológico de nuestro siglo.

Llama la atención en este aspecto el interés que en Darío despertó el personaje que treinta años después se convertiría en el ídolo mayor de las greyes surrealistas: Isidoro Ducasse, el misterioso autor de los *Cantos de Maldoror*. Costaría admitir que se trata de una simple casualidad o coincidencia curiosa. Antes de escribir el artículo sobre Lautréamont, recogido en *Los Raros*, lo había hecho «conocer en América en Montevideo», puesto que en aquél lo declara él mismo. Las páginas que le dedica debieron redactarse en 1891 si se acepta a la letra su afirmación de que hacía diecisiete años que había aparecido la edición de Bruselas (1874), o si no, al regreso de su viaje a París en 1893. De todos modos, constituye este artículo el punto culminante de su afición a lo extraño y rarísimo que reina, aunque no siempre, sobre el conjunto de esa obrita donde Darío manifiesta el género de realidades que le preocupan. Reflejo de su propia idiosincrasia, *Los Raros* son una selección de episodios escogidos de la lucha literaria entre el Mal y el Bien que, no obstante su positiva inclinación hacia el segundo, no deja de mostrar la peligrosa atracción que ejerce sobre su ánimo el primero. El interés que Ducasse despertó en Darío no se debe al solo hecho de que fuese americano. De Montevideo había salido también Laforgue, y no provocó en nuestro poeta ni conferencias ni artículos, quizá por carecer de ese fermento pútrido que, como el de ciertos quesos, excitaba sus apetencias a la vez que lo repelía.

Es posible que Darío no leyera los seis *Cantos de Maldoror*, cuyas ediciones primeras no eran en aquel tiempo muy accesibles. Pudo, sin embargo, en su viaje a París en 1893, adquirir la reciente de Genonceaux (1890). De todos modos, cabe decir, a fin de restar méritos a sus hazañas de adelantado, que se limitó a comentar los dichos de los escritores franceses. Pero lo cierto es que con anterioridad a la primera guerra europea, sólo se habían escrito sobre Lautréamont dos artículos: el que le dedicó León Bloy en la revista «La Plume» en 1890 y las páginas de Rémy de Gourmond en *Le livre des masques* al año siguiente. Darío cita mucho a Bloy y no menciona a Gourmond, que sería muy amigo suyo. Pero el hecho es que ni Verlaine en sus *Poètes Maudits,* ni Mallarmé en sus diversos artículos y notas, ni ninguno de los poetas y críticos que escribieron desde esa fecha hasta 1914, en que Valéry Larbaud trató de las recién descubiertas *Poésies,* nadie, absolutamente nadie en Francia, ni siquiera Apollinaire, se ocupó en letras de molde ni poco ni mucho de Lautréamont. Tuvo que ser un poeta hispanoamericano quien diera el toque de atención ante la conciencia de nuestros países treinta años antes de que lo hiciesen los jóvenes vanguardistas de la Francia revulsionada de postguerra tras la edición de La Sirène (1920). Y no sólo eso; la sensibilidad de Darío se sintió reclamada por algunas de las frases que se han convertido después en clichés literarios, bebidas posiblemente en el artículo de Bloy, mas sin que ello disminuya la agudeza de su penetración. Cuando se le ve a Breton repetir en el *Manifiesto del Surrealismo* uno de los textos recogidos por Darío, y otro en uno de los artículos de *Les Pas Perdus* (p. 199), como también se le ve a Eluard en *Donner à voir* (p. 129), no cabe descartar el pensamiento de la afinidad mental que se observa entre los mismos. Sobre todo que Darío no se contentó con dar a conocer el caso extraño de perturbación moral de Ducasse, contra cuyas propensiones diabólicas previene a sus lectores, sino que pronuncia sobre él un juicio literario al hacer suyas las siguientes frases de Bloy que reproduce al final de su artículo:

> El signo incontestable de un gran poeta es la «inconsciencia» poética, la turbadora facultad de proferir sobre los hombres y el tiempo palabras inauditas cuyo sentido ignora él mismo. Esa es la misteriosa estampilla del Espíritu Santo sobre las frentes sagradas o profanas. Por ridículo que pueda ser hoy descubrir un gran poeta y descubrirlo en una casa de locos, debo declarar en conciencia que estoy cierto de haber realizado ese hallazgo.

Darío se compromete al dar por auténtica semejante soberana calidad, aunque él se domicilie en el hemisferio iluminado en oposición al tenebroso, que, sin embargo, lo completa en lo esférico y por lo mismo le fascina como los siete pecados capitales de su *Reino Interior*. Personalmente se siente más cerca de Poe, con quien compara a Lautréamont a causa de lo perseguido que uno y otro fueron por «los terribles espíritus enemigos, "orlas" funestas que arrastran al alcohol, a la locura o a la muerte». El mismo reconoce la diferencia de signo dentro de la semejanza sustantiva al decir: «Mas Poe fue celeste y Lautréamont infernal». ¿Y cabría olvidar la admiración que a partir de Baudelaire despertó Poe en la poesía francesa moderna?

Pero una vez aquí, en este puesto de avanzada, es casi obligado preguntarse a qué podría deberse que Darío no incluyera en *Los Raros* a un personaje tan de primera fila en la literatura insurrecta como lo fue Arthur Rimbaud, que él mismo asocia allí con Lautréamont. A su juicio, *Maldoror* sería un «libro único» —según lo había calificado Rémy de Gourmond— «si no existiera la prosa de Rimbaud». ¿Quizá por no ser americano? —tampoco lo eran Rachilde y otros escritores perversos de que se ocupa— ¿o porque no lo conocía suficientemente? Parece esto último lo más plausible. Lo acredita el hecho de que semejante carencia se corrigió cuando con los años se le presentó a nuestra vate una ocasión propicia. Que en 1913, con motivo de la edición de *Vers et Proses,* dirigida por Paterne Berrichon, y de un libro italiano de Ardengo Soffici sobre el mismo Rimbaud, le dedicaría Rubén sus dos buenas crónicas entusiastas —aunque un tanto apresuradas—, caracterizándolo como «quizá el más interesante de los poetas malditos (...) que hoy resucita en una aunque siempre misteriosa, singular gloria». Se atreve a equiparar sus versos juveniles nada menos que con los de Hugo, recordando que éste lo había llamado «Shakespeare niño», y dedica grandes elogios a *El barco ebrio,* «poema de una admirable belleza», antes de concluir: «imposible analizar en estas harto limitadas líneas la extraordinaria, desbocada, hermética, relampagueante, desconcertante creación rimbaudiana». Para inculcar con mayor fuerza su entusiasmo en los oídos del lector, transcribe en seguida el juicio de Félix Féneon, asegurando que «esas páginas podían parangonarse con las más bellas de cualquier literatura, cabalmente, porque están fuera de y sobre la literatura» [35].

Mas Darío no limitó su admiración al genio literario de Rimbaud poeta. Admiraba parejamente sin limitaciones, cosa que podría parecer extraña, la inmolación del lírico a la futilidad de la vida aventurera, adoptando un criterio que no desdice del de Nerval, gran viajero a su vez, y quizá tampoco del negativo y seudosuicida del Surrealismo. Para Darío, Rimbaud es

> aquel héroe que en actividades pasmosas decapitó su gloria con la espada de su energía. Pero esa gloria resucita y da al mártir de sí mismo el puesto que le corresponde, no solamente en el pensamiento de Francia, sino del mundo.

[35] «Un nuevo libro sobre Arthur Rimbaud», artículos aparecidos en *La Nación* y recogidos en *Escritos diversos de Rubén Darío,* pp. 308-316.

Hay un particular en Rimbaud que, a mi entender, no ha habido quijotismo igual [36]. Quijotismo intelectual y ultravisionario quijotismo que, como el de Alonso Quijano el Bueno, acaba por renegar de sus hazañas literarias, mas realizando al mismo tiempo el más estupendo poema de su vida que poeta alguno haya podido realizar.

Es muy sostenible, en consecuencia, que el aprecio de Darío en 1913 por el «ultravisionario» Rimbaud no le cedía en nada al de las mentes más «modernas» y penetrantes de Francia. Tres o cuatro años después Breton leería con entusiasmo a Rimbaud, ya glorificado, sin lograr que Vaché compartiera su estimación, aunque éste abrigara el deseo, según su última carta, de sobrepujar sus hazañas en el campo de la vida aventurera.

Y a propósito de Rimbaud, todavía hay algo que, con referencia al Surrealismo y a Darío, no debe pasársenos sin comentario. Tanto el autor de *Una temporada en el infierno* como el que pretendía levantarse al Cielo «por las gradas de hierro de su Infierno» (*Visión*) eran impulsados por el ansia de sobreponerse al círculo de la sensualidad. No fue otro, según se vio arriba, el drama existencial de Darío, la lucha del «Espíritu» contra la «carne» y sus reverberaciones, la Circe clásica que lo mantenía subyugado con sus hechizos. De ahí sus lamentables, sus desesperados desarreglos, sin propósito definido en su caso, mas no por ello menos significativos y destructores que los recomendados para sí mismo por Rimbaud en sus desconocidas, a la sazón, cartas famosas. El fin de éste era llegar, sostiene, a lo *desconocido*, alcanzar la *videncia*.

Je dis qu'il faut être *voyant*, se faire VOYANT.
Le poète se fait *voyant* par un long, immense et raisonné *dérèglement* de *tous les sens*... Toutes les formes d'amour, de souffrance, de folie...

Rimbaud es en lo señero de sí mismo un ultrasensual. Anhela romper el cerco férreo de los sentidos que lo sujeta a su existencialidad, con el ansia de transferirse a lo desconocido de la situación visionaria.

[36] Se diría que faltan palabras o líneas. Infortunadamente esta publicación está plagadísima de erratas.

En este aspecto nada más contrario a Rimbaud que Breton y compañeros, quienes prendidos en la tela de araña de la sensualidad, pretenden hacer de los deseos emanados de la misma la ley suprema del mundo. Si se exceptúa a Artaud, quien no sin razón se separó del grupo en 1926, se limitan a ser «funcionarios, escritores», empeñados adolescentemente, no en desarreglarse a fin de ver «ce que l'homme a cru voir» (*Bateau ivre*), sino de convertirse en la virulencia que inocule al mundo algo así como el vómito negro que lo desarregle y finiquite.

Rimbaud es inflexible como un disparo. Rompe con cuanto puede, empezando por las barreras de sí mismo. Oigámosle:

> Nous allons à l'Esprit. C'est très certain, c'est oracle je que je dis.
> L'Esprit est proche. Hélas, l'Evangile a passé! L'Evangile! l'Evangile.
> J'attends Dieu avec gourmandise...
> Me voici sur la plage armoricaine. Que les villes s'allument dans le soir. Ma journée est faite; je quitte l'Europe.

> (*Mauvais Sang*)

Es obvio que este impulso rimbaldiano prolonga las apetencias de Baudelaire de llegar «au fond de l'Inconnu pour trouver du nouveau», en la estela de cuyo *Voyage* debió concebirse *El Barco ebrio*. Así Rimbaud había dicho: «Baudelaire est le premier voyant, roi des poètes, un vrai Dieu».

Vidente... lo mismo que para Baudelaire lo había sido «De Maistre, le grand génie de notre temps —un voyant!». Al que también había calificado, según se vio arriba, de «soldat de l'Esprit Saint». Evidentemente, aunque encenagados en su tiempo, todos ellos dirigen sus oculares hacia la luz del Espíritu, del que aducen testimonio.

Como lo aduce Darío, que se pronuncia por la *supervisión* hacia «lo desconocido de antes y lo ignorado de después». Este ocupa el punto intersectivo, cruel, mas sin que en su martirio deje de esperar el Advenimiento, a la vez que, como Rimbaud, aspira a un más allá cultural de Europa.

En el área de este contexto, el Surrealismo resulta ser una degradación de la línea de tendencia baudeleriano-rimbaldiana. Ha traicionado las supremas ambiciones a favor de una obcecación extraída de la vesícula atrabiliaria de Maldoror, tomando de los anteriores sólo aquellos aspectos accidentales que pueden venir a sustentar sus pretensiones negativas y arrojando por la borda el resto —lo positivo, la sustancia—.

En suma, Darío prolonga a su modo americano las tensiones de Baudelaire y Rimbaud hacia una ultrarrealidad luminosa, mientras que los surrealistas se precipitan a una situación sulfúrica de signo contrario. No es la voluntad de la línea de avance, sino el signo lo que los diferencia.

Frente a esta suma de elementos de juicio, ¿podría ponerse en duda que Darío estaba animado por un genuino espíritu de vanguardia? ¿Cómo admitiríamos que su estilo de pensar fuera propio del siglo XIX? Ciertamente, a la manera de Hugo, soñaba en el porvenir de la humanidad, pero en ello no hacía sino adelantarse como precursor a la aparición de realidades que estaban y siguen muchas estando en potencia. Su alabanza de la literatura social con motivo de Gorki, señalada por Ghiano en su discurso, confirma la penetración del espíritu vigilante de Darío en este otro orden de valores.

De otra parte, el *futurismo* no es un estado de espíritu correspondiente al siglo pasado, sino típicamente del actual. Darío se hace eco del mismo, con referencia a Gabriel Alomar, en 1907, o sea con dos años de anticipación sobre el primer *Manifiesto* de Marinetti, del que se ocupó en «La Nación» de Buenos Aires en marzo de 1909.

La forma de entender lo venidero, propia de su sensibilidad indo-americana, es, sin duda, muy diferente a la gimnástica y tecnológica de los futuristas, pero se encuentra mucho más esplendorosamente anclada en las promesas trascendentales del porvenir que la del más atrevido de los movimientos de vanguardia, todos ellos negativos, destructores. Su ansia de «supervisión», corriente de pensamiento que venía fluyendo desde el Romanticismo; su consideración de la poesía como un modo humano de conocer por encima del de la ciencia y otros conocimientos actuales, es decir, situando a la conciencia poética por encima de la estricta y cuantitativamente racional; su consagración al vencimiento del tiempo y del espacio, son pruebas más que suficientes de su posición, por lo encumbrada, avanzadísima.

Y detalle, si no sintomático, al menos sugerente. Ardengo Soffici, el autor italiano del libro sobre Rimbaud que tanto interesó a Darío, era uno de los más destacados teorizantes y practicantes futuristas, autor en ese mismo año 1913 del ensayo *Primi principi di una Estetica futurista*.

En lo que toca en particular a la supervisión profética, difícilmente podría considerársela como un rezago de tiempos perimidos. Significa más bien la apelación a uno de los rasgos esenciales, y por lo mismo perennes del espíritu poético de cualquier época, que no podía faltar en el siglo actual. Muy festejado por su modernidad es el apotegma del propugnador de la videncia a toda costa, Arthur Rimbaud: «La Poésie ne rythmera plus l'action; *elle sera en avant*». Adicionalmente, bastaría para convencernos cotejar algunas de las ideas expuestas por Darío en 1907 con otras sostenidas en 1918, inmediatamente antes de morir, por el precursor más cercano del Surrealismo, Apollinaire.

El primero de diciembre de 1918, tres semanas después de la desaparición de su autor, «Mercure de France» publicaba el ensayo *L'Esprit nouveau et les poètes,* censurado posteriormente por el genio negativo de Breton, siendo oportuno percatarse de la diferencia de matiz: donde Breton continuaría diciendo *l'esprit moderne,* Apollinaire hablaba de *l'esprit nouveau.* O sea Breton seguía apegado a lo satánico y tenebroso —negativo— del romanticismo negro, mientras que Apollinaire ponía el acento en un espíritu nuevo, abierto positivamente a las esperanzas más brillantes.

Pues bien, Apollinaire sostiene en esa especie de testamento, no sólo suyo, sino también de la guerra que volvió una de las grandes páginas de la historia, y en cuyas postrimerías se redactó, que para las actividades de la imaginación humana se abren nuevos campos, el de lo infinitamente grande y el de la profecía. Y añade refiriéndose a la actividad poética:

> El espíritu nuevo exige que uno se imponga esas tareas proféticas. Por esta razón encontraréis indicios de profecía en la mayor parte de las obras concebidas según el espíritu nuevo. Es que poesía y creación son la misma cosa [37].

¿No se trata de algo sumamente afín a lo predicado por Darío en *Dilucidaciones,* donde insiste sobre la idea expuesta anteriormente, en el prólogo de *Prosas Profanas,* de 1896, acerca de la identidad de poesía y creación? Dice también Apollinaire:

> Los poetas no son solamente los hombres de lo bello. Son también y sobre todo los hombres de lo ver-

[37] Esta y las siguientes traducciones de *L'Esprit nouveau et les poètes* provienen de la obra de Guillermo de Torre, *Guillaume Apollinaire.* Buenos Aires, Posseidon, 1946.

dadero, en la medida en que les permite penetrar en
lo desconocido.

Coincide en esto último no sólo con la finalidad del *Viaje* de
Baudelaire, sino con las anticipaciones de Rimbaud en una de
sus cartas antes aludidas: «El poeta definiría la cantidad de desconocido que en su tiempo se despierta en el alma universal».
Y Darío sirviendo de broche entre el autor de *El barco ebrio*
y el de *Alcools*:

> El don de arte es un don superior que permite en-
> trar en lo desconocido de antes y en lo ignorado de
> después, en el ambiente del ensueño y de la medita-
> ción.
> He expresado lo expresable de mi alma y he querido
> penetrar en el alma de los demás y hundirme en la vas-
> ta alma universal.

Apollinaire:

> Los poetas estarán encargados de dar, mediante las
> telcologías líricas y las alquimias archilíricas, un senti-
> do siempre más puro a la idea divina, la cual es en
> nosotros tan viviente y tan verdadera y que constituye
> esa perpetua renovación de nosotros mismos, esa crea-
> ción eterna, esa poesía sin cesar renaciente de la cual
> vivimos.

Y Darío:

> Alma mía, perdura en tu idea divina (...) y sigue
> como un dios.
> He celebrado las conquistas humanas y he, cada día,
> afianzado más mi seguridad de Dios. De Dios y de los
> dioses (...). Como poeta no he claudicado nunca, pues
> siempre he tendido a la eternidad.

No pretendemos que estos pensamientos sean idénticos, mas
sí que se articulan y vibran en una misma onda mental, con la
diferencia que los darianos son anteriores en el tiempo. *Et pour
cause*. Que el fondo del carácter francés, si descartado Hugo,
se le cree a Baudelaire, es «huir de lo excesivo, lo absoluto y lo
profundo» (*De l'essence du rire*).
Entiendo que en virtud de lo esbozado se alcanza como con-

173

clusión que la actitud mental de Darío coincidía en varios de sus aspectos sustanciales con las de los precursores del Surrealismo, no siendo menos avanzada en el aspecto que de éste discrepa: el signo positivo o negativo de su actitud ante el acto de vivir. Y de vivir poéticamente. Claro que sus gustos y su concepción de la belleza no tenían mucho que ver con los del Surrealismo. Pero ¿acaso los tenían los de Apollinaire? En suma, nadie nos convencerá de que la mentalidad carbonífera y sin esperanza de Breton y compañeros, establecidos en el punto muerto de la noche, es más avanzada, más entrañada al presente determinado por el porvenir, que el entusiasmo auroral de Darío, fundado, contra sus propias miserias personales, en el destino cósmico y centelleante de la especie.

Y puesto que Coyné estimó oportuno recordar en nuestros debates el famoso poema de Apollinaire *Les Collines,* transcribiremos a continuación unos cuantos versos que no parecen disconvenirle a Darío:

> Où donc est tombée ma jeunesse
> Tu vois que flambe l'avenir
> Sache que je parle aujourd'hui
> Pour annoncer au monde entier
> Qu'enfin est né l'art de prédire.
>
> Certains hommes sont des collines
> Qui s'élèvent d'entre les hommes
> Et voient au loin tout l'avenir
> Mieux que s'il était le présent
> Plus net que s'il était passé.
>
> ... ...
>
> Voici s'élever des prophètes
> Comme au loin des collines bleues
> Ils sauront des choses précises
> Comme croient savoir les savants
> Et nous transporteront partout.

¿No merece acaso Darío ser considerado como una auténtica «colina azul», concernida encumbradamente con el porvenir, y será ello un rezago impropio de nuestro siglo? Su «supervisión», dirigida a «lo desconocido de antes y a lo ignorado de después», tan en armonía con el ansia de «videncia» de los poetas «modernos» y tan precisamente demostrada por el modo como —pese a Coyné— los acontecimientos han venido dándole la razón, ¿no le otorga títulos, en efecto, para reputarlo como la inmensa *colina azul* situada ante el abra del porvenir americano, al modo como la estatua de la Libertad erige su antorcha a la entrada del puerto neoyorquino? Nada más obligado que la respuesta afirmativa, al menos para quien esto escribe, puesto que en mi exposición sobre el carácter profético de Rubén, había comenzado por definirlo como una montaña ingente...

De otro lado, y resumiendo el sentido general de lo expuesto, ¿no cabría indagar —con ánimo tendencioso, no lo niego— si no sería natural que las visiones proféticas de Darío se encontraran en estrecha relación con aquel movimiento más amplio hacia el futuro que preveía Breton en su conferencia de Barcelona (diciembre 1922), del cual participaban por adelantado, según decía, el cubismo, el futurismo y Dadá, e inclusive el Surrealismo, entonces todavía por venir, incapaz este último de englobar los conatos anteriores? Porque diríase que ese apetecible movimiento general difícilmente podría no ser el correspondiente a la gestación de una Cultura nueva, más allá de la occidental, tal como Darío acabaría por vaticinarla ante la faz del planeta precisamente en 1915, y no como aquella que los surrealistas, sublevados por el espectáculo bélico de Francia, han venido queriendo, en su tétrica y pueril megalomanía, imponer al mundo. Sin olvidar que como cabeza del movimiento de renovación que le tocó iniciar en el ámbito de nuestro idioma, Darío había convocado a «los poetas nuevos de las Españas» ya en 1907 invitándolos a entregarse a esa «supervisión» asociada al «futurismo» de que trataba en sus *Dilucidaciones,* con el propósito de iniciar la tarea de provocar la realización en América de lo prometido en los destinos terrenos, etc., etc. [38]. ¿Y no se sabe desde Vico que el origen de las culturas ha de buscarse en el alma de los poetas?

Preciso es confesar que en esta perspectiva el profetismo de Darío, tan heredero del *universal* de Hugo como del *modernista* francés, asume caracteres decididamente portentosos. Con el suplemento de interés para nosotros de haber sido refrendado por la intuición de Vallejo, creyente también en una cultura americana, que había escrito en nuestra pequeña revista, en 1926:

la historia de la literatura española saltará sobre los úl-

[38] Remito al lector interesado por estos temas a *César Vallejo frente a André Breton* e *Intensidad del Canto Errante,* aún en prensa.

timos treinta años como sobre un abismo. Rubén Darío elevará su gran voz inmortal desde la orilla opuesta, y de esta otra la juventud sabrá lo que ha de responder [39].

Memento de Edgard Poe

Tras lo mucho que con motivo del Surrealismo nos hemos ocupado de la poesía francesa moderna, de los sueños, de la proyección hacia el futuro, así como de Europa y América, no es improcedente rendir ahora un gesto de simpatía a quien desempeñó, a partir de Baudelaire, magisterio tan notorio en la evolución de dicha poesía moderna: al «escupido» Edgard A. Poe. Aparte de lo indicado, a ello nos inclina el amor inalterable que le profesó Darío, aunque nada tenga Poe que ver directamente con las debatidas tesis de Coyné. Mas hemos de enfocarlo desde el ángulo especial que aquí resulta conveniente.

Además de sus famosos poemas, cuentos y escritos marginales, Poe compuso un tratado menos conocido, aunque extenso y muy cuidadosamente elaborado, en el que sobre las bases científicas de la gravitación enunciadas en las teorías principalmente de Newton y de Laplace, su imaginación intentó reducir a conciencia la Realidad del Universo en su doble aspecto material y espiritual. Este su estudio se titula pretenciosamente *Eureka,* demostrando no sólo que Poe vivía preocupado por el mayor de los enigmas que acosan al ser humano desde siempre, sino que presumía haber descubierto su solución. Paul Valéry, que dedicó a *Eureka* algunas reflexiones, no logró extraer demasiado jugo del mismo. Pero afirma que Poe presintió a su manera la teoría de la relatividad generalizada, lo que no es parvo elogio.

En el fondo, *Eureka* es un boceto de cosmogonía físico-metafísica que se distingue por proponer, más allá de los valores del conocimiento científico, integrándolos, un sentido creador, poético, de la realidad universal. Por ello su concepción progresiva, fundada en la consistencia de la Unidad absoluta, es teológica y teleológica, empezando y terminando en el Ser que se reconoce espiritualmente a sí mismo. La inteligencia penetrante, exacta e inadaptada al mundo inmediato de Poe ha articulado así un aparato de razón que presta un sentido finalista a la exis-

---

[39] En *Favorables Paris Poema,* núm. 1, julio 1926.

tencia genérica con proyección esperanzada a un estado de súper o ultrahumanidad.

Sobre este esquema de entendimiento unitario de la materia y del espíritu, he aquí las conclusiones de la última página de *Eureka* en la forma en que el Ser de la intuición profunda del poeta se dirige a sí mismo:

> Lo que llamas El Universo no es sino la presente expansiva existencia (del Ser Divino). (...) Todos esos seres inconcebiblemente numerosos que llamas sus criaturas son en verdad infinitas individualizaciones de El mismo (...). Todas son también Inteligencias más o menos conscientes, primero de su apropiada identidad, y secundariamente, y por tenues e indeterminadas vislumbres, de su identidad con el Ser Divino —de su identidad con Dios. Imagina que la primera de estas dos clases de conciencias va debilitándose y fortaleciéndose la segunda durante una larga sucesión de edades que han de transcurrir antes de que esas miríadas de Inteligencias acaben por confundirse (...) en Una.

> Piensa que el sentido de la identidad individual irá disolviéndose gradualmente en la conciencia general —que el Hombre, por ejemplo, dejando imperceptiblemente de sentirse Hombre, alcanzará a la larga esa época aterradoramente triunfante en que reconocerá su existencia como la de Jehová. Mientras tanto ten en cuenta que todo es Vida - Vida - Vida dentro de la Vida—, la menor en la más grande, y todas en el Espíritu de Dios.

Con tales palabras concluye la cosmogonía de *Eureka*. Como no podía ser de otro modo, la brújula poética de Poe, basada en su excepcional rigor analítico, apunta en la dirección exitosa. Su concepción no es social, existencial («no vale la pena que nos burlemos de los delirios de Fourier»), sino esencial, ontológica, concerniente a la conciencia del Ser genérico que se proyecta al punto donde se resuelve la dualidad esquizofrénica de lo divino y de lo humano, o sea aunque no pronuncie la palabra peligrosa, al «paraíso». Cotejado con el sentido expuesto en estas nuestras páginas, su esquema parece fundamentalmente correcto. Pero como encapsulado en el racionalismo antropocéntrico de su época, Poe no vislumbra la posibilidad de que intervenga el Ser Divino, mediante su Verbo, en el decisivo

177

instante del proceso conducente, por transfiguración de la Cultura, a la nueva y extraordinaria época del Espíritu. (Sin embargo, ¡estampa el nombre de Jehová!). Esa nueva situación sólo se le antoja advenidera a su punto de vista de abajo arriba, en la forma imperceptiblemente gradual del Hombre que se desensimisma y proyecta más allá de sí al cabo de un período incalculable de milenios. Mas no sin mediación del Amor. Lo evidencia así su celebrada frase de este mismo capítulo final, referente al oscilar del Universo entre el existir y el no-ser conforme al latir el Corazón de la Divinidad: «Y ahora, ese Corazón Divino, ¿qué cosa es? *Es nuestro propio Corazón*». (Ante ciertas notables expresiones de Vallejo acerca de ese su Corazón, se impone la pregunta: ¿leería Vallejo este libro *Eureka,* editado en España por Sempere?).

En suma, Poe termina presintiendo esperanzadamente la existencia de una época más allá, espiritual, «paradisíaca», en lo que coincide a su modo con todas las inteligencias poéticometafísicas que en nuestra vertiente cultural han venido encarando el problema del ser humano a lo largo de los siglos. Ahora, lo aquí especialmente importante es no olvidar que esa inteligencia americana de Poe es, precisamente, la que ha presidido al desarrollo de la poesía francesa moderna, y que para Baudelaire —precisamente traductor de *Eureka*— se coyuntaba con la de De Maistre, quien desde otras perspectivas religiosas había anunciado también la proximidad de la época del Espíritu. («De Maistre et Poe m'ont appris à raisonner», *Fusées,* LXXXVIII). Pero como más atenido a la tradición teológica, De Maistre creía en la indispensabilidad de la intervención revelatoria; en «una nueva efusión del Espíritu Santo» («De Maistre, ce soldat animé de l'Esprit Saint»), cosa que a la vez que precisaba la naturaleza de la operación, acortaba infinitamente el plazo del divino acontecimiento. (Véase *Razón de Ser,* pp. 204-213).

IV

¿Y por qué no en América?

Sólo quedan por examinar en esta respuesta diferida, por cierto extensamente, los enunciados que justificaban la configuración geohistórica de mi *Surrealismo entre Viejo y Nuevo Mundo,* que con motivo de Vallejo ha promovido al cabo de los años la opugnación de Coyné. Sostenía este libro que el movimiento surrealista invitaba a entenderse como el impulso allendizante de última extremidad propio de Europa y del período angustioso de entreguerras, la sede de cuyo apetecido más allá situábase en estas regiones del Continente nuevo. Hasta llegaba a sostener sin intimidarse ante la abultada irracionalidad del planeta que no podía «comprenderse en su plenitud objetiva el Surrealismo si no se lo compulsa con ciertas circunstancias y fuerzas imantatorias específicamente americanas». Dábase así a entender que en este territorio se encontraba ya, algo más que en potencia, la Realidad universal que se nos había rehusado en la Tierra hasta el presente.

No necesita ser surrealista ningún europeo para que tales proposiciones témporo-espaciales le escandalicen. Su reacción encaja muy bien dentro de ese mismo esquema, puesto que dichas aserciones implicitan, en primer término, que la cultura europea no es el non plus ultra en su clase, ni se la estima capaz de evolucionar por sí misma hacia las situaciones universales que a su propio juicio representa. Y en segundo lugar, se anuncia el establecimiento de una entidad cultural superior a la occidental, centrada originalmente en un territorio que no es el suyo, supuesto que no sólo contradice sus nociones fundamentales, sino que pugna con el espectáculo que ofrece el mundo a quienes lo ven desde su observatorio.

(A fin de evitar confusiones, hemos de abrir un paréntesis para especificar previamente lo que entendemos por cultura, *concepto susceptible de variantes múltiples y que aquí se nos torna fundamental. Se advierte, por lo pronto, que la cultura auténtica no guarda mucho que ver con la definición que de ella establece la Academia de la Lengua Española como si se tratase de poner en relieve lo que es una mente atrofiada en este campo de valores. Escribe: «Cultura... 3 fig. Resultado o efecto de cultivar los conocimientos y de afinarse por medio del ejercicio de las facultades intelectuales del hombre». Es esta una definición insubstancial propia de una mente no desprendida aún de las neblinas de la Ilustración. Frente a ella se insurgen, sobre todo desde hace un siglo, numerosísimas definiciones emanadas de la cultura misma a través de sus cultivadores, establecidos lógicamente en el campo de la etnoantropología cultural desde donde se divisa un verdadero panorama humano, para quienes la cultura dista de ser un aditamento que se labra el individuo.*

En nuestra opinión, así como en la de diversos autores, Cultura *es un concepto muy distinto al de* sociedad, *éste más limitado y material, incluido en el primero. No es aquélla un*

179

conjunto de individuos asociados, sino una entidad orgánica que procede de la naturaleza misma del «hombre». Concretamente, cultura es un sistema orgánico de correlaciones del ser humano con cuanto le circunda e inclusive consigo mismo, fundado en la naturaleza simbólica del lenguaje y de los lenguajes. Incluye las relaciones de los individuos entre sí y de cada uno de los mismos con la entidad del grupo a que pertenecen; de las de este grupo con el medio físico, natural y humano, en que se inserta y vive —utensilios y sistemas de producción de todo género—, y con el psíquico que en ella se origina —costumbres e instituciones varias—, así como el horizonte científico en que opera su conciencia de la realidad y el espiritual a que apuntan sus antenas e impulsos trascendentales —magias, mitologías, filosofías, artes, religiones—. La Cultura es, por tanto, una entidad sumamente compleja, coentrañada a un grupo humano, que, aunque formulada en y por mediación de los individuos en quienes radica la naturaleza dinámica de su tendencia al crecimiento, es algo más que éstos puesto que incluye experiencias, factores y finalidades que aún más que inconscientes, en sus aspectos profundos les son a los mismos ajenos. Pueden así desaparecer los individuos con los que a partir de cierto nivel la entidad cultural vive en simbiosis sin que la misma se inmute, mientras que, a la inversa, las culturas pueden fenecer por diversos motivos sin que desaparezcan los individuos en quienes se constituyen ni se interrumpa el proceso creador de la Cultura, como un todo.

Cabe, pues, referirse a tantas culturas concretas o círculos culturales como pueblos han existido con lenguaje propio, empezando por las más primitivas, lo mismo vivas que muertas, pudiendo nuestra mente cultural tener hoy día conocimiento de los caracteres e historia de muchas culturas que dejaron de existir hace largos siglos e inclusive de otras desconocidas por completo hasta que la arqueología exhuma sus reliquias.

La cultura es, pues, algo consubstancial al género humano e inherente a su cerebro, ya que no existe «hombre» sin «cultura» —sin lenguaje—, mientras que no existe especie animal alguna, incluyendo a abejas y hormigas, que en verdad goce de ella. Es algo viviente tanto en el paleolítico como en los tiempos modernos, con entidad y hasta con destino propios, puesto que condiciona e inclusive determina el modo de ser y de conducirse de los individuos en quienes se encarna, por *decirlo así, tanto en la dimensión consciente de sus causalidades como en la inconsciente de sus casualidades. En el panorama de lo cuantitativo y múltiple despliega ante nuestra consideración en el gran lapso de los siglos, una serie de círculos excéntricos que frecuentemente se interseccionan y subdividen, con tendencia creciente a la concentración lo mismo regional que universal, proyectándose por Naturaleza —una Naturaleza que supera al concepto corriente de lo natural—, y a través de una dialéctica de lo continuo y lo discontinuo, a una situación en la que el centro unánime sea, no el particular de uno de esos círculos superficiales, sino el interior del globo terrestre que nos otorga a todos las verticalidad. Es lícito así referirse a una Cultura Universal, en potencia desde el alfa, que incluya las poblaciones todas del mundo, en cuya mente genérica y omniabarcante, se resuelva la antinomia entre su esfera de ser y la quizá absoluta del Universo, estableciéndose una interrelación dialogal entre una y otra).*

Reanudando nuestro interrumpido razonamiento; la reacción del europeo o de quienes, pensando en su misma clave, hacen sus veces, suele adoptar ante la proposición antes indicada, varias fases distintas. Empieza aquél por sentirse un tanto rebajado, sentimiento que compensa con asomos de lástima hacia el criterio capaz de sostener tamaño despropósito. Todo en su persona se resiste a imaginar que puede existir un estado de cultura superior a aquel de que forma parte y sobre el que recae el bien ganado prestigio de haber alimentado con su propia substancia, sobre todo a partir del Renacimiento, el árbol frondosísimo de la civilización actual, extendida por el mundo. Cuando contempla a la redonda los otros pueblos en existencia, el europeo se ve inclinado a sentirse superior a los demás, sin excluir al norteamericano, muy cercano a él, pero incapaz, como afirmaba Rilke, de producir una manzana de sabor tan exquisitamente matizado y culto como la europea. Diríase que el poeta paladeaba in mente, con delicias crepusculares, la manzana del «paraíso» perdido. (Hegel, filósofo al fin, optaba, en cambio, por la superioridad de la europea carne de vaca).

Mas si a Norteamérica se la contempla en general con la desestima que el hombre de cultura refinada suele sentir por las actividades mecánicas y mercantiles, ¿a quién puede caberle en la mollera que América Latina, tan evidentemente a remolque de Europa, tan rezagada en no pocos aspectos y con un lastre tan agobiador como el de su población indígena y africana podría abrigar pretensiones de concebir en un lapso previsible un estado de conciencia cultural superior y de mayor alcance que el europeo? Cuando en virtud de algunas argumentaciones demostrativas de que no es ni cultura universal ni esperanza cuanto en Europa se produce, se ha minado hasta cierto punto el convencimiento orgulloso del interlocutor de ser aquélla el sagrario nuclear y permanente de la Cultura en la Tierra, la resistencia del europeo y asimilados suele aferrarse a la pregunta: —¿Y por qué en América, y no en Rusia, en la India o en Africa..., es decir, en todas partes?

He aquí una cuestión a la que, puesto que reconoce la no imposibilidad de que se instaure en el globo terráqueo una Cultura superior a la Occidental europea, es obligado responder con otra pregunta: —*¿Y por qué no en América?*—. Claro que para llegar a este punto ha sido preciso agrietar previamente las barreras mentales defensivas que rehusaban ceder terreno en esa dirección, mediante los argumentos pertinentes en el campo del sentido común. Cosa que para salir al encuentro de las objeciones de Coyné procuraremos esbozar en algunos párrafos.

Hacia 1900 Europa había llegado en la conciencia de gran número de sus «intelectuales» distinguidos a una situación de privilegio correspondiente a la cima de la cultura planetaria. Hegel había sentenciado hacía casi un siglo: «La historia universal va de Oriente a Occidente. Europa es absolutamente el término de la historia universal. Asia es el principio» [40]. La marea creciente de lo humano había alcanzado, así, pues, a juicio de aquellos pensadores, el nivel supremo de su desarrollo natural, y lo que restaba era ir cultivando y resolviendo en pacífica evolución, como buenos árcades de Europa, los problemas que les plantearan las circunstancias de cada día, para ampliar extensivamente sus beneficios al resto del globo. Era el mundo de «la belle époque» en el orden de la conciencia inteligente, sostenido por un sentimiento de seguridad. Pero las circunstancias no tardaron en demostrar lo ilusorio de aquella «ciudad alegre y confiada» en vísperas de catástrofe, al grado de que el medio siglo subsiguiente sería el más dramáticamente calamitoso de cuantos ha vivido no ya Europa, sino la humanidad entera. Precisamente la Alemania de Hegel se en-

[40] G. W. F. Hegel, *Filosofía de la Historia Universal*. Introducción especial, III.

182

cargó de estallarle el punto final. Nunca en tan corto espacio se había producido tal cantidad de muertes violentas, de genocidios, politicidios y otras inmensas devastaciones y desdichas. No se habían dado cuenta aquellos intelectuales engreídos de que la cultura europea seguía siendo por definición, lo mismo que desde sus remotos orígenes, una cultura parcial, hemicíclica, o sea, un elemento disyuntivo de una bipolaridad creadora cuyo dinamismo se funda en la confrontación por la fuerza de sus términos. En suma, continuaba siendo un factor de dualidad.

Esto es obvio para quien lo considera panorámicamente. Desde los tiempos alejandrinos, Europa se definió en contraste, a menudo bélico, con el Asia. El imperio romano hubo de resignar su unidad política, aceptando la disidencia en su propio seno de la gravitación de Bizancio. Aunque la Iglesia se denominara católica o universal, también en este orden religioso surgió en su círculo mediterráneo el cisma oriental que a Roma la caracterizó, no obstante sus designios y convencimientos, de *Occidental.* Hoy mismo la cultura europea con sus allegados constituye la cultura de *Occidente,* que se intenta preservar, frente a la *Oriental,* o asiática, que tanto puede ser la indú como la soviética, heredera esta última de la polaridad bizantina, y más allá las de China y Japón. En otros términos, hasta el presente la historia, y no sólo la europea, parece responder en su estructura dinámica a un principio de contradicción, o sea, hallarse establecida en el dualismo bipolar de una figura plana. A todas luces, lo auténticamente *universal* ha permanecido hasta nuestro siglo en el limbo de lo utópico, de lo apetecible por no dado. En tales condiciones, ¿cómo podría Europa ser dueña de un equilibrio cuyo goce benéfico sólo corresponde legítimamente a la realidad universal? ¿Cómo el ansia de paz, en la ausencia de los elementos capaces de equilibrar la figura dinámica pudiera ser algo más que un vano espejismo?

En esta falta de estructuras dinámicas concretas, la Sociedad de Naciones, creada a resultas de la guerra del catorce, representó el primer intento de establecer un orden universal en el campo de las entidades políticas con sus aditamientos culturales. Hechura del espíritu europeo, aunque la extensión del conflicto bélico hubiera lindado con la universalidad, dicha Sociedad de Naciones fracasó a causa de su división interna, al grado de convertirse en la incubadora y amparadora de la guerra de España donde tuvo lugar el duelo inherente a la dualidad, que sirvió de preámbulo al estallido armado del cuarenta.

En la actualidad la situación política del mundo sigue caracterizándose por el mismo anhelo de paz, por una parte, y por la oposición entre Oriente y Occidente, representado el primero por la Unión Soviética con sus agregados, incluyendo China, aunque ésta se venga desprendiendo siempre a causa de la divisoria dualidad, y el segundo por los Estados Unidos con los suyos, incluido por lo pronto entre los mismos el Japón.

Cada uno de esos bandos intenta como de costumbre sobreponerse al otro para constituirse en el centro universal que reine sobre la Organización de las Naciones Unidas, ahora trasladada de Europa a América. Podría esto último no carecer de algún significado.

Que desde otro ángulo, la historia terráquea nos enseña que los centros culturales, por duraderos que hayan sido en ocasiones, nunca lograron retener su primacía. En algún modo, la cultura es un elemento que desgasta o calcina los territorios. Egipto y en su interior sus distintas ciudades y períodos; Mesopotamia, con sus imperios; Persia, Grecia, asimismo, con sus períodos y ciudades; Roma —y otro tanto cabe decir de Bagdad y demás puntos del Oriente e inclusive de Indoamérica—, si poderosísimos en su día, no pudieron conservar el cetro o eje en torno al cual pretendían que girase el mundo para siempre. Productos paradójicos de uno de los impulsos más genuinos de la realidad planetaria, su propia *universalidad* a la que todo aspira, no podía substraerse, en cuanto entes regionales o de dos dimensiones, a la gravitación desde la sombra, de la verdadera *Universalidad* que determinaba la continuidad del crecimiento general por la discontinuidad de los casos particulares. En el ámbito de este «creced y multiplicaos» ha venido cumpliendo su destino el *homo peregrinator* o judío errante por la superficie del globo, hasta que la verdadera figura universal de este último se realizase en su propio espíritu, lo completamente humano [41].

[41] Puesto que se le concede tanto crédito a la lucidez de Baudelaire, recordaremos que es éste un movimiento de «déplacement de la vitalité», acusado ya por él como amenaza contra la prosperidad artística francesa. Esta sólo le parece «garantizada por un tiempo, ¡ay!, muy corto. La aurora estuvo antaño en el Oriente, la luz se corrió hacia el sur, y ahora surge del Occidente»... «Las naciones, vastos entes colectivos, están sometidas a las mismas leyes que los individuos. Como la infancia, emiten vagidos, balbucean, crecen. Como la juventud y la madurez, producen obras sapientes y audaces. Como la senectud, se duermen sobre una riqueza adqui-

Ni siquiera el Mediterráneo, como cuenca regional privilegiada, pudo conservar su hegemonía, no obstante el auxilio espiritual de la Iglesia de Roma, más allá del Renacimiento. En nuestro horizonte histórico particular se perfila el concepto Europa al menos desde los días de Dante, no ya opuesto al Asia como otrora, sino como capitalidad del mundo. El panorama se amplió después considerablemente mediante la concepción de una entidad multinacional en cuya mesa de juego también las bolas del billar histórico han venido caramboleando hacia el Occidente atlántico, sobre todo a partir del desdoblamiento de la catolicidad mediterránea meridional, y la Reforma del norte, siempre con sus luchas cruentas. España, Inglaterra, Francia, Rusia... han sido brazos extendidos, no siempre desprovistos de ventosas, que dentro de su destino nacional han actuado al servicio del cefalópodo europeo, cuyo primer ejemplar ciertamente universaloide fue, no sin sentido a causa de su situación, la península ibérica. Que en efecto, desde el Renacimiento hasta nuestro siglo el mundo presentaba la figura creciente de un octopus cuyo cuerpo-cabeza se sentaba en la vieja Europa y cuyos brazos se extendían, codiciosos de dominio, sobre la superficie del globo. En esa cabeza imperativa se acumulaban los bienes de todo género que sorbían sus tentáculos, fomentando el desarrollo de la mente humana en relación con la realidad terrestre entendida según ese estado de cosas. Ciencias, técnicas, artes, florecieron en esa etapa de acercamiento a lo universal en función de dicha perspectiva monocéfala, monolítica, monopólica o como quiera designársela.

Sin embargo, la del octopus no era estructura que tradujese la verdadera realidad *universal* dentro de las exigencias y posibilidades unitarias del planeta. Respondía a una razón de superficie, esto es, plana o de dos dimensiones, en la que un lugar representaba el centro del círculo y se arrogaba la dominación del conjunto. Mas la Tierra no es plana, como se creía en épocas ya distantes, de donde proviene su cosmovisión superficial, sino esférica. Ningún lugar de la superficie puede

rida (...). Entonces la vitalidad se desplaza, va a visitar otros territorios y otras razas»... Etc. («Déplacement de la vitalité», en *Exposition Universelle 1855*, I. *Curiosités Esthétiques*). Y obsérvese lo radicalmente que, en conformidad con tales conceptos de Baudelaire, la lucidez poética de Darío disentía de los convencimientos de fin de siglo. En 1893, en 1900, en 1905 y años subsiguientes, mientras los precursores del Surrealismo —Mallarmé entre ellos— se mecían en su modernidad, las visiones universales del centroamericano vaticinaban la gran catástrofe.

ser el centro de un esferoide o volumen de tres dimensiones. Se entiende así geométricamente por qué todas las culturas han procurado atribuirse por la fuerza la universalidad parcial de un territorio más y más dilatado y luego del orbe, en una marcha ascendente hacia la universalidad en potencia, sin conseguirla. La verdadera universalidad reclama, tanto en lo político como en lo mental, estructura muy distinta.

De otra parte, en el interior de la misma Europa se hizo sensible a partir del siglo pasado, que la evolución de la historia distaba aún de haber conseguido su desarrollo estable. Surgieron en su seno teorías y conatos de diversa especie pretendiendo modificar la situación heredada, para cambiarla a la europea, *dentro de Europa,* puesto que ésta se sentía centro gobernador del mundo. Así, por ejemplo, amparadas por la revolución industrial, las teorías socialistas e internacionales —no *universales*— de la idiosincrasia tiránica de Marx —no en balde se fundaban en los conceptos hegelianos— presumían una transformación del régimen económico de clases *dentro del recinto europeo* («Un fantasma se cierne sobre Europa»...) —de lo que ahora ha pretendido a su turno beneficiarse Moscú—. Europa seguía siendo cabeza de mundo. Con el tiempo los acontecimientos han demostrado que esa perspectiva era también ilusoria, un espejismo determinado por la influencia dinamógena de los contornos inmediatos. Lejos de eliminar la guerra, lo que hizo es trasladarla en forma de lucha de clases, al seno de la sociedad ocasionando catástrofes superlativas. La proyección del materialismo, teoría de dos dimensiones y por lo mismo fundamentada en la pugna que ha acabado por destruir a Europa, ha sido en realidad el Oriente, dividiendo una vez más la figura planetaria en los dos campos habituales —que ahora se están subdividiendo con tendencia indeliberada al fraguado de la *universalidad,* mientras intentan someter al mundo bajo el imperio de su fuerza.

Declárase obvio sobre el anterior conjunto de antecedentes, que el planeta, lo mismo por la esferidad cósmica de su configuración que por el sentido general de los entes culturales que en él han venido sucediéndose, pide por naturaleza la constitución de un estado de conciencia o de Cultura universal, genérica. Sólo puede ser éste el modo de que todos los pueblos e individuos de su superficie puedan sentir la verticalidad en ellos mismos, en vez de vivir oblicuamente, inclinados y con la mira vuelta hacia un núcleo céntrico. Hasta puede presumirse en el campo de las armonías empíricas, que la presencia inconsciente de esa cultura material y espiritual en potencia, ha venido actuando en la historia a modo de causa final con respecto a los entes culturales en que el ser de la vida planetaria ha manifestado su acatamiento al imperativo de la variedad. A ello parece deberse la recurrencia fatal del fenómeno de discontinuidad que ha caracterizado el devenir histórico.

Ya en nuestro siglo xx no es lícito dudar en términos racionales de que se está viviendo hoy en la Tierra un instantante de tránsito o ruptura de lo que lo arriba indicado es sólo un aspecto. Aquello que hace un cuarto de siglo no era perceptible sino para los pocos, resulta hoy patente para la generalidad. Se ha doblado la hoja o traspuesto la raya que divide entre sí a dos grandes períodos. Las teorías atómicas que venían apuntándose se han traducido prácticamente en la ingerencia de la voluntad humana en las criptas de la energía esencial. Las ciencias todas y sus aplicaciones técnicas han continuado transformándose en progresión geométrica sin exceptuar aquellas que tocan de inmediato al hombre en cuya carne y hueso la actualidad se produce cuando no se precipita. Nuestra visión cultural se proyecta a los infinitos abismos revelados por las exploraciones y especulaciones cosmológicas. La cybernética, con su séquito de computadoras; el radar, los transistores, el laser, junto con radio y televisión, plásticos, vuelos siderales y el resto del tecno-bazar sin olvidar la psicología y la bioquímica, nos indican, cada uno en su campo y todos a coro, que la humanidad ha cruzado una frontera definitiva. En un par de generaciones nos hemos transferido de un mundo de pequeñas proporciones, a medida del hombre occidental, a otro mundo desmedido en espacios, tiempos y energías creadoras, provocando una desorientación general que en la juventud, carente de instrumentos mentales para comprenderlo hasta cierto punto, está determinando por doquier marejadas de irracionalismo. Hemos entrado en la *era cósmica* que pide la formulación de una mente y de una cultura de su propia y universal naturaleza, es decir, más allá de sus dos dimensiones, comparables a las del gusano adherido a una superficie, en relación con la mariposa.

Como para corroborarlo no ya en el orden de los conocimientos macro y microcósmicos, sino en el más propiamente humano de las realidades socio-políticas, es un hecho que la estructura del mundo ha experimentado, simultáneamente a aquellos fenómenos, una transformación decisiva. El octopus

187

europeo o Viejo Mundo ha pasado a la historia. Quebrada su cabeza, sus brazos o tentáculos han sido rebanados de raíz. El poder hegemónico detentado a principios de siglo por Inglaterra, Francia, Alemania y demás naciones posidentes de esta región del mundo, es decir, la estructura colonial europea que Italia pretendía a última hora renovar a su favor, ha desaparecido convirtiendo al viejo continente en lo que es en realidad, un mosaico de naciones reducidas y desconcertadas sobre un ajedrez de lenguajes diferentes.

Es de creer que en este aspecto, Europa, hoy partida en dos campos, poco a poco se recobrará. Frente a lo descomunal de las entidades gigantescas que han surgido, Norteamérica, la Unión Soviética, China..., no tendrá el continente europeo más remedio que dominar sus viejos factores de discordia para fraguar en su entendimiento unitario la esperanza de sobrevivir verticalmente como poder político. Mas nunca volverá a ser lo que fue, sino una región entre otras varias y esparcidas. Los núcleos de fuerza que encerraba hasta hace poco, han huido de su jaula para establecerse por el momento en Wáshington, Moscú, Pekín..., es decir, se han distribuido sobre la superficie del globo, asentando los cimientos de la poliédrica universalidad en cierne.

Semejante inmensa transformación, agregada a los otros cambios advertidos —e inclusive el de las teorías y prácticas «revolucionarias»— pone de manifiesto que, ya no en el orden teórico de las ideas, sino en el concreto de los hechos consumados que modifican el cuadro de nuestras ideas, el mundo o época anterior, en cuanto entidad orgánica, no sólo ha caducado, sino en realidad desaparecido. Individualmente se puede seguir viviendo en las caudas residuales del viejo cometa, mas ello ni quita ni añade nada, es igual. Ciertamente, por sobre la quebrada de lo discontinuo, los valores substantivos del período finiquitante pasarán a la entidad nueva, como se transfieren los valores substanciales de padres a hijos y en la historia de las naciones ha ocurrido ya muchas veces.

Se puede hablar de «entidad nueva» porque todo lo considerado manifiesta que del actual cataclismo genérico no se disponen a surgir diversas culturas repartidas por la faz del orbe, sino pronto o tarde una sola Cultura Universal con sus diversas modalidades, correspondiente a la facultad genérica del lenguaje y a la efectividad de las ciencias y sus aplicaciones que son las mismas en todas las latitudes. En el tema de que aquí se trata especialmente, lo único que conviene advertir es que esa Cultura *Universal* ha de ser cualitativamente distinta de la *Occidental,* ésta con sus perspectivas y antropología planas, por más que algunas de sus manifestaciones pertenezcan ya, por su frente científico y cuantitativo, al mundo de los conocimientos universales. Los acontecimientos se proyectan a otra configuración, según lo ya advertido. Vamos hacia la esfera, no sólo en el orden del saber, sino en el de la vida encarnada. Es decir, vamos hacia la cualidad de la figura que la intuición pre-socrática identificaba con el Ser. Se ha de tener en cuenta que, en su antropocentrismo individualista, el occidente moderno ha marginado filosóficamente el Ser, para enfrascarse en el individualismo psico-somático, bidimensional asimismo, que pretende suplir dicha ausencia reconociendo muy cartesianamente —tras dualizar extensión y pensamiento— un ser particular a cada individuo capaz de pensarse como tal en nuestro estado de cultura, en vez de pensar y dejarse pensar por el del Universo. *Un ser ante la muerte,* cosa que por su incisiva significación, pide subrayarse.

Porque el existencialismo de nuestro siglo europeo demuestra una vez más que la cultura a que corresponde no es la universal de la esfera, sino la bidimensional de Occidente, llamada a «occidentarse» del todo, rindiendo tributo a la transferencia por lo discontinuo que ya en ella se viene viviendo; a dejar de *existir.* ¿O podría ponerse en duda, ya no en el orden de los fenómenos materiales, sino en el de los valores del Espíritu, que toda cultura integrada ha de contar, *sine qua non,* con un sistema de especies simbólicas que, en forma ajustada a las circunstancias peculiares del peldaño a que corresponde, establezca su comunicación con el Ser Universal en quien se justifica la vida terráquea? No sin razón todas las culturas, desde las más elementales, han dispuesto de un sistema de símbolos mito-religiosos o corpus «verbal» que en alguna forma, sin excluir la de los ritos, han establecido su comunicación con el más allá de la existencia física. Lo que dista de ser producto de un estado de inferioridad, ni de casualidad, ni de capricho, sino efecto de una realidad universal tan propia de la naturaleza humana como lo es el lenguaje.

El Occidente moderno en su conjunto no posee semejante sistema cultural, siendo esta la causa por la que, inmerso en el espacio-tiempo de la mentalidad científica, ha procurado reemplazarlo por el recurso filosófico del existencialismo, mientras que el estructuralismo en boga parece ser una referencia indirecta a la necesidad de una estructura uniforme entrañada a la del lenguaje o Verbo. No es la suya una cultura universalmente integrada, como tampoco lo había sido en realidad la helénica, sino más bien, un estado de cultura pre-universal en desintegración. Y no sólo la de Occidente, sino la de nuestro siglo en pleno. Las Naciones Unidas forman un conglomerado cada vez más nutrido, de entes culturales que se descomponen, cuyo caos predica por caminos convergentes, la inevitabilidad de otro estado de Cultura auténticamente universal, oceánico, por decirlo así, en el que desemboquen y se regeneren todos los regionalismos culturales sin que ninguno de ellos imponga su particularidad a los demás. Dios, el Dios de Occidente ha muerto, se dice y repite, lo que demuestra que el concepto de lo divino que se sostenía no era —como antropocéntrico— el del verdadero Ser Universal, y que por lo tanto se halla en vías de disiparse. Su cristianismo tórnase cada vez más profano y antropomorfo al abrirse, sin defensas metafísicas, como quien se agarra a una tabla salvadora, a los horizontes sociológicos que, como de orden psico-somático, son fundamentalmente agnósticos y en la práctica ateos. «Y Dios, un nuevo Dios, ¿no es necesario?», clamaba hace ya casi un siglo un poeta nacido en nuestra América, Jules Laforgue.

En suma, los síntomas culturales vienen apuntando desde hace ya no poco a la necesidad de que se produzca sin demora una verdadera situación universal de conciencia, en la que se deshaga la dualidad físico-metafísica, correspondiente a la esfera terráquea como un todo. No es sorprendente oírle hablar a un penetrante pensador *católico* de «planetización» (Teilhard de Chardin). Y he aquí que ello coincide en modo imaginativo —único valedero en estas jurisdicciones— con el impulso que acusan todos los mitos teleológicos del pasado, proyectados a un estado de conciencia más allá de la muerte del individualismo. Trátase, por consiguiente, de un más allá del antropocentrismo petulante, donde reine aquello que es uno y bueno para todos los humanos, lo en ellos genérico, esencial, que mediante las estructuras adecuadas, justifique el amor a lo que a todos les es común: la Vida. ¿Y no es algo de eso lo que buscan las juventudes de hoy en el uso generalizado de los «viajes» psicodélicos?

Ahora bien, sucede en este horizonte de los devenires que ninguno de los mitos «paganos» de la vertiente científico-racionalista enfrentada con el panorama espacio-temporal de los sentidos, formula en el orden genérico de lo universal, conceptos procesales con sentido teleológico. Ninguno presenta la menor finalidad y, por lo mismo, no estructura los símbolos para anunciar un porvenir en el orden genérico, la promesa viviente de un estado de humanidad —de cultura— cualitativamente superior. Los suyos son mitos de circunstancias, que corresponden a la vertiente cuantitativa del *homo faber,* sujeto hacedor de objetos de diversa índole, inclusive mental, que condicionan el medio terráqueo y el concepto que a aquél le merecen, o sea, que corresponden a las conveniencias inmediatas de una humanidad individualista y bidimensional, sin Espíritu. En ese orden colectivo, el *homo sapiens* o *Espirituma-nidad* está todavía por venir.

Si a este respecto se examina con exigencia el cuadro general de las culturas históricas, acaba de tornarse patente que la única rama de conciencia colectiva donde ha dado señales de existir la intuición en funciones de un proceso teleológico hacia un mundo más allá, ha sido la animada por los grandes mitos trascendentales del judeo-cristianismo [42]. ¿Será indicio de inferioridad manifiesta el hecho de que éste nuestro tronco cultural llamado a adquirir tras el Renacimiento tan incomparable desarrollo, se dejara presidir por esas intuiciones esenciales respecto a su naturaleza que acusan la función de una «dimensión» o «voluntad» adicional a las que se manejan en el interior de nuestro limitado horizonte? En todo caso, cuando a partir de mil ochocientos las inquietudes sociales coincidentes con el desarrollo científico-industrial y con el crecimiento de la población, lo mismo las saintsimonianas y las comtianas, que las marxistas y demás, han enfocado sus perspectivas significantes hacia un porvenir de cierta perfección comprendida a su modo por cada una de esas tendencias, no han hecho sino transportar a los fenómenos colectivos de la vertiente fabril, con miras a un cuerpo de cultura venidera, la sustancia simbólica de los mitos de la vertiente sapiencial, cuyo verdadero significado parcializan. Todos esos movimientos se han referido al «paraíso» interpretado conforme a sus conveniencias sectarias, y hasta muy frecuentemente a la Nueva Jerusalem.

De aquí que el más allá deseado por nuestra cultura de hoy no pueda ser otro, en lo esencial de la especie, que el indicado en el campo simbólico de las intuiciones trascendentales por el judeo-cristianismo, enriquecido en lo objetivo y concreto por la expansión o desarrollo de los conocimientos, obras y organizaciones materiales, conforme se insinúa en esos

[43] Véase *Teleología de la Cultura.* En «Los sesenta», n.º 5, México, noviembre 1965.

mitos [43]. No parece que pueda realizarse de otra manera la conjunción de lo humano con el Ser supertemporal que reclama la Cultura para que su perfección se formalice.

En este orden de valores, correspondiente al Verbo de nuestra cultura, resulta visible que el itinerario dialéctico que oriundo de Jerusalem, atraviesa el continente europeo, si se ha de ajustar a la conformación del globo terráqueo, tiene por fuerza que desplazarse hacia un más allá de Roma. Lo atestigua la manera como en el Renacimiento la tendencia al más allá del Mediterráneo se desprendió hacia el Norte mediante la Reforma, para emprender con posterioridad la ruta del Oeste.

Hoy los destinos universales asumen nuevo cariz. Para empezar, es público y notorio que la institución que en el Occidente mediterráneo administra la suerte de los negocios sapienciales o de la «sabiduría de Dios», según la expresión paulina, ha entrado como el resto de Europa en crisis. Para sus constituyentes se trata de una crisis de adaptación a las muchas e inesperadas novedades que está trayendo aparejadas el desarrollo del mundo que hasta no ha mucho reputaba enemigo, sin que aun revista dicha crisis, a juicio de aquéllos, importancia mayor. Podrían, sin embargo, no estar, una vez más, en lo justo, que no faltan razones para creer que el fenómeno a que asistimos es mucho más profundamente serio de lo que se opina; de lo que se opina entre los creyentes, y de lo que se opina entre los que no lo son. Que la historia terráquea está a ojos vistas desembocando en la universalidad, y la conciencia cultural necesitada de un Ser que no es exactamente el dual de la Edad Media, o sea el del Hijo en relación con el Padre, que es aquel de quien el Sumo Pontífice actuaba de Ministro (aunque sí pudiera tratarse de Aquel que según las Escrituras de la Revelación tiene prometido su advenir). El hecho de que sus Con-

---

[43] La vida humana sale en el *Génesis* del «Paraíso» donde convivía con el Ser divino, escindida en dos ramales: el esencial del Bien o Sapiens que conduce a la vida (Seth), y el del Mal o *faber,* existencial, que lleva a la muerte (Caín y Diluvio). Son los mismos que, invertidas las direcciones, van a dar al Paraíso, representado por la tierra de promisión que mana leche y miel, uno para penetrar en su recinto donde convivirá con Jhwh mediante el símbolo del Templo, el otro para acampar en torno. Se halla esto expreso en el mito complementario de los mellizos de Rebeca («paciencia»): Esaú o Edom («tierra roja») que, con sus caracterizaciones animales y belicosas, se establece a la puerta de la simbólica «tierra prometida», y Jacob-Israel («Príncipe o vidente de Dios», asociado con el cielo), quien penetra en ella luego de pelear y vencer al ángel *antropomorfo.*

cilios de doctores no se hayan percatado sino relativamente, no impide que esta Institución esté achacosa, pero sobre todo padezca de ancianidad, que es la peor de las enfermedades. Se pretende, para corregir sus deficiencias, someterla a pequeñas operaciones quirúrgicas de superficie. Pero en ese plano dual lo que en verdad se halla hoy sobre la mesa de operaciones no son los elementos accesorios, sino la realidad de los grandes dogmas y mitos fundamentales de su Revelación escrituraria, de donde emanaba su razón histórica de ser. En los tiempos que corren se encuentra cada vez más desahuciada su literalidad, y sometidos a más riguroso examen: el significado del contenido latente de esas especies míticas; el alcance de su trascendencia; su proyección real a esta nueva edad de la vida terráquea, los que en resumidas cuentas, si nuestra configuración no es errónea, tendrán que ser los correspondientes al más allá de ella misma, al más allá de su validez simbólica, esto es al más allá de la muerte que conduce a la verdadera Vida —siguiendo el ejemplo de su Maestro («Simón, hijo de Juan, sígueme»). No en vano en la Nueva Jerusalem que «descendía del cielo» a la Nueva Tierra, el Vidente no vio Templo (*Apoc. XXI, 22*).

Mas, por el momento, dejemos esto aquí.

Oportunidad del Surrealismo

Sobre este esquema global de antecedentes, el estado de espíritu del Surrealismo, que es lo que justifica nuestro trabajo, se nos define con rigurosa y llamativa exactitud. Ocupa en el espacio-tiempo ese punto, en alguna medida medianero entre un ciclo cultural en agonía del que se complace en actuar, muy pertinentemente, como índice negativo y agente destructor, a la vez que intenta apoderarse de aquello que en Francia, tras la primera guerra y con arreglo a lo que en un horizonte sin mayores conocimientos, podía presentirse como universal. Su ideología es desatentada, confusísima, sobre todo en sus tiempos iniciales. No sabe de cultura sino de *deseos,* al modo como Lamark sostenía que así, porque lo «deseaban», habían adquirido su largo cuello las jirafas y sus órganos los demás animales. Mas lo que en el Surrealismo se desea en primer término, a la rastra de sus instintos de muerte, es destruir el país y el medio cultural de que es producto, a la vez que en su apetito de universalidad, anhela propagar su confusión individualista, ateniendo sus *deseos* lamarkianos a la figura europea del octopus, sobre el resto del mundo, para al fin situarse en el pico de la montaña desde donde se gobiernan los destinos. Pero simultáneamente cree en la necesidad, tanto más cuanto que ha sentido su «toque en la ventana», de la intervención de un algo transconsciente que satisfaga su ambición de poder.

Muy sintomáticamente, su afán de evadirse de la cárcel francesa y occidental, destruyéndola por una parte, y de proyectarse por otra al dominio de la universalidad, trasponiendo su finisterre bretón, hubo de conducir a su personaje representativo —inclusive onomásticamente— a las islas Canarias y a la cima del Teide. Consta así en el esquema de *L'Amour Fou.* Y fue allí, en el momento más ardientemente agudo de su experiencia supuestamente ulteriorizante, donde Breton renunciaría a los propósitos iniciales de superrealidad, en favor de un psicosomatismo agudizado, elevando en compensación a su registro delirante, convulsivo —oh cementerio de Saint Médard—, los ímpetus del mundo a que pertenecen. Su traslado colectivo al Nuevo Mundo durante la guerra e invasión de Francia parece ser otro suceso sintomático que en su paradoja constitutiva marca, a la vez que la proyección ideal del Surrealismo hacia un Mundo Nuevo, su ineptitud real para arraigarse y desarrollarse en él, experimentando la transformación siquiera psicológica, imprescindible. Regresarán crepuscularmente sus ya pocas cabezas a su lugar de origen. Y al conducirse así, el Surrealismo no rinde testimonio de Europa contra América, como quisiera Coyné en representación de otros muchos, sino que, al revés, se define como objeto del rechazo ejercido sobre él, luego de haber dado testimonio, por el nuevo continente a cuyo destino se ha manifestado ajeno.

En el fondo, y despojando al fenómeno de su hojarasca y corteza literales, lo que el Surrealismo nos revela, como fruto del tiempo, es que en su sentir existe un género de realidad humana, más allá de nuestra conciencia tradicional, que entre la coyuntura de las dos guerras pugna por introducirse en nuestro ámbito, hacerse presente. Lo siente conforme a las premisas de su idiosincrasia occidental, en forma individualista, por la misma razón que en el «espiritismo» se sintió una llamada no muy desemejante de ingerencia conforme a ciertas razones formales, también individualistas, que obraban en la conciencia de su tiempo —en lo literario, Víctor Hugo y compañía nos son testigos—. En suma, el Surrealismo ha dado testimonio de la inminencia de una situación ulterior, de conciencia colectiva, donde «sueño» y «realidad» se confundan. Pero evidentemente, la literalidad de sus afirmaciones constituye la expresión manifiesta de su propio sueño, lo que en connivencia con su ambición de dominio, se traduce en un *deseo* de imponer al mundo su modo occidentalista de presentir el futuro inmediato. Mas, ¿puede dudar el espectador de que la solución ofrecida dista de ser la verdadera solución cultural, aunque hacia ella apunte? ¿No se debe acaso a esto mismo el hecho de que, si bien de tendencia sintomáticamente colectiva, repudie no menos sintomáticamente, pero en sentido opuesto, los grandes mitos teleológicos en que se ha formulado la dolorosísima experiencia creadora de la especie? A la mentalidad surrealista, dura, cortante y cruel esquirla de obsidiana, esto del dolor de los demás, etc., del mismo modo que al «divino marqués», le es, a la vez que estigma de inferioridad, motivo de complacencia.

Ello no obstante, si lo que se ha de formular de nuevo en conformidad con las conquistas universales de la ciencia y de la planetización del ser humano, es, por lo que a la comunidad humana se refiere, una Cultura nueva y universal en su sentido auténtico, pudiera el Surrealismo contribuir, como heraldo anunciador, a esclarecer nuestros conceptos del fenómeno. Hemos de dejar a un lado lo que por mi parte había añadido con ocasión del caso Brauner, puesto que mi ensayo está puesto aquí en entredicho. Mas no cabe inadvertir que para el Surrealismo francés dos son las vías por las que presume poder hacerse posible la realización de los deseos que lo impulsan. Una, la vía supuestamente inconsciente de la escritura automática, que debiera permitir a los hombres todos participar de la misma fuente de aprovisionamiento e inspiración aunque de no muy hondos alcances. Y otra, en virtud de algún mito capaz de poner en marcha los mecanismos psicológicos del mundo, a fin de dirigir la evolución del mismo a voluntad hacia el propósito consabido de facilitar la conjunción de la realidad con el sueño y viceversa. Es obvio que a la muerte de Breton todo ello había quedado desde tiempo hacía en agua de borrajas. Ni la escritura mal llamada automática, sucesora de la glosolalia de las iglesias primitivas, ha producido intereses que, salvo en la flexibilidad de los tratamientos, justifiquen su adopción, ni se han vislumbrado más mitos que los insignificantes que el Surrealismo se ha forjado para su consumo interno, empezando por el mito Vaché [44]. Estamos, pues, en estas prospectivas a foja cero, como dicen por estas latitudes.

[44] Véase «César Vallejo frente a André Breton», en *Revista de la*

Prescindiendo de tales frustraciones, cabría sin embargo aceptar como posible, a título de inventario, que en el aspecto de la conjunción de realidad y sueño —cosa que a fin de cuentas no es original del Surrealismo sino del arrebato romántico de Occidente que aquél ha actualizado al hacerlo suyo más bien como accesorio de prestigio—, pudiera envolverse un principio veraz. En ese caso habría que suponer, descartando la angosta interpretación individualista del Surrealismo en favor de su tendencia a la colectividad, que el ámbito adecuado para realizarse dicha posible conjunción sólo podría ser el colectivo o cultural y, como consecuencia, que la unión de sueño y realidad habría de referirse a los «sueños» de la espedie o mitos trascendentales con proyección teleológica. Así debía sentirlo Novalis al afirmar que «el mundo se convierte en sueño y el sueño se convierte en mundo», y corroborarlo en el texto de su *Henry von Ofterdingen* y con especial confidencia en sus notas preparatorias.

Muy lógico y aceptable sería que tanto el sueño y la realidad del Surrealismo como el contenido de la sentencia novalisiana corespondieran al más allá predicado desde hace milenios por las grandes especies mitológicas que han venido confiriendo sentido al itinerario finalista a que se ha adaptado el proceso evolutivo de la especie humana en su persecución dcl sol desde el meridiano de Mesopotamia. Sin duda, allí y sólo allí, en el recuadro de esos grandes mitos, es donde sueño y realidad pueden coentrañarse, y coentrañarse no en beneficio de uno o dos puñados de personas, sino de todos en términos generales, o sea, de la especie misma.

Dios descansa, según el mito; duerme. ¿No habrá de despertar? El sueño de las grandes creencias simbólicas ¿no será su sueño en nosotros? Lo cierto es que ese espectro mandálico del «Paraíso» original y terminal, secundado en sus diversos modos tangenciales por los mitos corroboradores de otras culturas, asiáticas, africanas y americanas, parece no haber perdido su vigencia. La situación del Ser genérico, denominado *Tierra* encarnada (Adán), correspondiente a la *Cultura* paradisíaca (*cultivador* del huerto edénico) en presencia comunicativa con el Ser creador del Universo, está significando simbólicamente una realidad imaginaria que coincide de la manera más portentosa con las perspectivas de la Cultura universal que hoy nos

Universidad Nacional de Córdoba, año X, núm. 3-4, julio-octubre 1959, página 797 y ss.

asedia. La mente del hombre genérico en su jardín de delicias, donde goza de la conciencia del Espíritu insuflado en él por el Creador del Universo, y señorea sobre las animalidades que lo rodean y acatan su dominio por haberlas puesto nombre —siendo esta una figura que lo mismo puede entenderse referida a las diversas naciones simbolizadas siempre por animales, que a los maquinismos que están viniendo a sustituirlas—, es el Océano maravilloso donde desembocan los cuatro ríos provinientes de los cuatro puntos cardinales de la historia. Allí, en el horizonte adámico, es donde resulta lógico que el sueño universal de la especie se traduzca, tras el vagar por el «desierto», a efectiva realidad. No en el plano psico-somático del individualismo de Occidente, sino en el psico-espiritual de la especie humana donde cada individuo puede encontrar su parte de vida satisfactoria.

Allí, en ese punto de la Mente al que pretendía encaramarse el Surrealismo mediante su impulso babélico —aunque «seguro de no llegar»— es donde el principio y el fin simbólicos pueden coyuntarse; donde pueden reunirse el Alfa del principio y la Omega del fin, que se decía ser el Ser. Y se observa que al expresarse en esta forma alfabética —similar a la del Tetragrámmaton—, este Ser está representando mediante símbolos de orden intrínseco, el discurso creador de la historia humana pre-universal, o razón del Verbo paradisíaco, donde arranca y desembocan el cristianismo inicial del *Apocalipsis,* el medieval de la *Divina Comedia* y el correspondiente a las vislumbres de otros pueblos del mundo. Y es el reino esférico presagiado por la fruta simbólica ingerida sintomáticamente por Adán y Eva en la fábula teológica y teleológica (la supuesta manzana, *malum-i*) correspondiente al ser divino que se deseaba en ellos Ser, y a su trascendencia.

Adviértese que el más allá del Cristianismo occidental, cuando la conciencia científica atribuye al futuro planetario longevidad inconmensurable, no podría al parecer ser otro. Ha sonado la hora de la disolución de los dogmas y mitos correspondientes en su literalidad a la mente encerrada para empezar, como Segismundo, entre las paredes sepulcrales o placentarias del Medioevo con sus prolongaciones lógicas, y del trasvase o traducción de su verdadera sustancia, dando ocasión al triunfo del mito trascendental que, como la Estrella de los Magos, dirige el movimiento teleológico de punta a punta, o sea, convirtiendo en especies contantes y sonantes los pagarés del judeo-cristianismo. Tanto el uno como el otro, el judaísmo como el cristianismo —y ellos mismos entre sí— representaban la escisión en dualidad o esquizofrenia aparencial de *cielo* y *tierra,* operada en el portentoso sueño cosmológico del primer capítulo del Génesis y como equivalencia armónica a la de *Dios* y *hombre* o *Creador* y *criatura.* (El día segundo, aquel en que se produce la expansión que divide las aguas de «los cielos» de las que darían «abajo» lugar a la «Tierra», es el único en el que Dios no vio que lo que había hecho fuese «bueno»). Era realmente *cósmico* en perfecto acuerdo con la sensación de planicie bidimensional e inmóvil que produce la realidad terráquea. Se formuló así en la mente israelita cuyo Dios o Espíritu creador residía en el espacio infinito; cuyo candelabro de siete brazos representaba atributivamente otras tantas luminarias siderales; y cuyo Sumo Sacerdote se vestía con la representación del Cosmos. Correspondía asimismo a las sublimaciones del primer albor renacentista de la *Divina Comedia* donde el poeta deflagra el chispazo inicial de conciencia *cósmica* en nuestra entidad cultural, pues que desde el supremo círculo paradisíaco percibe la Tierra como una esfera diminuta con parecida nitidez a la que al cabo de los siglos muestran hoy las fotos tomadas desde los navíos espaciales. Claro que el esqueleto cosmológico de la *Comedia* se guarnece con las personificaciones representativas de la imaginación espiritual que poblaba la conciencia anímica en aquellas sazones del Medioevo. Lo singularísimamente notable es que allí, en dicha situación cósmica, semejante a ésta en que hoy desemboca la Cultura, esplende el Paraíso, el reino de la Luz o, si se quiere, el árbol de la con-ciencia, donde se subsana la condición esquizofrénica simbolizada en el apólogo por la espada de fuego que, luego de dividir los ámbitos de lo divino y de lo humano, se revolvía en todas direcciones. Símbolos, evidentemente. Pero símbolos verbales que, según hoy se comprueba, se refieren a una realidad simbolizada desconocida entonces por la conciencia extrínseca, en forma que tan pronto como se elimina el obturador dicotómico se nos traducen con claridad deslumbradora. Allí es donde la infinita diversidad de los hombres y de las cosas escindidas encuentra su Unidad en el Amor.

Puede pretenderse, sin duda, que ni el hábito hace al monje, ni el territorio a lo esencial de la cultura que en él toma cuerpo y se desarrolla. Mas ello no ha impedido que el Mediterráneo y sus inmediaciones fueran la cuna y el cercado natural de nuestra civilización. Como se apuntó arriba, todas las culturas se desarrollaron en un territorio que con frecuencia dejaron exhausto, consumido. El pasado es un cementerio de ruinas, inclusive geográficas. Que todos los *acrecentamientos* de la Cultura, los escalones conducentes al desarrollo del ser planetario, han tenido su punto geográfico de erupción, el cual después fue, a su hora, desmantelado, sobreseído. Lo tuvieron Egipto, Mesopotamia, Persia... Lo tuvo Israel con miras al orbe entero. La cultura griega poseyó su cuerpo, o mejor dicho, sus cuerpos terráqueos, cuyas esparcidas osamentas monumentales suscitan hoy la admiración del grande y del pequeño público. Lo tuvo Roma, y así las demás. ¿Podrían abrigarse dudas, frente a estas constataciones, de que, aunque la Cultura Universal que se presume esté llamada a extenderse, por definición, y a propagar sus beneficios por el planeta en su redondez, sin ningún punto de mando ni de comando, el foco de su conciencia abnegada y liberadora, el eje de su acrecentamiento habrá de ubicarse inicialmente en algún territorio? ¿Podría ser éste Francia, que ya llevó a cabo su admirable vuelo nupcial? Tampoco habrá de ser España, ni Italia, ni Inglaterra, ni en una palabra Europa, por razones equivalentes. Tendría que ser otro y con caracteres distintos. ¿Podría ser, tal como se nos presenta hoy día, el continente milenario, superpoblado y al parecer carente de gérmenes creativos del Asia? La razón imaginante encuentra más que difícil aceptarlo. El norte es gélido. De China para abajo, sin excluir el Japón, se acumulan las dificultades de orden material que reclaman soluciones de otra índole y carecen de antecedentes teleológicos. ¿Australia, tierra virgen? Lugar a trasmano que en principio es imposible identificar con el *tertium quid* que establezca el equilibrio dinámico entre Europa y Asia. ¿Africa, continente a medias y de un solo color con problemas fundamentalmente étnicos? De otra parte, los árabes, sujetos a su pasado, como esas otras naciones —y en su caso especialmente belicoso—, no han manifestado signos de interesarse por el porvenir de la especie humana ni cultivar aquellos valores que lo implicitan. Todos son bidimensionales, como lo es la Unión Soviética, que a horcajadas entre Europa y Asia pretende resolver su oposición dual de Oriente y Occidente en figura plana, al modo como los navegantes italianos y luego los portugueses trataban de resolver la universalidad por los viajes directos entre ambos continentes. Y sobre la base de la fuerza material.

En tales circunstancias, ¿por qué no América?

Si burlando las restricciones del pensamiento histórico-filosófico, que como fundado en la memoria sólo reconoce realidad a lo objetivado o transcurrido, poseyera lo expuesto un fondo de realidad más amplia y comprensiva, el desarrollo de la cultura humano-planetaria tendría que haber venido proyectándose, en su desplazamiento ininterrumpido, hacia un lugar a propósito donde establecer las bases cósmicas de esa universalidad presentida desde el comienzo y que la crisis actual torna inminente. Puesto que se trata de una entidad distinta, caracterizada por la ruptura dialéctica con la del período anterior, ha de requerir para iniciar su instauración un lugar donde pueda ser ella misma a buena distancia de las situaciones precursoras. En el lenguaje de los grandes símbolos mitológicos que ha quedado expuesto, no parece que se cometa error al presumir que dicho desarrollo cultural propende hacia el mencionado «Paraíso», donde debe subsanarse la esquizofrenia intrínseca y efectuarse la conjunción mandálica de los cuatro puntos del horizonte.

Todo indica que por su mismo carácter universal ese lugar debiera reunir condiciones apropiadas a la significación del fenómeno. Tendría que ser apto lo mismo para el florecimiento de los valores materiales que para los del Espíritu. Debería ajustarse, además, a las razones de cosmicidad y universalidad física, así como de magnitud proporcionada a los nuevos y más amplios horizontes que se abren hoy para lo humano en todo orden de actividades y de cosas.

Miraremos en primer término lo referente a las condiciones materiales, dejando para después lo que toca a los valores ideales que suelen calificarse de superestructuras. Pues bien, si se le piden luces al Mapamundi para determinar un territorio que ofrezca dichas condiciones, la atención es atraída instantáneamente por la ubicación, la magnitud y la configuración del continente americano, dotado de una verdadera y grandiosa entidad geográfica. Es un continente auténtico, proporcionado al tamaño del mundo; se extiende de polo a polo por los dos hemisferios, norte y sur, con todos sus climas; libre e independiente de los demás bloques terráqueos, cuyas características resume; constituye además un hemisferio por sí solo. Si a la gran masa euroasiática se le reconocen, un tanto hegelianamente, cualidades progenitoras en lo que se refiere a la historia de la cultura, inmediatamente se distinguen y acusan en América las cualidades del hijo que vino al mundo, por decirlo así, en los días del Renacimiento. En cambio, si al Asia se le reconocen cualidades progenitoras y a Europa las antitéticas de la filialidad, según lo quieren nuestros conceptos religiosos, en América se perfilan al instante las proyecciones, también un tanto hegelianas y religiosas del Espíritu que resuelve la oposición entre Padre e Hijo.

En contraste con lo reducido y enracimado de Europa, concentración que sin duda fue muy conveniente para el desarrollo de la cultura en ciertos siglos, como en su oportunidad lo había sido Grecia, el continente no sin razón llamado Nuevo es cifra y despliegue de vastedad prendida entre los infinitos tanto celestes como oceánicos que se conciertan como queriendo destacarlo en resalte. Todos los mares del mundo asedian sus costas para definirlo como el lugar de entrecruce de sus rumbos inagotables, en forma que cuantas voluntades se proponen circunnavegar el globo vienen topándose, a partir de Colón, con la enorme barrera americana. Resulta ocioso detenerse a explicar por qué esta entidad continental se deslinda en su aislamiento e historia como especialmente universal, y cómo por el juego de elementos, océanos, cordilleras y cursos fluviales lo es en escala cósmica.

De otra parte, América es todavía un territorio medio virgen, sólo relativamente poblado, por acumulación, en algunos lugares, con una capacidad inmensa para contener enormes y flamantes multitudes nacidas a las antes inconcebibles novedades de nuestro siglo, y desprendidas de las resignaciones y pesadumbres del anterior. Y es un territorio opulento, rico en potenciales y, por lo mismo, de porvenir, se diría, como ningún otro. Apiñamiento ingente y por partida doble de climas y altitudes, encierra en su subsuelo extraordinarias riquezas minerales, así como se extienden por su superficie las selvas y los bosques, las praderas y las pampas fertilizadas por la bendición hídrica de las cordilleras que derraman en su inmensidad las mercedes de sus a veces caudalosísimos y siempre innumerables ríos. Si la subsistencia humana tuviera algún día que depender del mar, según hoy tanto se augura, ningún continente podría competir en abundancia con el americano, que ya está teniendo que defender sus costas de las hambres forasteras. Para bastarse a sí mismo en productos agrícolas y ganaderos, ningún otro rivalizaría seriamente con él. Ninguno posee el grado de potencialidad eléctrica que en su área se acumula, etc., etc. De aquí que si la cultura que se avecina requiriera, como es de presumir, un gran caudal de energías y materias primas de estas y otras especies similares, todo induce a pensar que por decreto de ciertas circunstancias aparentemente misteriosas, América es algo así como una tierra cornucópica, predestinada para la magna empresa de desarrollar la infinita gama de posibilidades que hoy se impacientan en los umbrales de la especie.

Las viejas disputas literarias sostenidas entre europeos y después con los americanos en los siglos XVII y XVIII acerca de las calidades del Nuevo Mundo en contraste con el Antiguo, basadas por lo general en insignificancias de orden material, como si los animales eran mayores o más pequeños, o si los indígenas más o menos sensuales, fueron en realidad precauciones del espíritu europeo que un poco desazonado gustó de aducir razones, sin reparar en lo ínfimo de su categoría, para proteger su sentimiento de superioridad. Y ello se produjo, llamativamente, cuando América no era todavía sino un vehículo territorial ni cómodo ni refinado, que apenas iniciaba el viaje hacia un más allá desconocido, mientras que en Europa se concentraban todas las regalías, bienestares y focos ideológicos de una cultura milenaria. Algo flotaba en el aire intuitivo desde el descubrimiento para que mentes tan despiertas como las de Montaigne, Berkeley, Lipsius, Galiani, Gibbon, Blake, Byron, Shelley, Goethe, Humboldt, etc., presintieran ya, contra las alegaciones de De Paw, Voltaire, Leopardi y seguidores, que en América se cifraba el porvenir de lo que entonces era Europa. E inclusive Hegel, que no obstante la desenvoltura con que se desembarazó de América en beneficio de un sistema geoideológico —europeo— que permitiera centrar el desarrollo del Espíritu en su Alemania natal, no pudo menos que adjudicar a América el porvenir, luego de afirmar que si la cultura tuviese que emigrar de Europa habría de hacerlo a América, afirmación que en lo que aquí se trata resulta de sugestivo peso[45].

Gracias a sus conversaciones con Eckermann se sabe la admiración que América despertaba en Goethe, al grado de afirmar en su ancianidad que si tuviese veinte años menos se tras-

[45] Libros capitales a estos respectos son los de Antonello Gerbi, *Viejas polémicas sobre el Nuevo Mundo* (Lima, 1946) y *La Disputa del Nuevo Mundo* (México, 1960). Verdaderos arsenales de datos recogidos y expuestos con tanto garbo como depurada escolaridad, su contenido se presta admirablemente para que cada lector formule sus propias conclusiones. Sobre el juicio que al autor le merece América, que aunque por lo general implícito bajo un manto de imparcialidad, no deja de insinuarse aquí y allá en numerosas oportunidades, bien podría aplicársele la frase histórica: «Ni quito ni pongo rey pero ayudo a mi Señor», en este caso su señora, Europa.

ladaría a este Continente. Más; en el final de *Fausto* proyectó esas admiraciones hacia la tierra de la libertad, cosa que a la intuición poética contemporánea no se le había pasado inadvertida en el momento decisivo [46].

Hoy la evolución de los acontecimientos, si ha enturbiado por una parte las pasiones humanas con sus sismos fenomenales, ha aclarado por otra, para los capaces de penetrarlo, el sentido de las experiencias, que han barrido aquellas hojarascas que bajo pretensiones científicas enmarañaban el pensamiento del siglo XVIII. Hoy se han tornado ya realidad comprobable muchas de las cosas que la mente hegeliana, por ejemplo, relegaba a ese indeterminado porvenir que en cierto modo vislumbraba pero contra el que vivía voluntariosamente de espaldas. Goethe acertaba plenamente al presentir que los Estados Unidos se extenderían hasta el Pacífico y abrirían luego el canal de Panamá asegurando el comercio entre Oriente y Occidente. América ha salido hace tiempo del campo de la hipótesis para avanzar con paso firme en el de la Cultura en crecimiento. El lóbulo septentrional del Continente, hacia el que por lo general se han proyectado las esperanzas de los europeos no latinos por corresponder a su hemisferio y lenguaje, es hoy sede de la nación más poderosa del mundo. Sobre ella han convergido las líneas de los destinos planetarios, tanto los meramente geográficos como los histórico-políticos, de suerte que el poderío de Norteamérica no sólo inclinó a favor de la universalidad las dos grandes conflagraciones mundiales centradas en Europa, aunque la segunda abarcara también al Asia, sino que ha llevado a cabo en su propio seno un desarrollo fabril que la ha convertido en la potencia tecnológica más avanzada del planeta hacia un futuro distinto. No es poca al parecer la significación que encierra el hecho de que en esta hora de tránsito la Organización de las Naciones Unidas haya emigrado a su territorio —al Nuevo Mundo—.

He aquí realidades de las que la conciencia reflexiva no es dueña de prescindir. No hace mucho todavía los europeos, tan sofisticados como envanecidos por sus molicies mentales, despreciaban hasta la chirigota a los yanquis, hijos sin duda de un estado cultural más tosco en diversos aspectos. Como si Norteamérica no fuese una proyección de los impulsos genésicos de Europa, que transfirió por selección natural lo más dinámico y ávido de libertad de ella misma, sus mayores ansiedades de fu-

[46] Véase J. L., «Fin de la Guerra», en *Cuadernos Americanos*. México, marzo-abril 1945.

turo, a su territorio virgen e inmenso, cuya sustancia ha sido y sigue siendo precisamente la libertad. Y como si no se gozase en ella de todos los beneficios hereditarios del pasado sin ser entorpecidos por los lastres, hasta la idolización, no sólo de sus concreciones, sino incluso de sus ruinas materiales y morales. América, y en esto van de pareja norte y sur, no es tierra esquilmada, sino en pujante y whitmaniana lozanía. Por no ser pasado, sino anticipada presencia del futuro, en ella se ha centrado la nueva cultura tecnológica, plataforma para la erección del mundo venidero que inevitablemente se está extendiendo sobre el resto del planeta como un todo. Que en lo geográfico es, pese a las estólidas insignificancias esgrimidas en los siglos XVII y XVIII, tierra gozne, caballete o cumbrera de techumbre a dos vertientes, orientadas, aunque de lejos, con holgura, hacia las dos grandes masas continentales, cuyas coordenadas, lo mismo las asiáticas y oceánicas del oeste que las euroafricanas del este se entrecruzan en su suelo como las líneas de una central telefónica. ¿No es acaso en lo geográfico algo así como el *tertium quid* o fiel de la balanza capaz de equilibrar en curvatura dinámica esferoidal, la bipolaridad exclusivista de los dos grandes bloques soldados de Oriente y Occidente? ¿No se compendian en su *melting pot* todas las razas y hasta las nacionalidades del mundo? Su auténtica condición de síntesis, ¿no es realzada por el sentimiento de antítesis que manifiestan hacia ese país dichos dos grandes bloques bidimensionales?

Y esta realidad, ya bien definida y afianzada en el Norte, es indisociable de los destinos del Sur. También aquí está un mundo en potencia al modo como se comprime el polluelo en el huevo que se incuba. Las riquezas materiales que reserva el territorio de América latina y su capacidad de albergue para multitudes es prácticamente inconmensurable. Huelga referirse a la ingente y diversificada potencialidad que encierran sus mares, sus montañas y sus trópicos. Sin embargo, el destino que sobre ella se cierne no presenta caracteres idénticos a los del Norte, sino complementarios. Frente al predominio del inglés, cuya mentalidad se ha revelado extraordinariamente idónea para el tratamiento de los números exactos del análisis científico y de los objetos de mercado, o sea del horizonte cuantitativo del *homo faber* en el orden de las entidades colectivas, la América Latina crece pausadamente, a la espera del momento de su transfiguración peculiar relacionada probablemente con los valores humano-sapienciales exigidos por lo inalienable de su sensibilidad. Si existiese para el desarrollo de estos valores, como parece lógico, un lugar predilecto en la superficie terrestre, y con ánimo indagatorio se sopesan con tal mira los elementos de juicio disponibles, se alcanza la conclusión de que el nudo de las coordenadas radica en Hispanoamérica. A este respecto no puede menos de admirarnos la intuición de Hegel, que inmediatamente antes de dejar a América, inservible para la edificación de su Historia Universal, por cuenta del futuro, había asentado:

> América es el país del Porvenir, donde se revelará en los tiempos venideros, y quizá en el conflicto entre la América del Norte y la del Sur, el centro de gravedad de la historia universal. Es el país que añoran todos aquellos a quienes repele la histórica armería de la vieja Europa [47].

En efecto, América es tierra anhelante de paz. Sin duda alguna el Norte, pero aún con mayor vehemencia el Sur, calificado por su apóstol Bartolomé de las Casas. Su continente es el crisol donde, sobre el sustrato de la autoctonía, se reúnen todos los pueblos con vistas a un significado genérico común en relación con el Ser del Universo. Y ha de tenerse en cuenta muy en particular que la presencia de las razas indígenas, lejos de ser un factor disociante y fatalmente pernicioso, como suele juzgarlo el occidental, constituye, al revés, un ingrediente indispensable para el fraguado de la universalidad futura. Tan necesario como en el campo de las metáforas lo es el escaramujo o rosal silvestre para la perfección de la rosa injertada, o como lo fue el renuevo americano de la vid para la salvación de la europea. Y lo es, en el dominio de las gestas regeneradoras, como copartícipe y testimonio presencial del hombre en estado insofisticado de inocente limpidez, sin cultura evolucionada —sin pecado original—, puesto que la verdaderamente autóctona dejó ha mucho de existir y la cristiana no llegó a echar en él raíces de fondo, limitándose a predisponerlo para la constitución de algo que por tener que superarla radica más allá. A lo que se añaden las tribus primitivas, que permiten cerrar el círculo de la experiencia de la Humanidad como un todo desde su origen selvático hasta su proyección universal.

De ser preciso, según parece, un nuevo lugar de arranque hacia el porvenir, la ingenuidad del indígena, determinada por

---

[47] *Filosofía de la Historia Universal.* Introducción especial, II, 2. Utilizo en esta cita la traducción de A. Gerbi, *ob. cit.,* p. 404.

su conexión con la naturaleza, ofrece un punto de apoyo a la palanca creadora, el impulso radical, así como la latinidad trae consigo los frutos de la evolución del viejo mundo hacia una universalidad en potencia, pero irrealizada por irrealizable sobre las premisas básicas del sectario por escindido capítulo medieval. Estos rezagos de lo autóctono, prohibitorios en apariencia, son en realidad el elemento preciso, la enzima juvenil, rústica moralmente pero incorrompida, que se requiere asimilar para la realización del más allá, enteramente inconcebible en la adulterada matriz mental de la vieja Europa. Que así como la doctrina del libre examen y la por ella determinada actitud del hombre frente a los valores materiales de la existencia ha diversificado su potencialidad en las regiones del Norte donde ha logrado un florecimiento insospechable, así la proyección cultural del Mediterráneo, iniciada en los días de Carlos V, dirige sus allendidades significativas hacia las feracidades del Sur. En suma, se antoja obvio que si la moderna cultura europea ha de trasplantarse conforme a las normas habituales de la geoantropología, a una tierra más joven y espaciosa donde realizar su trasmutación, el único lugar del mundo adecuado por su magnitud y demás caracteres a las proyecciones de lo pretendido en Europa sería por fuerza el Continente americano, aun sin contenido peculiar. Las dos formas occidentales del cristianismo correspondientes a Norte y Sur de Europa tomaron asiento en los dos lóbulos, equivalentes del Mundo que ha de transferirlos a fundo nuevo. Contra la lógica enferrocarrilada de la mente científica y sus asimilables, siempre de espaldas al futuro, la lógica de la intuición poética ha dado muestras abundantes de no andar errada al considerar la realidad cualitativamente. Podía así Byron, quien en algún momento anhelaba establecerse en América del Sur adquiriendo allí un terreno, escribir en su diario:

> Dentro de uno o dos siglos, las nuevas Atlántidas inglesa y española serán señoras de las comarcas antiguas, con toda probabilidad, como Grecia y Europa predominaron sobre su madre Asia en las edades antigua y más temprana, según se las denomina [48].

Es este, sin duda, un testimonio impresionante. Pero la intuición de los poetas aislados, por sugestiva que luzca, no pasa de tener un valor muy relativo que, si a ellos puede enaltecerlos, nunca logrará por sí misma, fuerza mayor de convic-

[48] A. Gerbi, *ob. cit.*, p. 318.

ción. Existen, sin embargo, otra especie de intuiciones que ahora, cuando inspeccionamos el destino del Continente desde ángulos espirituales especialmente atractivos para América Latina, reclaman otro momento de examen.

Ocurre en este campo que si se aceptan como signos indicadores los grandes mitos culturales, es decir, los frutos de la intuición esencial y por lo mismo teleológica en que se ha manifestado el impulso dinámico de la especie humano-planetaria, es decir, la ingerencia de la Imaginación creadora, ningún territorio del Mapamundi ostenta caracteres y condiciones de universalidad ni siquiera comparables a las del llamado Nuevo Mundo. América, como relegada desde el comienzo al subconsciente euroasiático por hallarse situada en el hemisferio dorsal de la esfera desde donde en ocasiones ejercía su ascendiente sobre el genio europeo, fue en su día clave efectiva de universalidad. Con ella se descubrió en la práctica la redondez del planeta y se comprobó la existencia del polo antípoda. Pero la intuición mediterránea, fundamentalmente marítima, que había empezado por situar las tierras bienaventuradas más allá del Océano, se había proyectado después aun más lejos. La imaginación renacentista del Dante había ubicado los «Paraísos» complementarios entre sí, el terrenal y el celeste, es decir, la conjunción de lo divino y de lo humano o de lo material y lo espiritual, fuera de Europa y de Asia, en la montaña ingente de una isla antípoda de Jerusalem, esto es, donde grosso modo se erigen en la actualidad los Andes sudamericanos. Y esto con precisión extraña desde cierto punto de estimación. Que la conciencia de la época creía por error que el globo era unos grados más chico de lo que es en realidad, de manera que el punto antípoda de Palestina radicaba, según aquella *geometría,* no muy lejos de estos lugares donde se erige desde hace cuatro siglos la capital más alta del mundo, la ciudad de *La Paz* («Jerusalem»). Quiere ello decir que la mente más poderosa y penetrante de su tiempo, aquella en la que se organiza en síntesis planetaria el mundo de la mediterránea cristiandad medieval, presumió por lo menos que el futuro glorioso radica más allá de Europa. Por intuición, la inconsciencia oscura empieza a tornarse claridad consciente con miras expresas a un futuro que parece situarse bajo el palio de las «cuatro estrellas» del «otro polo», sólo vistas por «la prima gente». Sabe el Alighieri que, cerrando el círculo, se está dirigiendo proféticamente a los hombres del futuro:

O Somma Luce…
fa la lingua mia tanto possente
Ch'una favilla sol della tua gloria
Possa lasciare alla *futura gente*.
(*Paradiso*, XXXIII, 67-73)

Notable: la primera idea que acude a la mente del personaje semi-mítico que fue Cristóbal Colón al tocar tierra en el Continente (Orinoco-Trinidad) —y no cuando lo hizo en las Antillas— es haber descubierto la tierra del «Paraíso» primigenio. Y así, uniendo principio y fin —*simbólicos,* subrayemos— se lo escribe al Pontífice de Roma. No es de creer que Colón pensara en el Dante, pues que no lo nombra. Pero ilustrado, sin duda, por algún su amigo teólogo, sí se acuerda por dos veces de Joaquín de Fiore que había anunciado el tercer mundo del Espíritu, al que en el *Libro de las Figuras* del Abad, dotado, según el Dante, de Espíritu profético, y utilizado por el florentino, se lo denomina *Columba.* Y esto último no parece probable que Colón lo supiese. (Como tampoco le era dado saber que, poéticamente, América se hallaba ya marcada con el signo del «Milenio» —o sea, definida como lugar donde al hombre mediterráneo le esperaban los «cielos y tierra nuevos» del Apocalipsis, libro natal del Milenio— desde que los normandos desembarcaron en sus costas, huyendo quizá del fin del mundo, el año *Mil*).

Clave cósmica de universalidad, según hemos dicho, América resuelve, por lo pronto, la contradicción bidimensional entre Oriente y Occidente, así como cuantas se fundan en la platitud terráquea —digamos la soviética, forma social y especialmente constrictora del octopus—, como la había resuelto en lo abstracto la figura de los dos «Paraísos». A la vez que *quarta pars,* es el auténtico *tertium quid* reservado desde siempre, constitutivamente, para hacer su aparición real en la conciencia que se planetiza, como Nuevo Mundo en el Renacimiento. ¿Casualidad? Cada cual es muy dueño de interpretarlo a su sabor, aunque debiendo empezar quien así lo estime, por explicarnos, frente a lo que sabemos ya del Universo, lo que debe entenderse por casualidad. Mas lo indudable es que, independientemente del significado simbólico del oro que transformó la economía europea y permitió vencer al Turco, América se definió en la conciencia occidental, y se definió así porque lo presentía indispensable, como territorio predestinado para las inmensas utopías de la Libertad, del Espíritu y de la Esperanza humana —que el alma occidental había cifrado previamente en Compostela, la ciudad sacra y finisterrana de Santiago—. Acerca de ello puede escribirse más de un tratado sobre lo no poco ya escrito. Su forma —¿se juzgará esto absurdo?— consta de dos lóbulos en postura vertical, que se extienden, como ningún otro territorio, del extremo norte al extremo sur —aunque, no habiendo arriba ni abajo, esto de los polos pueda cambiar de signo—, de manera que ha podido ser comparada por su cantor-profeta a la sombra apocalíptica de un águila volando que no difiere de la de la paloma. (¿No tendrá ello alguna relación con las figuras simbólicas que se han venido plasmando en el «sueño» del mundo?).

Y en este territorio se realizó a partir del mil quinientos la conjunción del círculo de las culturas primitivas, cuya desnudez tanto impresionó a los recién llegados que en ella presintieron un misterioso testimonio del hombre paradisíaco, anterior a la culpa, con el de la conciencia cristiana. Y así fue como se planteó desde el comienzo la unidad global de Naturaleza y Espíritu. Y ello no se detuvo aquí. Que por diversos motivos, empezando por el abominable de la esclavitud implantada por el europeo que buscaba así su «libertad», se congregaron en esta entidad territorial, coordenándose como en compendio simbólico de la universalidad, los distintos pigmentos humanos, el cobrizo, el blanco, el negro y, por último, el amarillo.

Más aún, según lo apuntado, aquí confluyen las dos corrientes occidentales del cristianismo, la mediterránea medieval católica, y la nórdica protestante y renacentista con sus respectivas consecuencias, a saber: el mundo interesado en el desarrollo de los bienes materiales por haber encontrado una fórmula de transacción entre lo temporal y lo eterno, el cual ha conocido en el Norte prosperidad indescriptible, y en potencia el mundo de los valores espirituales, todavía a la espera de su transfiguración, correspondiente al Sur. O sea, los de las lenguas inglesa y española, ésta con su asimilada, la lusitana, siendo la española, a juicio del personaje representativo del reino pre-universaloide donde el sol no se ponía, la lengua adecuada para hablar con Dios. ¿Qué Dios sino el del Universo y dónde si no en el «Paraíso»? En suma, no es fácil rechazar la idea de que sobre estas comarcas lationamericanas gravitan las condiciones que las definen en conjunto, y por sobre todas las demás, como tierra universal de síntesis.

Intuiciones y elementos sin ninguna fuerza probatoria que

imponga la convicción racional, se objetará. Cierto. Intuiciones de valía evidentemente muy dudosa como fenómenos subjetivos que son e inexperimentables a voluntad, buenos tal vez para que un individuo aislado o un corto grupo de individuos se atreva a embarcarse en su frágil hipótesis, como en su día lo hizo Colón, pero más que insuficientes para establecer en la mente humana una figura de validez universal, genérica. En efecto, cada uno de estos elementos y de otros muchos convergentes sustentan de por sí muy poca o ninguna fuerza de convicción para un criterio teorético-racionalista, cuantitativo. Pero el panorama se transforma cuando tales elementos se entrelazan entre sí solidariamente, formulando contexturas reticuladas de muy mayor resistencia. O como las nervaduras de una bóveda cuya clave las mantiene a todas erigidas. O como cada una de las pinceladas de una efigie pictórica. O como los vocablos y aún fonemas que componen una estructura sintáctica. La coordinación coherente es virtud capital en el campo estético del lenguaje, jurisdicción cualitativa en la que nos encontramos al trasponer la línea divisoria del sujeto donde lo más lógico es que en alguna forma anticipada se filtre la presencia del futuro. Y si bien es cierto que el sujeto individual de poco sirve en esos trances, ¿puede acaso decirse lo mismo del Sujeto cultural mucho más entrañablemente concernido con el destino multisecular de la especie bajo la influencia creadora de la Imaginación? Y dando vuelta al argumento, ¿no es acaso una interpretación subjetiva, con estribo en el ayer, la pretensión de que un territorio como Europa, póngase por caso, del que se desprendieron los afanosos de libertad, ha de continuar empuñando el cetro del mundo nuevo y universal que alborea, por el hecho de haberlo sido en estos últimos siglos? Y si la memoria del pasado gozase de derecho de primogenitura de manera que, negando la calidad dinámica del desarrollo cultural, tuviese potestad sobre el futuro, ¿por qué no ocurrió lo mismo en Egipto, Grecia, Palestina..., e inclusive, en aquel Imperio romano que tan desastrosamente pretendió renovar la Italia de Musolini? ¿Con qué fuerza si no con la de la arbitrariedad racionalista puede negársele a América, tierra de libertad y «de la esperanza humana», según Martí, siquiera la posibilidad de ser «el foco de la cultura nueva», al cantar de Darío? ¿No se cuenta en ella con la viva levadura —abominada por el Surrealismo— de una nueva, inocente y precursora *sensibilidad*?

210

Imagen española del Calvario

De lo expuesto tan a rasgos de prontuario parece deducirse que el aparato de perspectivas históricas que dejamos antes esbozado, presenta carices decididamente favorables como sistema de comprensión de la realidad creadora. Venimos a darnos cuenta «a posteriori», de que a principios de siglo y en particular al acercarse a los treintas, estaba planteada en el tablero planisférico una situación diríamos «estratégica» muy conforme a las proximidades y requerimientos de la universalización planetaria. Se descorre en esa oportunidad la cortina del gran teatro del mundo donde va a vivirse la tragedia representativa de la ruptura. Tras los preliminares cruentísimos del catorce que enconó y desequilibró la razón de Europa y agrandó y predispuso el escenario hasta los confines del extremo Oriente, se le vio entrar en escena, con singularidad de protagonista, a una nación, España. Era ésta una entidad combatida por tensiones internas de difícil acomodo en virtud de lo extremadamente antinómicas. Conviven en su seno, cada día con mayor dificultad, las tendencias secularizadas de la joven República abierta al porvenir tras la defección del monarca en 1931, y las instituciones aferradas a los privilegios de supuesto derecho divino, ancladas en edades anteriores; los anhelos de la masa popular que, espoleada por los acontecimientos históricos, apenas puede reprimir sus impaciencias de justicia social y de regeneración de su vetusto e injustificable atraso, y los instintos conservadores que, por no tener idea de lo que está ocurriendo en el mundo, se empeñan en mantener a toda costa las prerrogativas heredadas; el horizonte de las cosas materiales que los *beati possidenti* atribuyen a un Espíritu que se revelará de cuerpo y clase, y el indeclinable de los verdaderos valores del Espíritu de vida —o de pueblo como decía Hegel— que gravitan sobre los proletarios; todos ellos en aguda crisis. Y en España se produce el enfrentamiento que, por representar en términos prototípicos la situación general del planeta entre las márgenes del pasado y del porvenir, sublevó hasta la exasperación las pasiones más desinteresadas del mundo entero, al grado que de todos los rumbos acudieron los voluntarios a sacrificar sus existencias en aquel fuego donde sentían fraguarse el destino del ser humano en su plenitud.

Podría decirse que al distenderse con la madurez de los tiempos, la corteza del globo, éste se hendió como una gra-

211

nada, por su línea de menor resistencia. Desde antiguo estaba planteada en la península su propia escisión, su fractura, fomentada ahora por los intereses europeos que tratan de forzar el destino de aquélla en favor de los suyos. Como comarca fronteriza, en potencia, España ha sido siempre dos. Ya los romanos al incluir a la península en su propia historia, distinguieron en ella una *Hispania citerior* o mediterránea, de otra *Hispania ulterior* u oceánica, asimiladas al *Non plus ultra* de las columnas mitológicas, correspondientes no sólo a las concepciones hercúleas, cesáreas, de la mente greco-latina, sino también, y cuán notablemente, a la del fundador efectivo, como luego se verá, de la iglesia de Roma [49]. A fines del siglo IV se produjo en la península un conflicto religioso que en seguida degeneró en lo cesáreo, el cual tras el degüello de Prisciliano y cofrades, dio el triunfo, entonces lógico, a la Hispania citerior. Mas este episodio produjo, como inesperada consecuencia, el traslado del concepto geográfico de Finisterre desde el cabo de Algarbe al de Galicia, y posteriormente la constitución del sacro mito de Santiago de Compostela, luego patrón de España, asociándolo a éste con el impulso ulteriorizante que rubricarán las peregrinaciones del Medioevo.

En efecto, siglos después amaneció día en que triunfó en la historia el destino *ulterior* que derramó a España por la esfericidad del mundo bajo el signo de Santiago, hasta constituir «el imperio donde el sol no se ponía». Entonces fue cuando, al remozarse, la vieja divisa hercúlea perdió su condición negativa a favor del *más allá*. Lo que demuestra con una plasticidad sintética de la que carecen cualquier otra clase de argumentos, que desde muchos siglos atrás convivían en la península dos tendencias, a veces bien avenidas, otras en más o menos perceptible altercado, de lo que da fe la formación atlántica de Portugal. Obedecía la fluctuación a la de los valores ya locales, ya universales —no sólo en lo material, sino en lo espiritual— de cada circunstancia, razón por la que en la coyuntura dirimente de nuestro siglo, cuando esos valores ha-

[49] Muy notablemente, Clemente de Roma demarcó hacia el año 96 del siglo primero los límites de la propiedad que se atribuía hasta los «términos del poniente». Se refiere así al «Océano infranqueable por los hombres y a los mundos que están detrás de él», fuera de su jurisdicción limitada por las columnas de Hércules (*Corint.*, V, 7, y XX, 8). Lo reconoció aún más expresamente Orígenes al comentar ese texto de Clemente (*Peri Arjón*, II, 82). Los conceptos de Clemente fueron desenterrados tras el descubrimiento de América por López de Gómara (*Hispania Victrix*, primera parte, *in Limine*) y tras él, al menos, por José Acosta.

bían empezado a debatirse socialmente en Europa, le correspondiera a España ocupar el centro del proscenio trágico partiéndose en dos como la hostia o sagrada *forma* en que se simboliza el Ser en la perspectiva plana o de dos dimensiones que entra ahora en el trance que traduce el círculo a la esfera. ¿O acaso carecerá de estética el desarrollo de la historia?

Y, efectivamente, en esa tragedia se distingue de un lado la razón que tiende a lo universal, es decir, el impulso que intenta abrirse camino hacia el porvenir en consonancia con el *Ultreja* que con muchos siglos de anticipación entonaban esperanzadamente las peregrinaciones al Finisterre: la República que se sienta, por derecho universalmente reconocido, en el foro de la Sociedad de Naciones. Del otro lado de la trinchera, el *citra* mediterráneo, Italia con su Mussolini de gran guiñol, empecinado en convertir a ese mar en un lago italiano y restablecer el anacrónico imperio de los Césares. Y está Germania con su führer avernícola y el recuerdo de las invasiones, para quien el problema se reduce a implantar, a fuerza de tanques y de megalomanía, el reino apocalíptico de los «mil años». Y está la Inglaterra crepuscular y reaccionaria, obstinada en mover tramposamente los hilos de la representación cuyo primer servicio fue maniatar al pueblo de la República, a fin de que no pudiera defenderse con efectividad, para en seguida amarrarlo a la columna del *non plus ultra* con miras a lo que arrastra en pos de sí este trasunto de la Pasión y Muerte. Y está la debilidad de Francia, también dividida a su modo en dos, mediterránea y atlántica, esta última mediatizada por Inglaterra, sin decidirse en su fuero interno a cuál de las columnas adosarse en el desarrollo de un argumento en el que cada uno de sus actores acaban por quitarse las máscaras charlatanas y mostrar lo que tras ellas se esconde. Y lo que se esconde es la calavera de la muerte, de la muerte de Europa.

Y por encima de este puñado de personajes desprendidos, al parecer, de un cuadro de Brughel o del Bosco, se cierne Roma, la institución eclesiástica que se ha apropiado para *in aeternum* esa ciudad cuyo nombre, inversión de AMOR, substantiva su sometimiento a la razón de «fuerza». La misma institución de «derecho divino» y bajo la custodia de la «divina Providencia», que ahora se proclama defensora vehementísima de la paz y de las causas populares entre las que procura engarfiar sus raíces, fue en aquellos días todavía tan próximos, la Madre desvergonzada de la belicosidad en contra del pue-

213

blo republicano español. En cierto modo, al arrimo de su garganta se urdió el nudo de la tragedia. Sin esa institución, nada hubiera pasado como pasó. Actuó en el campo internacional de cómplice y encubridora, y en el nacional de espadachina. El Cardenal primado de la Iglesia española cantará desde el principio, con el beneplácito de sus superiores jerárquicos, y en coro con sus conmilitones episcopales, el monstruoso catolicismo de la espada, arma bendita por cuanto que en los surcos que abre, decía, florecerá el evangelio. Y se bendecirán también a hisopo y clamor de obispo los cañones y demás armas agresoras, proclamando la «Cruzada» y «guerra santa» a la manera de los agarenos de la media luna —¿actualidad?, ¿futuro?, ¿Medioevo?—, y se repartirán a manos llenas escapularios y «detentes» con la efigie del Manso y Humilde de Corazón, pero sellados en lo espiritual con el beso de Judas. En consecuencia, muchedumbre de personas intentarán con las armas en la mano o en las circunvoluciones cerebrales ganar la eterna bienaventuranza martirizando en la tierra al pobre pueblo español, culpable de un atraso impuesto por sus mismos agresores, sobre cuyos hombros se ha echado como en los peores días inquisitoriales, el sambenito de los oprobios que todo lo justifica, esta vez rojo como en la noche de las negaciones. Y el cuerpo episcopal en pleno acatará, tras la abominable destrucción de la ciudad abierta da Guernica, verdadero símbolo de la democracia, las recomendaciones del César imperante. Proclamarían así ante el mundo entero en una «Carta Colectiva» de propaganda, trufada de falsedades de diversas pólvoras y calibres, la necesidad de que continúe la guerra hasta el exterminio y se evite a toda costa cualquier arreglo pacífico que detenga la matanza. «Paz en la tierra», se proclamará no mucho después, creyendo que de este modo se ha echado sobre el asunto la tierra del *requiescat*. Y así, como en los días evangélicos de la Pasión, el contubernio de las legiones romanas y de los príncipes de los sacerdotes pudo llegar en la santa Cruzada de su noramala medieval, hasta el INRI del estertor definitivo.

No es preciso abundar en este tema que ha hecho correr ya tanta tinta como sangre y que se presta a seguir derramándola a cuajarones. Bastan estos pocos trazos para recordar que en aquella tragedia de orden internacional se planteó muchísimo más que los intereses de una causa política de circunstancias. Aunque por carencia de sensibilidad no sean aún tantos como debieran quienes lo reconozcan, se pusieron sobre

214

el tapete de aquella coyuntura otros valores harto más trascendentales. Se jugaron el Ser y el no-ser de los personajes dramáticos de la Cultura Occidental ante el libro abierto de los destinos interpretado por el Ser de la Justicia. De aquí que tras el intercambio eufórico de felicitaciones y parabienes adobados con la unción de las bendiciones pontificias, no tardó en iniciarse el segundo acto de la tragedia con todos sus paramales. Condenados por ellos mismos al cometer el pecado sin absolución, Hitler y Mussolini pasaron a la historia de los engendros monstruosos, luego de haber perpetrado el primero, tras otros infinitos horrores, el inimaginable genocidio de que hicieron objeto al pueblo israelita. Europa se desmoronó. El imperio británico tuvo que hacer frente a un naufragio del que sólo quedaron o flote las islas y éstas no poco averiadas. En cuanto a la Roma eclesiástica, ya han empezado a palparse las consecuencias [50].

La revulsión que en algunos jóvenes produjo la guerra del catorce dio ocasión al Surrealismo, cuya tensión aspiraba a proyectarse en el Occidente a un estado de conciencia superior. La tragedia española donde se plantearon y tramitaron otra especie de valores harto más trascendentales, produjo distintos efectos. Por lo pronto, la indignación abismática del sentimiento de justicia, dio de sí en un pintor comprometido hasta entonces con el movimiento surrealista, la obra plástica más formidable y famosa del siglo, aunque para hablar acerca de ella los surrealistas como Eluard tuvieron que desentenderse del grupo. Los demás calláronse como cadáveres, empezando por Breton. Y aconteció el holocausto indecible de César Vallejo identificado con el valor intrínseco de la tragedia, luego de emitir en estricta contemporaneidad con el *Guernica,* su —éste sí evangélico— *España, aparta de mí este cáliz.* Y a continuación no una o dos docenas de personas, sino una porción substantiva de la República española con su «espíritu de pueblo» y sus poetas al frente clamando justicia, emprendió el camino, para algunos del éxodo, para los más del *Ultra.*

Sacrificada la República popular, las multitudes expatriadas e investidas con sus símbolos trascendentales representan, en el escenario donde tienen curso los valores simbólicos de nuestra ancestral cultura antropo-teológica, el más allá de la

---

[50] Sobre estos incidentes dramáticos me remito a mis «Recordatorio español» y «La visión de Pío XII», publicados como apéndice de *La Espada de la Paloma.* México, 1956, pp. 529-564.

muerte que transporta al «Paraíso». Es decir, representan la transferencia hacia el más allá del estado transitorio de la cultura del «Hijo», el cual no corresponde a la situación verdaderamente universal donde se realice por fin el esplendor del paradigma trinitario, sino su precursora oposición dialéctica, abocada a la muerte que proyecta a su ulterioridad. De haber podido desprenderse de su condición germánica y protestante, Hegel, tan interesado por «el espíritu de pueblo», hubiera entendido estos esquemas perfectísimamente [51].

¿Y a dónde se proyectarían dichas multitudes expatriadas sino allí donde la sintaxis de los símbolos trascendentales tenía preparada su sede desde antaño? Efectivamente, la representación en carne viva de la España Ulterior se trasfundió, «con su vientre a cuestas», al gran ámbito de su propio Verbo o Nuevo Mundo trasatlántico donde, abiertas al porvenir vivían sus otrora hijas, hermanas hoy, las demás Repúblicas presididas en esta oportunidad por la de su primogénita *Nueva España*. Y aquí se multiplicaron sus actividades, se engendraron proles, se establecieron editoriales y revistas, se publicaron libros y, sobre todo, se entreabrieron horizontes mentales, según se verá más abajo, correspondientes a un estado de universalidad cósmica. Y notablemente, entre los refugiados en la otra ribera, por arbitrio de los hados —que también los tienen las pinturas— se encuentra, con su plétora de significaciones, el *Guernica*.

Unido a todo lo arriba expuesto, ¿no indica esto mismo, corroborativamente, que aquí, en este territorio ultra-mortem, «paradisíaco» del Nuevo Mundo, se tiende el lugar predispuesto para la transfiguración de la Cultura, centrada hasta hace poco en Europa, a su verdadera expresión universal?

Pero cortemos un instante el hilo. Antes de proseguir el examen de lo que arrastra en pos de sí la gran tragedia bosquejada, procede preparar el terreno de la conciencia reflexiva a fin de que los alcances del fenómeno tan por sobre el actual nivel de la comunidad, resulten más fácilmente asequibles.

[51] «La Edad Media era el reino del Hijo. Dios no alcanza la plenitud en el Hijo, sino sólo en el Espíritu. Pues como Hijo ha salido de sí mismo y existe, por lo tanto, como lo "otro" que debe desaparecer en el Espíritu, en el regreso de Dios a sí mismo» (J. G. F. Hegel, *Filosofía de la Historia Universal,* parte IV, cap. III, 1, b). «El espíritu de un pueblo se realiza sirviendo de tránsito al principio de otro pueblo (...). La muerte del espíritu de un pueblo es tránsito a la vida» (*Id.* Introducción general, II, c y d).

La gran mayoría de los filósofos y otros pensadores *modernos,* sociólogos, historiadores y demás, sin excluir a los teólogos, dan por supuesto como premisa para fundamentar sus certidumbres, que en la Creación o universo observable, sólo el hombre «tiene espíritu». El resto es «naturaleza», objetos que van y vienen, fenómenos diversificados que flotan en las turbulencias del dinamismo siempre retornante de la realidad, y que sólo poseen el sentido que la libertad del ser humano, básicamente individual, se avenga a reconocerles o conferirles.

Sin embargo, aunque se halle ese supuesto respaldado por los nombres de mayor lustre y calado en el orden de la Cultura, a poco que se reflexione, la indicada parece ser hoy día una pretensión tan arrogante como extravagante. Tal vez para andar por casa en términos sociales, esté bien. Por más que en el hombre se manifieste al menos esa dignidad del espíritu que le ha permitido al cabo de los milenios sintonizar su mente con algunas formas y movimientos del universo sensible, del macro y del microcosmos, o sea, de la realidad en el orden cuantitativo, ello dista de probar con ninguna especie de certeza que el espíritu del hombre *sea* el Espíritu, la cualidad suprema y última que informa y da sentido justificante al universo inteligible, en el que evidentemente vivimos englobados individuos y culturas. O sea, el Ser Sujeto-Objeto universal que se conoce a sí mismo.

Por lo pronto, al afirmar que el hombre «tiene espíritu» se está asentando que el hombre, cosa física y efímera con aditamentos metafísicos, puede *tener* un espíritu que, por lo mismo, se nos define como otra cosa más. ¿Es ello correcto? ¿Será realmente el hombre una cosa que trata de objetivarse a sí misma y manejar sus propias estructuras, afirmándose como la Cosa absoluta de la que el espíritu por él poseído es mera dependencia? ¿No estaremos intentando atrapar la luz del sol mediante la jaula de un canario?

Sin duda, el espíritu humano es un principio inmaterial que depende de su cerebro, tal vez un poco como el fuego depende de la sustancia inflamable o una sonata de las cuerdas en que se ejecuta. Pero sólo acumulando la función de las miríadas de cerebros de la humanidad, ha llegado el órgano humano a constituir, como por irradiación colectiva y en acuerdo con otras complejísimas circunstancias que él no ha determinado, ni querido, ni por lo general gobierna, el estado de Cultura que hoy

217

se vive. Ha sido una operación parangonable en algún modo a la de ciertas algas microscópicas que han liberado y liberan en su propio provecho el oxígeno de la atmósfera que hizo posible la evolución de la vida fuera del agua y nuestra existencia presente. *Sic vos non vobis...* En todo caso, es innegable que la cultura que nos condiciona, no es producto de ningún cerebro individual, modalizado y mediatizado por la entidad de dicha Cultura, sino por la contribución indeliberada de la infinita multiplicidad de cerebros en sucesivas oleadas generacionales, un poco a la manera como cada cerebro está constituido por billones de células, cuya función ha llegado a formular en el planeta, al cabo de los siglos, tanto la explosión tecnológica como el estado de conciencia colectiva, de conocimiento superior, que hoy se vive.

Ahora bien: el cerebro humano unido al resto del organismo individual ¿cómo, por qué y para qué ha sido producido en tan inmenso número de ejemplares? ¿Quién, hipostasiándose hacia el infinito, ha imaginado la posibilidad de crear de la nada el lenguaje en que se fundamenta nuestra conciencia individual y cultural? ¿Quién inventó, desdoblándose en el tiempo —¿y cómo se constituyó el tiempo?— la facultad asimismo dicotómica que permite servirse de la memoria, facultad de desdoble también, a fin de referirse mediante fonemas a las cosas y sus representaciones como instrumentos simbólicos para aludir comunicativamente a un orden de realidades distinto, *metafísico,* creando así ese horizonte expresivo del lenguaje dependiente de la constitución supercomplejísima del cerebro en el que se refleja, al parecer, la infinitud del Universo? ¿Quién inventó el arte de emitir sonidos, presente ya en los peces y luego en los demás vertebrados, además de los insectos y otros co-descendientes de los artrópodos?

—Nadie, se responderá. —Es un producto de nuestra constitución natural. Es obra de la naturaleza como el estridor de las chicharras. Nos ha brotado el lenguaje como lo han hecho los dientes y las uñas en virtud de una serie o combinación de genes que ya de por sí semejan un extraordinario alfabeto. Bien. Aunque no resuelva nada —porque ¿de dónde provienen tales genes y su maravilloso virtuosismo?— esta contestación elimina al menos la posibilidad de admitir la existencia de la voluntad antropomorfa de un Alguien Todopoderoso concebido a nuestra imagen y semejanza, conforme al antropocentrismo helénico. Pero al responder así, ¿no se está afirmando la existencia de dos clases de naturaleza, una en sentido vulgar, que se encuentra ahí a nuestro alcance y disposición de los sentidos, y otra aquélla de la que derivan los alcance y disposición de nuestro cerebro e inclusive la condicionalidad de nuestro espíritu que, aunque metafísico, ha venido evolucionando progresivamente en el seno de un orden temporal de circunstancias infinitamente complejas cuya interrelación nos ha traído, como en un vehículo de lo más sui generis, al punto de conciencia donde ahora nos encontramos? ¿No estamos ya aquí en los confines, si no en la interioridad, por decirlo así, de la *Natura sive Deus,* o sea, de una Realidad de verdad prácticamente infinita, que no puede hallarse a disposición del hombre que «tiene espíritu», como no lo están las galaxias y «lo que Hay más Allá»?

Todo cuanto se ha venido realizando en la evolución del pasado y se sigue haciendo a través de nosotros sin que ese nuestro espíritu lo pretendiera ni se diera por enterado de su sentido y dirección, ni se lo hubiera ni se lo haya propuesto, lo mismo si se trata de fenómenos individuales que colectivos, expresiones de nuestra modalizada y modulada inconsciencia —al modo como nada se sabía hasta hace pocos siglos de cosa tan contigua a nosotros mismos como la circulación de la sangre—, ¿a cuál de las dos naturalezas deberá atribuirse, a la vulgar e intrascendente, o a aquella que en pasos progresivos ha creado en nosotros el cerebro, el espíritu, el habla, con todos sus desarrollos y derivaciones? Parece seguro que toda persona medianamente culta y reflexiva se vea obligada a pronunciarse por el segundo término de la opción. Mas al hacerlo así está abriendo las compuertas a otras no menos filosas interrogaciones.

¿Es creíble que la Naturaleza que ha dotado de espíritu de inteligencia al hombre y facilitado su evolución progresiva por el azaroso y enmarañadísimo dédalo de las diversas circunstancias provinientes de ella misma que a aquél lo cercan, carezca de una Razón superior a ese nuestro espíritu personal tan limitado, es decir, carezca de las cualidades más complejas de un Ultra Espíritu o Ser Universal que se conoce a sí mismo? Y en consecuencia, ¿qué es lo que ha decretado que aquella Razón superior, aquel Logos que ha hecho brotar el lenguaje humano en este insignificante corpúsculo sideral donde existimos, sea incapaz de expresar por medio de una cosa o repertorio de cosas, otro contenido correspondiente a su propia esencia? Si el hombre es un ser simbólico, capaz de hablar, de pensar en varios registros, de pensarse, ¿no será así porque el Universo de que procede es simbólico también? Y ya precisando en esta dirección, ¿se percibe razón alguna para que los fenómenos exteriorizados por nosotros no puedan tener más sentido ni finalidad que los que les asigne o reconozca nuestra inconsciencia científicamente archicomprobada? ¿No pueden estar hablando un poco al modo como el llamado «inconsciente» habla al psicoanalista y no al individuo en quien se observan sus efectos, según lo ha averiguado ya nuestra psicología? ¿Y acaso las exploraciones actuales de la parapsicología no demuestran que existe un *alma incógnita* a espaldas de nuestra conciencia individual? ¿Y acaso lo mismo que ocurre en el campo de los individuos no puede ocurrir en el de las colectividades? ¿No se ha hecho ya famosa la existencia del «inconsciente colectivo»? Más aún, ¿no sabemos que las culturas expresan su contenido trascendental mediante las mitologías que en lenguaje figurado se inventan ellas mismas, a veces sobre sucesos reales como suele ocurrir en los sueños? ¿Y sabemos el valor que encierran muchas de esas mitologías?

Ya en otro orden de cosas más extenso, ¿no está manifestándose, «hablando» a su modo el Universo desde hace milenios de milenios en la esfera de la naturaleza física, de manera que la auditividad penetrante de nuestro espíritu así como del establecido en otros cuerpos siderales, lo entienda en el hoy oportuno? ¿Y no se advierte que así como la naturaleza presupone otra Naturaleza y el espíritu otro Espíritu, el hoy presupone otro Hoy que abarca desde los multimillones de lapsos a nuestros días? Ese Hoy ¿es solo ayer, un Ayer perdurable, o en la órbita de ese Hoy se circunscriben los ayeres todos y por consiguiente todos los mañanas, dándonos a pensar que su Realidad se cierne sobre nuestro concepto psico-somático de instrumentos concebidos para operar cuantitativamente en función de nuestras «escafandras» individuales, bajo la superficie del tiempo? ¿No se distingue en todo ello la diferencia entre lo extrínseco y lo intrínseco?

Somos un producto, si no una excrecencia de la realidad profunda de ese Universo, de su Naturaleza, se volverá a decir. Esto es algo que hasta parece plausible puesto que las culturas de la tierra han puesto al ser humano, casi sin excepción, en contacto mental con un principio superior a él, con algún aspecto de lo sagrado o divino, que para algunos se define, dialécticamente, como la negación de todo cuanto es susceptible de afirmarse. Intuición tan honda como generalizada parece haber dado testimonio de la presencia, al menos refleja, de esa insondable Realidad superior que se encontraba marginada, reprimida, del mismo modo, aunque no en el mismo grado, que lo está en los animales. Sin embargo, la conducta de algunos de estos últimos y en especial la de los insectos ¿no da a entender que en su creación y en su comportamiento proviniente de su constitución, no se atienen sino más bien infringen nuestro concepto psíquico de tiempo? ¿A qué pudo deberse que, como por arte de magia, aparecieran en la tierra hace trescientos cincuenta millones de años los insectos alados, casi cien millones de años antes de que se constituyeran las aves? Y éstas, ¿cómo fueron resultado de una metamorfosis de conjunto comparable a la del gusano que se convierte en mariposa? ¿Es capaz acaso nuestro espíritu de imaginar por qué y cómo pudieron formularse estas transformaciones de orden, al parecer, intrínseco?

Con razón se dirá que el hombre es algo diferente, de otra naturaleza que los insectos y las aves por más que a veces tienda a parecerse a las hormigas y de que en nuestro siglo esté aprendiendo a volar en formación como las grullas. El hombre tiene espíritu y como consecuencia vive inmerso en una cultura que, aunque modalizándolo y recluyéndolo en su horizonte, le ha permitido asistir a su propio crecimiento, estrato por estrato —aunque sin proponérselo con anticipación ni darse exacta cuenta, como todos los que crecen— a situaciones de conciencia superiores, para percatarse de ello sólo a posteriori, generaciones después. Merced a ese desarrollo, el hombre en cuanto entidad genérica, se sabe ser un Sujeto en relación con un mundo de objetos, unos físicos y otros no, puesto que hasta los productos de su mente, las ideas y otras especies subjetivas se le convierten en objetos. El hombre se encuentra así entrometido en un universo de objetos, empezando por el Universo mismo que se le aparece como un Objeto compuesto de infinidad de objetos colocados ante sus sentidos. Mas en virtud de lo reflexionado, vuelve a asaltarnos la cuestión: ¿Es el Universo un simple objeto, por más inmenso que se nos aparezca, sin otro sujeto, sin otro Espíritu que el del hombre actual? ¿Acaso no debe aparecérseles a algunos animales, si no a todos, como un compuesto de objetos? Y en los otros mundos habitados, según se admite, ¿será el sujeto que allí reine idéntico a nuestro sujeto? Y ese Universo que, según hemos advertido, es capaz de hablar a nuestra conciencia actual desde el fondo de los milenios, ¿no podrá estar imbuido por un Sujeto no objetivo que hable también a la conciencia

221

humana desde otro púlpito? Si por nosotros se expresa la naturaleza de lo creado, prolongando con nuestras obras arquitectónicas, tecnológicas y demás, la creación, ¿no podría expresarse asimismo la Naturaleza, cuyas operaciones nadie sino la arrogancia de nuestra inconsciencia puede dar por terminadas? Por nuestra intuiciones genéricas, por nuestra sensibilidad, por nuestras reacciones circunstanciales, en suma, por aquello que resulta insignificante para nuestra inconsciencia ni más ni menos que por la inconsciencia de las cosas, ¿no podría estar dirigiéndose a nosotros, hablándonos no sólo en nuestro idioma sino tal vez en el suyo la Naturaleza con mayúscula? ¿Sólo puede hacerlo en el horizonte de lo cuantitativo por haber renunciado a toda actividad cualitativa a favor de nuestra inconsciencia? ¿Cuál podría ser la causa de semejante degradación catastrófica, de semejante suicidio absoluto? ¿Su única justificación será posibilitarnos que, al igual que los animales, nos manduquemos unos a otros luchando bravamente por una vida que a la postre resulta no ser Vida? Por su Realidad misma ¿no será capaz de ofrecer al género humano alguna redención? Es decir, ¿no podría su Cualidad introducirnos en un grado de conciencia colectiva cualitativamente superior a aquel de que hoy disfrutamos y padecemos? ¿No podríamos pasar del conocimiento de la naturaleza al de la Naturaleza? En otros términos, no habrá progresado la historia de la Cultura como un embrión hacia una forma total que ha venido hablándola para que, al llegar el momento oportuno de la metamorfosis, se entienda su realidad intrínseca?

Consecuencia firme de todo lo interrogado es, a mi parecer, que los fenómenos en que vivimos intricados son técnicamente susceptibles de encerrar un sentido distinto al que les atribuye la perspectiva de nuestra conciencia a ras de tierra, antropocentrada en un islote perdido en el inmenso océano de sombras. Para la mente científica moderna, fueron clave decisiva en este aspecto las prácticas del hipnotismo que, al demostrar cómo una persona puede comportarse por razones muy diferentes a las que admite su conciencia propia, le llevó a Freud a abrir en la psicología tradicional la brecha del psicoanálisis que permite no sólo al Surrealismo sino a toda la literatura contemporánea evolucionar, conforme a la ambición de los románticos, en atmósferas afines a las de los sueños. Pero éste sólo fue un principio, un boquete como el abierto por el primer picotazo del polluelo en el cascarón que lo comprime. Los horizontes que se columbran dejándose conducir por esta luz, ya no en el campo de la ciencia sino en el de la vida-Vida, parecen ser trascendentales. ¿O no es acaso posible que lo que nos parece absurdo sea real, o que lo verdaderamente real se cifre en fenómenos que a nuestra limitación han de parecerle absurdos? Mas aún, si aceptamos la posibilidad de la existencia de un Nuevo Mundo en relación con la mentalidad humana, o sea, de un más allá del que los descubrimientos científicos parecen ser prenda inequívoca, ¿no tendríamos que contar con algo que, por obedecer a razones intrínsecas, parezca absurdo a nuestro juicio actual? ¿No hemos reconocido que somos seres de conciencia mediatizada, de dos dimensiones? Pero si el Espíritu del Universo cuenta con más de dos, como lo evidencia en su dinamismo el mundo físico, ¿estaremos condenados a no salir de esta mediatización que nos empareda y atrofia entre esos sus espejos que al devolvernos nuestra imagen nos antropocentran, constriñéndonos a un estado como de crisálida? ¿Por qué tendría esto que ser siempre así, si poseemos espíritu? Y si existe en lo mental un mundo nuevo, ¿no tendrá que contar con más dimensiones, empezando por abrir un boquete en la encerrona de espejismos en que nuestra conciencia se ve reclusa? El hombre es agente, varón, como lo indica cuanto se ha manifestado capaz de venir haciendo dentro del cuadro de sus inclinaciones y conveniencias: es *faber*. Mas ¿no tendrá que ser asimismo hembra o receptor de un sentido de otros vuelos: *sapiens*? ¿O el varón será capaz de fecundarse a sí mismo, en el trance de la re-generación?

¿No es acaso más sencillamente lógico pensar que la Naturaleza con mayúscula, que ha de hallarse entrañada a un Ser de verdad muy superior en dignidad jerárquica a la de nuestro espíritu de terrícolas infinitesimales pueda estar conversándonos, ya no en la esfera física de los multimillones de siglos del Universo cuyas lejanías permanecen vibrando, según hemos visto, sino cualitativamente, aquí en nuestro predio inmediato y particular? Y si así hablaba en el pasado remoto, inclusive en la gestión geológica y biológica de nuestro planeta, conforme a nuestra capacidad actual de investigación y entendimiento, pudiendo de este modo el hombre-cultura comprender a posteriori, mejorando sus técnicas «auditivas» cómo a lo largo de los eones se ha efectuado el desarrollo planetario, ¿por qué no podría haber venido hablando de este otro modo, puesto que su Hoy no es nuestro hoy? Más aún, ¿no es posible que dicha Naturaleza *sive Deus* nos haya estado hablando a través de los hombres mismos, trascendiendo nuestra inconsciencia mediante «radiaciones» oscuras, equis, por decirlo así, imperceptibles para nuestra vista o inteligencia, mas no del todo para nuestro «tacto» o sensibilidad imaginativa, al modo del calor que acompaña a la luz?

¿No ha sido sostenido ya por eminentes lumbreras del pensamiento que la historia del hombre ha venido cumpliendo fines universales ignorados por los individuos y pueblos todos que, al perseguir sus fines particulares e inmediatos —segundos —se atenían a los requerimientos de aquéllos? ¿Por qué, pues, en la historia que es como un curso de embriología, según hemos sugerido, no se habrá dado un sentido teleológico, ordenado cualitativamente a un fin universal que no era el de los fines que movían a aquellos individuos y multitudes que vivieron esos fenómenos en su apariencia cuantitativa y conforme a sus normas e incentivos del momento? ¿No sería éste un modo de hablarnos propio de la Naturaleza esencial en la presente oportunidad, cuando la conciencia humana se ve abocada a transportarse a un mundo más allá manifestándonos que *su* realidad no es *nuestra* realidad, ni se halla subordinada a las concatenaciones del tiempo? Y en caso de que tal cosa hubiera sido así, ¿no podría, en cuanto fuera del tiempo psicosomático, estar hablándonos *ahora* para *ahora*?

No se requiere ser filósofo de profesión para saber, al plantearse uno estas preguntas, que la existencia del lenguaje implica la no-uniquidad. El lenguaje existe porque existe una pluralidad que lo precisa como medio de comunicación y conglutinación entre sus miembros, empezando por el diálogo entre el mínimo de dos personas. Donde existe un sujeto que habla existe al menos otro alguien que oye y puede expresarse a su vez. Esto que es obvio en el orden cuantitativo del lenguaje convencional, lo es aun más hondamente en el metafísico. Donde existe un sujeto parlante, emisor (*loquens*), ha de existir otro receptor (*audiens*), capaz de responderle a su modo. Y a la inversa, si alguien escucha es que alguien habla. Conviene percatarse en relación con ello, de que el mito es una forma de lenguaje figurado que ha surgido en la mente humana conjuntamente al lenguaje oral (Cassirer) aunque nada tenga que ver con la comunicación personal de individuo a individuo. Los mitos son una emisión de la Naturaleza a través de las entidades de las culturas que, sin tener de ello conciencia, exteriorizan de este modo ante otra conciencia capaz de entenderlos —aunque sea en muy distante situación de tiempo— su contenido sustancial que en principio puede graduarse desde lo cuantitativo ínfimo a lo cualitativo, según las circunstancias, cosa que en virtud de lo anteriormente considerado ofrece horizontes sugestivos.

Concretando en esta dirección: así como no sabemos de la vida interna de un individuo sino lo que él nos comunique, parejamente no se sabe de la Naturaleza con mayúscula, en el nivel de lo subordinado y extrínseco en que existimos, ni puede saberse, sino lo que Ella revele a nuestra capacidad de comprensión. De aquí que no podemos saber de Aquel que en nuestra situación existencial *no somos,* sino lo que El acierte a declararnos o nos consienta investigar, que es otro modo de revelársenos haciéndonos partícipes de su dinamismo creador. Precisamente, en la historia de nuestra cultura está palpitando la esperanza de que El nos manifieste su razón intrínseca, secreta para nosotros, haciéndonos ver lo que somos en relación con El, a fin de entablar entre el Uno y el Otro de los otros, o Ser de la Cultura, un diálogo que hasta el presente se ha reducido al subalterno que establecen en la conciencia individual, el yo y su reflejo en el infinito, un YO y un TU dueños del escenario místico y que pueden justificarse filosóficamente (Buber), pero que en el plano colectivo de la Cultura universal que nos está requiriendo son aproximaciones propias de una situación marginal que carecen de Realidad verdadera. En este aspecto hoy omniabarcante y de primer plano, lejos de ser solución, está este planteo clamando por aquello que acabe de justificarlo.

Como consecuencia de esta reflexiones y teniendo presente lo indicado acerca del proceso teleológico y de los mitos, podemos repetirnos las preguntas: ¿No sería éste el modo específico de dirigirse a nosotros, de la Naturaleza esencial, de hablarnos en la presente situación en que la conciencia humana se ve abocada a transportarse a un mundo más allá, haciéndonos ver que Ella no está sometida a las concatenaciones del tiempo? Y siendo esto así, ¿no podría, en cuanto fuera del tiempo, estar hablándonos *ahora para ahora?*

Sumergidos en el mundo racionalista y mediatizado de dos dimensiones, no suelen pensarlo así los filósofos, psicólogos, sociólogos y demás, no obstante lo que se han esforzado por sobreponerse al orden de las apariencias. ¿Tiene este hecho fuerza suficiente para que se les preste crédito? ¿No son sus perspectivas propias del sistema creador en que han vivido y viven, en ese ambiente bidimensional de Oriente y Occidente que pide rebasarse una vez más puesto que ya ha ocurrido en varias ocasiones? ¿O nos avendríamos a aceptar que el pensamiento racionalizado es capaz de resolver los problemas por fuerza misteriosos de la Imaginación?

Más aún, ¿no nos presenta acaso el panorama de la Cultura un sistema de convicciones que no es el de tales filósofos, una corriente de pensamiento vital para el que la realidad vinculada con el horizonte no de la razón razonante, sino del intuitivo de la fe y otras virtudes trascendentales es esencialmente distinta? Porque el pasado nos ofrece un modo de encararnos con la verdad de la vida de muy otra caracterización, un modo que se ajusta perfectamente a aquello que nos falta. Sin duda es un sistema descartado por el rasero antropocéntrico de la razón humana que lo relega hoy día al limbo de las supersticiones perimidas a que se acogen los espíritus trasnochados. Mas ello no impide que en dicho sistema, de sustancia colectiva, popular, se dé preferencia a los ordenamientos de la Imaginación esencial sobre los inmediatos de la razón psicosomática, es decir, a los cualitativos propios de un destino genérico, común, señoreado por el Espíritu, sobre los cuantitativos y extrínsecos de una vida socio-anímica, sin sentido trascendental ni esperanza. Precisamente este sistema que manifiesta ser aquel en que el Universo se identifica con la palabra del Espíritu, según lo manifiesta en figuras el capítulo inicial del *Génesis,* se establece sobre el esquema dual de un *Deus loquens* y un *homo audiens* en una suerte de *Logósfera* cultural donde tiene curso significativo el vocabulario de las grandes especies míticas.

En efecto, tras haber creado el universo conforme a su palabra, el puro Espíritu irrepresentable, YHWH Elohim habla en el Paraíso con el hombre luego de haberle dotado a éste de la facultad del habla. Habla a Abraham, a Isaac y Jacob, a Moisés, a Elías y David... Habla en los sueños a los hombres escogidos. Habla desde el oráculo del Templo al Sumo Sacerdote que representa la comunidad popular, a fin de ser un día el Dios o Señor de la tierra entera. Habla por los profetas, instrumentos de su revelación que dirigen el comportamiento de la masa. Todo ello es simbólico, no hay duda, adecuado en lo literal al entendimiento de antaño y en lo traducible al presente. Mas ¿no está esto mismo acusando en modo indirecto la existencia de una realidad expresiva, parlante, adecuado a la capacidad variable del espíritu humano de ser recipiente, de oír?

Oye, Israel: YHWH nuestro Dios, YHWH uno es.

Y amarás a tu Dios de todo tu corazón y de toda tu alma y con todo tu poder (*Deuter. VI*, 4-5).

Siglos después esta corriente de intuición trascendental dará nacimiento al *Verbo* en el que se personifica la facultad parlante del Creador absoluto que se dice principio y fin, o sea, la palabra creadora de los «seis días» iniciales del Alfa, y la terminal u Omega a cuyo advenimiento se proyecta el desarrollo de la historia... El cual implicita necesariamente un interlocutor.

Este cuadro de intuiciones esenciales, expresado en figuras simbólicas de dicción, no literalmente reales, sino alegóricas, y al cual no puede negársele que ha intervenido decisivamente en el desarrollo de la historia y de la cultura del mundo, ¿es simplemente un primitivismo lindante con la necedad no obstante haberse demostrado teo-antropológicamente superior en la práctica al pensamiento griego que se convirtió al mismo? ¿O corresponde a algo intrínsecamente esencial, abismático por lo profundo, tocante al invisible Ser del Universo imaginado en las visiones de Ezequiel, en cuya integridad se insertan la criatura humana y su naturaleza? ¿O antropocentrados en nuestros ataudes corpóreos vamos a hacer de lo humano un principio colectivo, genéricamente empedernido que tiene oídos y no oye, que tiene ojos y no ve? ¿No es ésta acaso la realidad del occidente europeo y de su constitución de *homo faber*, obcecado por sus fines inmediatos, segundos o terceros del universo socio-físico a que el ente psico-somático pertenece, sin darse cuenta de que al hacerlo así está cooperando subordinadamente a la formulación de un superorganismo total del que no tiene sino ideas falseadas, reflejas? ¿No hemos advertido que la verdadera Realidad ha de parecerle absurda? Más aún, si la rechaza, ¿no se debe *a que no es antropocéntrica,* cosa que no carece de analogías en el pasado?

> Porque mis pensamientos no son vuestros pensamientos, ni vuestros caminos mis caminos, dijo YHWH. Como son más altos los cielos que la tierra, así son mis caminos más altos que vuestros caminos y mis pensamientos más que vuestros pensamientos. (*Isaías,* LV, 9).

Admitiremos que este es un modo de expresarse modalizado por los caracteres y datos inmediatos de la concien-

227

cia israelita que quizá fuera temerario entender en su forma literal. Mas no puede negarse que su contenido responde con perfecta adecuación a la realidad del mundo que persigue desatentadamente sus propios fines babélicos hasta la catástrofe que le es inherente, sin darse cuenta del fin del desarrollo planetario en el seno del Universo infinito. ¿Y podríamos seguir viviendo con el sentido individualista tradicional durante los inconmensurables lapsos de tiempo que la mente asociada al cosmos nos augura?, ¿o a vivir aprisionados durante esos mismos lapsos en una camisa *fabril,* sin un Ser que a la conciencia individual la justifique y transfigure en función de su *Sabiduría infinita?* ¿No sería éste el disparate subido a su más energuménica potencia, el disparate absolutamente negro desde el punto de vista de una Razón con ilimitadas mayúsculas? (¿Qué pensaría al respecto un poeta americano como Poe?).

Cotejos y justificaciones

Dentro de esta última esfera de discernimientos, las diversas perspectivas contempladas en las páginas anteriores se manifiestan no sólo sugestivamente posibles, sino que tienden a justificarse.

Se justifica la posibilidad de una Cultura nueva de mayor envergadura y dignidad humana —cuerpo social y conciencia genérica— que la que hoy se vive, correspondiente a un munde nuevo. La humanidad de dos dimensiones con que un físico matemático como Albert Einstein imagina mejor que considera la realidad dinámica del Universo físico, debe enriquecerse, si aquélla ha de ser verdaderamente Universal, con una dimensión nueva que al hacerse presente en el campo subjetivo de la Cultura, dote a quienes conviven en simbiosis con la misma, de una razón complementaria a la llamada *pura* o *teórica.* Que si ésta es excelente para atarearse en los laboratorios, ampliar nuestros conocimientos y multiplicar nuestras actividades en el área del *homo faber,* de poco, si de algo, sirve para dar sentido a nuestra existencia, para «vivir» ética-estéticamente. Es de creer que pensadores en la línea de William James, Bergson, unidos a culturólogos como Durkheim, Spengler, Kroeber, Leslie A. White, ensayistas de la penetración de Lewis Mumford, Waldo Frank, algunos biólogos (Haldane, Sinnot)... no se sentirían quizá imposibilitados para admitirlo en nuestros términos, puesto que han especulado en algunos de sus umbrales. Quizá hasta el mismo Ortega y Gasset no hubiera podido resistirse del todo, que por vivir como buen español, fascinado por «la gran realidad de la vida como tal, de la que el intelecto no es más que una simple función», sostenía que «el hombre necesita una nueva revelación» (*La Historia como sistema*).

Se justifica, ocioso es decirlo, la legitimidad de la creencia que abrigaron las épocas pasadas en la Revelación que ha modalizado y, en cierto modo, dirigido por trascendencia la historia humana, al menos desde ciertas épocas, orientando su conciencia, esperanzándola, hacia el futuro. Dicha Revelación no es, evidentemente, sino un acto de presencia en la mente de la Cultura, de esa dimensión de orden superior a que la razón no llega y de la que se han buscado diversos sustitutos. Sólo la Revelación o ingerencia de un sentido «superrealista» de carácter intuitivo —absurdo— fue capaz de dotar a la mente greco-latina de una condición cualitativa que hasta entonces no había poseído y que, con todas sus limitaciones circunstanciales, la orientó y puso en movimiento colectivamente, hacia la gran esperanza de la exaltación o «salvación» genérica, ubicada en el porvenir [52].

Se justifica, por lo mismo, contra pensadores y filósofos, inclusive contra aquellos que en la línea hegeliana se sienten dispuestos a aceptar la legitimidad de la Revelación en los tiempos pasados, la posibilidad de una nueva ingerencia de la Mente capaz de revelar el futuro en nuestros días de tránsito a lo universal. El hecho de que encalleciéndonos concienzudamente, la rutina haya puesto en eclipse la esperanza de esa intervención, tan anunciada reveladoramente desde antiguo, dista de significar que, como en la fábula del lobo —pese a *Waiting for Godot*—, no pueda la misma realizarse. Sólo demuestra el sectarismo idolátrico de la razón vulgar generalizado en nuestra época.

Se justifica la posibilidad de una *teleología,* presente en alguna forma en los distintos tramos del proceso histórico, señalando la tendencia del crecimiento humano hacia una finalidad cualitativa ignorada en el transcurso de los milenios. Es lógico que, como correspondiente a una dimensión superior, ésta haya tenido que venir dejando huellas, rastros por infiltración trascendente de su realidad, conforme a su len-

[52] Véase J. L., *Razón de ser,* en especial capítulos IV y III. México, 1956.

guaje, en diferentes recodos del laberinto evolutivo, y con arreglo a su orden superracional, inconcebible por la razón del horizonte cuantitativo. Ocioso sería detenerse a demostrar que ese fin trascendente no podría ser otro que el de la Cultura Universal en que se verifique la redondez unitaria del planeta, presente en la inconsciencia cultural durante la mayor parte del proceso evolutivo.

En el contexto de tales consideraciones se justifica admirablemente el impulso medular de la experiencia surrealista en la actual época de tránsito de mundo a mundo. Se justifican sus pretensiones de superación por más que se desechen, en cambio, por sí solos sus conceptos inmediatos, lo mismo que sus desaforadas actitudes correspondientes a las estridencias y convulsiones agónicas de la situación espacio-temporal en que tomó cuerpo su antropocentrismo egolátrico. Es decir, se justifica su sentimiento intuitivo de que «algo grande» ajeno al campo de lo racional, se disponía a intervenir automáticamente en nuestro siglo, para el establecimiento de un estado de conciencia superior, propio de un concepto de vida nueva donde sueño y realidad mariden sus condiciones. Y no sólo se justifica, sino que la aparición del Surrealismo en la superficie de la Cultura en el instante y forma como se ha verificado —e incluyendo en su experiencia el caso Brauner—, resulta tan substancialmente ilustrativa como atestatoria. Que si no se lo interpreta como un fenómeno arbitrario, sin ton ni son en el proceso cultural de Occidente, cosa implausible puesto que prolonga el impulso del Romanticismo, lo lógico es presumir que en aquel intensísimo momento europeo, tras la guerra del catorce que abrió el ciclo de la gran catástrofe, el Surrealismo empezó a dar, a su manera destructora y pesimista, testimonio sintomático de lo que se gestaba en el subsuelo cultural en virtud de los acontecimientos ocurridos y de los ya a punto de ocurrir. Aquí es donde cobra todo su sentido la impresionante frase demoníaca de Breton en su *Lettre aux Voyantes* de 1925: «Pretenden algunos que la guerra les ha enseñado algo; están, sin embargo, menos adelantados que yo que sé lo que me reserva el año 1939». Precisamente fue en este mismo año cuando cayó en España el telón de la tragedia y se desencadenó para Europa el desastre definitivo con la invasión de Polonia y la declaración de la guerra en el mes de septiembre que acabaría dando al traste con todo.

V

La gran tragedia sacramental

Consideración aparte sobre las justificaciones examinadas, es la que corresponde a aquello que en la presente oportunidad nos interesa en forma especialísima, el sentido de la tragedia española a que más arriba nos referimos. Que en el momento de ruptura con proyección a un mundo y Cultura nuevos, nada más coherente que, si estamos entrando en un ámbito cargado de nueva significación, se produzcan los fenómenos en que se concentra y formaliza tal sentido.

Con razón decía Coyné en nuestras deliberaciones, que España es un país muy especial. Por serlo, la ruptura de Occidente asumió en él caracteres singulares. Yo mismo me atreví a afirmar en 1937 que «América empieza en los Pirineos». Sostenía, pues, que en el resquebrajamiento planetario que se iniciaba a la sazón, estaba ya dando signos de vida el Nuevo Mundo. El hecho de que la catástrofe se configurara en España como una tragedia independiente, con sentido peculiar, es límpidamente lógico a la luz de dicha perspectiva. La Península Ibérica, de forma básicamente mandálica, abierta *in extremis* a los cuatro puntos cardinales, es una entidad geohistórica de transición entre el *citra* y el *ultra,* entre el ciclo europeo-mediterráneo que concluye, y el del Nuevo Mundo o de un más allá que, conforme a su vocación secular, se inicia.

La que se expone a continuación es una realidad que, por su valor discriminatorio, debiera quedar bien grabada y en lugar muy visible: Para el criterio cuantitativo a que se atiene Coyné, la tragedia española es un episodio como otro cualquiera. En su limitación especializada, el *homo faber* sólo percibe en éste y otros contratiempos históricos el aspecto correspondiente a su noción cuantitativa de la realidad. Conforme a tal criterio, la guerra española fue una simple vicisitud histórica de la lucha entablada en el bando nacional de los intereses y privilegios conservadores, anclados ideológicamente en el pasado, y el de los impulsos de renovación, si no revolucionarios —depende de la ideología del intérprete— originados desde atrás por las nuevas circunstancias ideológicas del mundo. (Como ejemplo típico, H. G. Wells, *The Outline of history,* ediciones de 1940 y 1949).

La visión *cualitativa* es diferente. En ésta lo social es sólo uno de los sistemas del organismo cultural, que dista de agotar

231

su significado. Son otros los caracteres y valores que traducen la sustancia ético-estética del fenómeno mediante una forma no exenta de significación: Que en el fondo la forma es sustantiva. En esta apreciación más compleja salta de inmediato a los ojos que algo muy de veras especial ha distinguido en este siglo la vivencia de la nación española de las demás del continente europeo. Fuera imperdonable rehusar valor significativo al hecho de que, evidenciando así lo singular de su destino, España permaneció, como por milagro, al margen de las dos catástrofes padecidas por Europa en el trance de la proyección del mundo a la universalidad. Mas no por ello dejó la península de responder a la urgencia catastrófica, aunque eso sí, en su forma privativa. La contienda en ella declarada no fue de orden exterior, como el de las naciones que luchan unas con otras, horizontalmente, por impulsos cuantitativos de poder, según costumbre. La española fue —y por tercera vez puesto que en el siglo pasado soportó otras dos guerras civiles—, una catástrofe no extra, sino introvertida, entre dos términos o mundos encontrados, verticalmente, en su propia personalidad: un mundo antiguo con sus rasgos bien rehundidos, y la tendencia espontánea de las raíces populares hacia un mundo nuevo y mejor. En suma, frente a las dos guerras mundiales, de orden cuantitativo, en España se polarizaron hostilmente dos estados divididos de la humana cualidad. Y aun ha de advertirse que a pesar de ser el español un fenómeno estrictamente localizado, patentizáronse en él las presencias universales mediante las múltiples naciones que intervinieron de algún modo en el conflicto; por la emoción ético-estética inusitadamente profunda que la guerra peninsular despertó y mantuvo encendida en el mundo entero desde el primero hasta el último día de su tragedia; y por la corriente de voluntarios que acudieron de todas las regiones del globo a rendir testimonio de sangre en las Brigadas Internacionales como si Madrid fuese el corazón del mundo. O como si fuese el orificio de la tolva cuadrilátera —Madrid— que trasvasa de una superficie bidimensional a otra dimensión de Realidad más honda. Algo de ello se le dio a vivir al Vallejo del *Himno a los voluntarios de la República*.

Esta peculiaridad tan exclusiva que ofrece en la forma de su presentación la realidad española se ve corroborada: desde siempre por su condición geográfica de apéndice de la Europa mediterránea con proyección a un destino oceánico, ulterior, cuya vocación universal quedó marcada por el descubrimiento y población del Nuevo Mundo, la circunnavegación del globo y el imperio de Carlos V; y recientemente por su utilización como polígono de pruebas, con todos sus horrores, para la gran guerra que se estaba incubando y para la que sirvió de preludio; por la gran intervención descarada de las distintas potencias, cada una con su finosomía propia y sus personajes representativos; por la actitud injustificable de la europea Sociedad de Naciones; y muy especialmente, razón que ha aconsejado dejarlo para el final, por la sustancia expresamente religiosa del argumento trágico, en perfecto acuerdo con la índole de nuestra literatura.

Por varias de estas razones, mas en particular por la última, la tragedia española se definió como una especie de juicio apocalíptico en que contendieron escatológicamente, en términos de pasado y futuro, Mal y Bien. Sus personajes, sin embargo, lo hicieron bajo máscaras un tanto engañosas si se las interpreta conforme a las convenciones fisonómicas de pasados tiempos. En éste como en otros campos, con el transcurso de los siglos, los valores aparenciales y los sustanciales aparecieron trastocados entre sí. Al caer el telón del drama, «los moradores de la tierra» se congratularon y enviáronse presentes los unos a los otros, lo mismo que en el texto profético al sacrificarse a los dos testigos (*Apoc.* XI, 10). Y se impartieron sagradas bendiciones —con sus maldiciones implícitas— desde la cátedra de Pedro. «Nadie podrá negar que el *Deus ex machina* de esta guerra ha sido el mismo Dios», había sentenciado solemnemente la temeridad del Cardenal Primado de la Iglesia española. Pero al final se abrieron los libros y entre ellos el «de la Vida» (*Id.* XX, 12), a la vez que se derruían catastróficamente las ciudades de quienes cantaban tanta victoria, y se desorbitaban las matanzas. Había sonado la hora del juicio inapelable que trajo consigo la destrucción de Europa. ¿No era esta acaso la finalidad real aunque implícita del fenómeno, según lo columbrado en mi *Inminencia de América?* Desde el Atlántico a los Urales las ciudades quedaron arrasadas como jamás hasta entonces en tamaña proporción, y los tentáculos europeos sobre los otros continentes, o rotos o gravemente carcomidos. Inútil es complacerse en recordar tan indescriptibles espantos, con la sola excepción de la delatora voluntad de exterminio que, con miras al *Milenio,* se abatió sobre el otro gran testigo, la comunidad israelita, lo que acabó poniendo fin a la diáspora con su regreso a Judea.

Sin embargo, a partir de 1939 los acontecimientos se produjeron en España de manera muy distinta. Contra lo que parecía esperable y en algún momento a punto de ocurrir, permanecieron indemnes allí las fuerzas conjugadas eclesiástico-castrenses o de militares y clérigos que, con la decidida intervención romano-germánica —y la complicidad de los demás—, habían impuesto su victoria, mientras un núcleo significativo de la España Ulterior se trasladaba al Nuevo Mundo. Lograron aquéllos capear sorprendentemente la catástrofe generalizada con cuya responsabilidad se hallaban tan comprometidos, y ajustar las tuercas indispensables para mantenerse a flote, al tiempo que se felicitaban por el acierto milagroso con que la providencia del Altísimo había recompensado sus carnicerías. Fueron condenados por la Sociedad de las Naciones y dejados al margen de la O. N. U. Pero ello se redujo a una condena moral al parecer sin consecuencias y para los interesados sin valor, puesto que contaban con la bendición de la Iglesia de Roma tras la intervención de su «mismo Dios». En suma, España siguió sin perder su singularidad durante la gran guerra y la paz que luego sobrevino.

Mas ocurre que, dentro del juicio de la otra Sabiduría —si tal orden existe—, difícilmente podría el fenómeno haber terminado así. En razón de semejante Sabiduría, el pronunciamiento judicial tenía que ser bastante más complejo. Sola, como un personaje destacado, representativo, había España actuado en un comienzo; sola permaneció cuando a los césares europeos les fue aplicada la sentencia histórica correspondiente al código del César, y sola como un delincuente en capilla, quedó reservada ante el otro Código, para el fin. Sola, con el destino divinal a que estaba ligada su alma: la Iglesia de Roma de una parte, e Hispanoamérica de otra.

La guerra española fue «Cruzada» y «guerra santa», de estofa medieval, predicada a estruendosos altavoces, o sea, de espíritu distinto al de los sucesos europeos donde no se dirimían los valores llamados «eternos» sino los puramente «seculares». La Iglesia, en su doble condición de peninsular y de romana, desempeñó parte activísima en la contienda. Víctima de sus propios alucinógenos, se jugó en ella, disparatadamente, el ser y el no-ser. Por tratarse de materias teológicas, la sentencia del juicio tenía que ser muy distinta a la de las naciones, una sentencia adecuada a lo que en España se había condenado por sí mismo al traicionar los preceptos fundamentales del «libro de la vida», sobre los que se legitima y sostiene su existencia. La Iglesia no combatió en la península por los valores eternos del Ser divino o Hijo de Dios, sino por los mundanales del César con los que aquéllos estaban inmiscuidos. A la vista del mundo entero, «Pedro que tenía espada» volvió a negar al Maestro que le había reprendido por eludir el martirio, no entendiendo «lo que es de Dios, sino lo que es de los hombres» (*Mat.* XVI, 23). Lo hizo de la manera más católica quizá, más medieval y mediterránea, en mejor acuerdo con las doctrinas mahométicas, pero a la vez la más escandalosa para la conciencia y el sentimiento ingenuo, naturalmente cristianos. Por eso nos es permitido caer en cuenta a posteriori, de que su sentencia *no podía ser* de orden catastrófico material, cuantitativo, como lo apetecían en nosotros las indignadísimas reacciones humanas, sino de orden espiritual, cualitativo, porque la Iglesia se considera una entidad cuya razón estriba en el reino del Espíritu y no en los bienes gananciales de las armas.

Han transcurrido los años. Doblados los treinta, se advierte hoy que los negocios de la Iglesia de Roma no evolucionan para ella del todo bien. La institución se debate en el seno de una crisis profundísima. La barca del pescador —¿sabe éste acaso lo que se pesca?— hace agua por todos sus costados y junturas. Obispos hay que la abandonan. Los fieles que entienden de las cosas pertenecientes a la moneda donde aparece grabada la efigie del César, se insubordinan y adoptan actitudes anteriormente exclusivas de los infieles. El materialismo ateo, su enemigo mortal en teoría, ganó su batalla en el mapamundi y no sólo extiende por todas partes sus tentáculos propios, sino que penetra y carcome insidiosamente sus mismas estructuras. Asustados por la magnitud del peligro, los Sumos Pontífices y sus allegados han entrado en actividad. Lanzan proclamas a favor de la Paz cuya paloma ellos mismos habían acribillado en España. Se afanan, se esfuerzan, se desviven, designan regimientos de Cardenales. Viajan a lejanos continentes. Con la mayor resonancia posible hacen donaciones cuantiosas. Arrojan lastre. Se desprenden de sus joyas como las casas grandes que vienen a menos, a fin de mantenerse a flote, y no como las reinas para descubrir Nuevos Mundos. Pero en lo sustancial no se trata de eso ni puede cambiarse nada con semejantes medidas de uso externo y orden propagandístico, material. Lo grave es que el escepticismo se está apoderando de los resortes de la fe, que no tiene gran cosa que oponer a su morbo corrosivo. Porque lo gravísimo es que se viene extendiendo inexorablemente la convicción de que las Sagradas Escrituras sobre las que descansa su pretensión de ser una institución de derecho sobrenatural y se fundan sus dogmas divinales, han demostrado ya, para grandes sectores de la conciencia cristiana y quizá pronto para todos, ser en gran parte mitología. En consecuencia, el sentido literal de dichas Escrituras, sentido que, confundiendo la letra con el Espíritu, la Iglesia se ha empeñado y empeña en imponerlo, bajo pena de muerte eterna, como absolutamente real, se desautoriza más cada día ante el sentido común de las gentes, religiosas o no, que, no hallándose ya introvertidas como en siglos anteriores, se sienten lastimadas por semejantes ruedas de molino. Sucede, pues, que las alas mayores de su edificación secular se le vienen a la Iglesia por el suelo. Cabría, sin embargo, recoger y salvar entre los escombros de la construcción algunos valores medulares entrañados a ese lenguaje mitológico de cuentos para niños y credulidades del escenario medieval. Pero precisamente, esos valores son los que la misma Iglesia ha prostituido ya muchas veces en el pasado, y en nuestro siglo flagrantemente ante la conciencia genérica, en los sucesos de España donde puede presumirse que «sus pecados han llegado hasta el cielo» (*Apoc.* XVIII, 5).

He aquí lo inexorable. España, país del fin y de un nuevo principio, donde la Iglesia de Roma se ha jugado y juzgado, se encuentra entre las garras del Apocalipsis. Lo declararon con entusiasmo nacionalista en 1936 las mismas huestes eclesiástico-militares al inscribir el escudo nacional en el águila de Patmos. («Mis pensamientos no son vuestros pensamientos ni vuestros caminos mis caminos»...). Y lo inconcebible para una mente identificada con los alcances de la razón, es que por los conductos más disparatados y fortuitos, desde situaciones absolutamente heterogéneas del espacio-tiempo, revelando la operación de una Mente (?) esencial, infinitamente de nuestro cenit para arriba, los elementos corroborativos se congregan al modo de las palabras de un juicio de desahucio que etimológicamente proceden de puntos tan apartados como dispares.

Al terminar su hazaña fratricida, el caudillo victorioso fue a ofrendar solemnemente su espada, al parecer con hondo sentimiento cristiano, en el templo del santo patrón de España, Santiago, en la Compostela del Finisterre gallego. Nadie entre los teólogos de la España nacionalista se acordó durante toda la guerra de aquel versículo de la Biblia, relativo al Templo, que dispone: «No con ejército ni con fuerza, sino con mi Espíritu, ha dicho YHWH de los ejércitos» (*Zac.* IV, 6). Ni dio a ninguno que pensar la represión a Pedro «que tenía espada» por oponerse al testimonio que da vida. Nadie reparó que en el Apocalipsis, tan libro de cabecera español, Aquel que, como Santiago, viene del cielo sobre un caballo blanco para juzgar y pelear con justicia, «el Fiel y Verdadero», no combate con la espada materialmente carnicera, sino con la aguda de doble filo que sale «de su boca» (*Apoc.* XIX, 15). Lógicamente puesto que su «nombre escrito que nadie conoce sino él mismo»... «es llamado el Verbo de Dios» (*Id.* 12-13). De ese Logos o Verbo es contrahechura, adviniente del cielo en su caballo blanco, el Patrón de España, cuya espada dejó de ser la del Fiel y Verdadero para patrocinar la blandida contra las hueste invasoras del inventor de la «guerra santa» y del «Paraíso a la sombra de las espadas», Mahoma, el peor enemigo de la cristiandad medieval —cuyo nombre, en el griego del Apocalipsis, *Maometis,* traduce a números, prodigiosamente por cierto, el 666 de la Bestia apocalíptica—. ¿No es todo ello indicio de que el drama se procesa en la Logósfera?

Las dos espadas

He aquí frente a frente o mejor, filo a filo, en duelo, las dos espadas, a la sombra enigmática del libro por excelencia. Helas aquí en el Finisterre del Medioevo mediterráneo y a la hora de la Universalidad. Una es la acerada y secular del *homo faber,* hacedor de objetos y hecatombes, ensalzada por el Cardenal Primado. Otra, la ucrónica del *Spiritus sapiens.* La primera, aliada a las huestes moras que la califican, produjo infinitas muertes con la pretensión de que brotase el evangelio católico en los surcos abiertos por su punta en la carne del pueblo español. ¡Lucrativa «inversión» esta de convertir los arados en espadas! ¡Cristianísimo lenguaje que entienden a las mil maravillas los sepulcros blanqueados así como ese extraordinario mausoleo erigido en honor del caudillo y de sus huestes para el día de la resurrección de la carne, en que éste advenga, por lo visto, en su caballo blanco al frente de sus mesnadas, como el Verbo, en «el valle de los caídos» con referencia al de Josafat! Todo ello es meridiano. Pero ¿qué dice a todo ello la espada de la boca del Cordero que había prevenido: «el que a espada matare es preciso que a espada sea muerto» (*Apoc.* XIII, 10)? Pues bien, diríase que en su Verbo trascendental ha venido manifestando no insignificantes cosas.

En primer término, entre los representantes de la España ulterior, portadores de esa carne en cuyos surcos roturados a punta de espada o a bala de cañón debía florecer el evangelio católico, se ha descubierto y hecho público que el sepulcro sobre el que se erige la basílica de Santiago de Compostela desde cuyo pórtico los Prelados alzaban la mano en sumisa glorificación del Caudillo, y sobre el que asimismo se erige el patronato de España, no es el de este personaje apostólico muerto a espada en Jerusalem por Herodes (*Actos,* XII, 2). Guarda en realidad los despojos de un obispo español de fines del siglo IV, Prisciliano, intoxicado por el misticismo paulino, y muerto también a espada, degollado con otros compañeros en la ciudad de Tréveris por la confabulación de un grupo de obispos desmandados y de un César perjuro —siendo la primera víctima, el primer «mártir» o testigo ejecutado por la Iglesia triunfadora—. Difícilmente podría ser la coincidencia más llamativa.

Pues bien, el cadáver de este personaje calumniado hasta la náusea por las Iglesias española y universal o romana, aunque esta última hubiese condenado al obispo Itacio que dirigía el grupo de matarifes, fue traído en secreto por sus partidarios que le rindieron culto en el Finisterre gallego, según lo sabe a ciencia cierta la historia. No tardó Prisciliano en convertirse en el mayor de los herejes para la gente de la institución que, si había de justificarse, necesitaba justificar el crimen, demostrando así la duplicidad falaz de su estructura. Mas ello no impidió que al correr de los siglos el sepulcro de Prisciliano se transformara, por arte folklórico o popular, en el de Santiago apóstol para asociarse después, durante las luchas de la Reconquista contra los mahometanos, con la figura del invisible caballero del Apocalipsis. Siguiendo esta pendiente el mártir vilipendiado acabaría por convertirse en el Patrón del pueblo español, contrafigura de Aquel que «tenía un nombre escrito que ninguno entendía sino él mismo», es decir, de YHWH de los ejércitos (El español, ¿pueblo elegido?) [53].

En consecuencia, la espada de quien se expresa por los hechos irreversibles de la historia viene, por lo pronto, a confirmar la fidedignidad del destino teológico y teleológico de España, doble y aun triplemente apocalíptico. No sin motivo, puesto que se sitúa en el cabo escatológico del Finisterre, es decir, donde termina la «tierra» del círculo europeo-medieval y se vislumbra el «cielo» o mansión del «Paraíso». El lenguaje de los grandes símbolos imaginarios no escatima su perfección.

[53] Véase J. L., *La religión del lenguaje español,* Lima, 1952, y *Teología de la Cultura,* México, 1965.

Así, por ejemplo, los peregrinos medievales que colmados de esperanza-espíritu acudían a Compostela entonando el *Ultreja, esuseja,* «más allá, más arriba», encontraban junto a la basílica y su pórtico de la Gloria, un jardín de descanso embellecido con una hermosísima fuente de piedra en cuya taza enorme manaba el agua por cuatro bocas distintas y que, corroborando el sentido simbólico de las peregrinaciones, se denominaba «el Paraíso» [54].

He aquí, pues, que esta tremenda revelación de quien pelea con Verdad y Justicia mediante la espada de su boca, viene a abrir de par en par ante la conciencia hispánica el horizonte del Universo, a la vez que reduce a pavesas el mito en que se sostenía la devoción nacional del Finisterre —allí donde el caudillo vino a depositar sacrílegamente su acero sanguinario—. A la letra, todo era folklore, cuento para niños. Condenada por la Verdad, se derrumba por consiguiente la construcción. Pero al efectuarse así, se nos manifiestan a ojos vistas una serie de operaciones tan complejas como absolutamente «imposibles», ultra-maravillosas, realizadas a lo largo de los siglos en el inconsciente occidental. Y no es entre ellas la menos digna de tomarse en cuenta el hecho de que a partir de Cristóbal Colón, cuyo escudo nacional se hallaba también entre las garras del Apocalipsis, se derramara en avalancha por la nueva tierra la figura apocalíptica de Santiago, portador alusivo del Verbo, de YHWH. Sucede, pues, que la supresión del sentido literal nos pone en presencia de un orden infinitamente más rico, no indigno, al parecer, del paulino de «la Sabiduría de Dios en misterio oculta» (*I Cor.* II, 7). Poco importa que esta sentencia no haya producido hasta el presente efectos apreciables. Todavía es posible seguir autoeclipsándose los ojos. Pero ¿hasta cuándo? Qué más da, si está ahí, inexorable, sin que en manos de ningún nacido ni por nacer quepa ni modificarla ni recurrir a tribunal de mayor instancia.

¿Y acaso podría este fenómeno revolucionario tanto por lo que desbarata como por la complejísima elaboración que descubre, dejar indemne a la Iglesia de Roma? Que por extraordinaria que se revele la sentencia del agraviado Señor de la estrella (*Compus stellae,* «la estrella resplandeciente de la mañana» *Apoc.* XXII, 16), podrían sus dicciones intentar rehuirse como percances de este mundo traidor sin más trascendencia

---

[54] *Codex Calixtinus,* lib. IV, cap. IX. Santiago de Compostela, 1944. Volumen I, pp. 378-79.

que la local. Pretensión inútil, sin embargo. Que aun penetra más a fondo y sin contemplaciones la sublime espada indagadora.

A ese primer descubrimiento no tardó en venir a sumarse otro, no menos, sino más tajante, revelado en el mismo círculo de trasmigración hispana al Nuevo Mundo. Y esta segunda, tan inesperada como imprevisible y exactísima intervención del orden suprarracional en el campo específico de la Revelación, se dirige en forma expresa, como sentencia singularmente definitiva, aunque en relación con la Iglesia de España, contra su cómplice institucional desde el siglo IV, la Iglesia misma de Roma. No se trata en esta ocasión de un mito legendario, por llamativas que sean su configuración y trascendencia con respecto a la historia medieval y demás entrañaciones. Tócale el turno ahora a uno de los textos de las Escrituras mismas de la Revelación sobre la que se construye el edificio teológico de la Iglesia romana. Trátase del documento escatológico por excelencia, de aquel que ha venido suministrando durante muy largos siglos sentido teleológico a las catedrales e ilustra en forma especialmente admirable el Pórtico de la Gloria de Santiago de Compostela. O sea, de «la Revelación de Jesucristo que Dios le dio» (I, 1), llamada *Apocalipsis de san Juan*. La espada de la boca del Verbo parece haber estado revoloteando suspendida como la de los querubines a la entrada del Paraíso durante casi diecinueve siglos para este ahora que hoy se vive. Hasta hoy ha estado reprimida su realidad histórica por la censura o muro de contención del sistema de ideas vigente que la tenía relegada al inconsciente cultural, al modo como hasta el siglo XVI lo estaba el continente americano para la conciencia europea.

> Despiértate, espada, contra el pastor y contra el hombre compañero mío, dice YHWH de los ejércitos. Hiere al pastor y se derramarán las ovejas; mas tornaré mi mano sobre los pequeños. (*Zac.* XIII, 7).

Ya me fue dado referirme a esta incomparable cuestión en los diálogos del último día de nuestras Conferencias. Ese documento misterioso, último del Canon testamentario por ser el que se ocupa del fin, fue escrito hace más de dieciocho siglos y medio sin que su motivo histórico y, por tanto, su propósito y significado genuinos pudieran entenderse hasta precisamente hoy que, tras la tragedia sacramental del pueblo español, se ha rasgado en dos de arriba abajo el velo del Templo (*Mar.* XV, 38; *Mat.* XXVII, 51; *Luc.* XXIII, 45). La influencia ejercida por ese texto trascendental en muchos sentidos, ha sido incalculable durante numerosas generaciones, pero de otra índole. Ha creado una atmósfera mental infinita como el Universo, poblando de figuras enigmáticas y vertiginosas la imaginación del hombre cristiano que reconoció en sus capítulos (veintidós como las letras del alfabeto hebreo) una verdadera intervención de las potencias sobrenaturales. Tan más allá de la razón humana son sus pronunciamientos figurados, que una inteligencia reconocidamente penetrante como la de Alfred Whitehead se permitió entender el Apocalipsis como un residuo de la peor barbaric. No se limitó a juzgarlo indigno del Canon neotestamentario, sino que llegó a proponer la eliminación del mismo para sustituirlo por el discurso mucho más civilizado de Pericles a los atenienses [55]. ¿Cabe ejemplo más expresivo de la distancia que media entre el producto de la Mente pluridimensional, fuera del tiempo, en que estriba la religión cristiana, y la razón capaz de entender el lenguaje cuantitativo de ese mismo Universo en cuanto agregado de partículas numerables? Seguramente esta razón admitiría la realidad del Ser si pudiese medir el tamaño exacto de sus pantuflas.

Revelación apocalíptica

En su forma más sucinta hemos de referirnos al significado histórico real del Apocalipsis. Mas no sin dejar antes bien sentado que no se trata en el caso presente de una interpretación más de las incontables y ajenas a la realidad objetiva que desde el siglo tercero ha traducido el contenido psíquico, no del documento, sino de cada uno de sus intérpretes y de su conjunto como encerrados en un solo círculo cultural, sino que se trata de su realidad objetiva, histórica, que pide saber su verdad de verdad, es decir, cuándo, por qué, cómo y para qué fue redactado ese texto, cosa que aunque parezca mentira nunca hasta hoy los investigadores han investigado seriamente. He aquí develado el misterio en pocas palabras, una develación que, según el mismo texto, corresponde al toque de trompeta del séptimo ángel (X, 7).

El caso fue el siguiente. En la última década del siglo pri-

---

[55] Alfred North Whitehead, *Adventures of Ideas.* New York, Macmillan, 1933, p. 219. Cf. J. L., *Razón de Ser.* México, 1956, pp. 43-45.

mero, tras la destrucción total de Jerusalem (a. 70), los judíos cristianizados acabaron de esparcirse por la Ecumene donde existían desde antiguo comunidades hebreas, unas cristianizadas o medio cristianizadas ya, otras no. Con anterioridad a ese terrible acontecimiento que marca el final de una época, se habían manifestado en el seno de la nueva fe dos tendencias dispares, e ineludibles en cuanto que correspondían a los dos principios o naturalezas que dicha fe contenía: el humano o terráqueo, temporal, y el divino o celestial, eterno. Dicho de otra manera: el ascético, racional y antropocéntrico, llamado también de «las obras», y el místico o enajenado y teocéntrico de «la gracia». El grupo en que se personificaba la primera de dichas tendencias se había establecido al amparo del Templo de Jerusalem, donde actuaba de cabeza visible Jacobo, el hermano de Jesús. El segundo había sido predicado durante sus heroicas peregrinaciones por san Pablo, que veía en el Mártir del Gólgota no un hombre sublime enviado o escogido por la divinidad, sino al auténtico «hijo de Dios», hipóstasis de Dios mismo y, por consiguiente, el único capaz de introducir en su séquito a los hombres identificados con él, en la presencia del Ser Todopoderoso. Aunque en lo teórico ambas tendencias pudieran armonizarse y convivir en paz, como después lo harían, en la práctica no tenían más remedio que caldear con fricciones inevitables el mundo en que pululaban. En Roma, corte de los Emperadores, adonde tras la destrucción de la ciudad de David había emigrado la plana mayor del cristianismo hierosolimitano, tendieron a imponerse las ideas más humanas y razonables, más a propósito para lograr amplia acogida entre los gentiles. En Corinto, donde todavía resonaba la voz de Pablo predicando la locura de la cruz que nos han trasmitido sus cartas, no fue, ya desde los días del Apóstol, la convivencia tan sencilla y aún con los años debió ir haciéndose cada vez más dificultosa la contemporización puesto que en la década del noventa se produjo un conflicto que dividió a la comunidad en dos bandos, ya no diferentes en parte, sino antagónicos. Era en realidad el mismo conflicto inherente al israelismo tipificado en el Antiguo Testamento por los mellizos Esaú y Jacob, que contendían en el vientre de Rebeca y después en el mundo. Uno de los bandos de Corinto se agrupaba en torno de un cuerpo de presbíteros o ancianos que no se sabe cuándo ni por quién fue designado, los cuales constituían la osatura corporativa de la iglesia. Al otro bando lo dirigían los profetas o espirituales, los místicos seguidores de las enseñanzas pau-

242

linas. Se enardecieron las pasiones produciendo situaciones aira-
das, disturbios que posiblemente, supongamos, ganaron la calle
con esa intransigencia teológica de que dieron muestra las ciudades universitarias de la Edad Media. Se ha de tener presente
que en aquellos días tempranos no existía aún ninguna organización intereclesiástica. Todas las iglesias o núcleos urbanos,
cortadas por el patrón de las sinagogas, eran jerárquicamente
iguales, administrando cada cual las cosas de la fe y eligiendo
sus administradores por sí misma con la libertad que les otorga-
ba la gracia de Dios. Los sucesos hubieron de subir de tono en
Corinto cuando el bando de los espirituales logró imponerse y
hasta separar de sus cargos a los presbíteros que oficiaban de
pastores —se nos dice—, triunfo seguramente llamado a tener
repercusiones en otras ciudades donde fatalmente se daba el
mismo enfrentamiento. No es imposible que con la excitación
de los ánimos el conflicto adquiriera en Corinto formas sociales
no exentas de peligro que pudieron alarmar a las gentes de
Roma, temerosas quizá de que Domiciano, que había ya perseguido a los creyentes —aunque esto no esté tan claro como se
desearía—, utilizara los sucesos como pretexto para desatar una
nueva y temida persecución. En este aspecto del fenómeno no
cabe pasar de las conjeturas.

Lo seguro es que en tales circunstancias el Obispo de la
Iglesia de Roma, llamado Clemente, partidario de una estricta
organización jerárquica, debió sentirse autorizado para tomar
cartas en el asunto de una iglesia que no era la suya. Todo ello
se conoce casi exclusivamente por una larga epístola que él
mismo escribió en nombre de la Iglesia de Roma a la Iglesia de
Corinto y que remitió a esta última por medio de tres mensa-
jeros encargados sin duda de expresar de palabra lo que que no
convenía manifestar por escrito, los cuales dícese pertenecían
a la casa del César, a la que el mismo Clemente pudiera, sos-
péchase, no ser del todo ajeno. Es este un documento extenso,
muy notable por su elocuente y persuasiva habilidad. Se refiere
en él —en sus términos, sin duda— a lo acaecido en la Iglesia
corintia, al escándalo que han provocado sus desórdenes y a los
peligros que entrañan, a la vez que expone sus doctrinas acerca
del plan divino relativamente a la cristiandad. Exhorta a la paz,
a la humildad, a la obediencia, al arrepentimiento, a las buenas
obras y hace un llamamiento-ultimátum, cargado de muy graves amenazas, en especial contra la «una o dos personas» que
encabezan el bando opugnado, a fin de que se sometan a sus
ordenanzas y abandonen la partida. Bajo un manto de frases

piadosas, vestido de cordero, Clemente se muestra como una persona inclinada a la arrogancia, que estimándose asistida por el Espíritu de Dios —y tal vez con el respaldo de Domiciano—, estructura un sistema institucional análogo al del Imperio, totalmente desconocido hasta aquella fecha. Según sus dictados, Dios Todopoderoso, el Déspota o Amo, como se complace en llamarlo veintitantas veces, ha creado armoniosamente el universo para que a través de Jesucristo y de aquellos en quien El delegó su autoridad, es decir, de Clemente, que se siente Sumo Pontífice, haga cumplir sus designios a todos los cristianos, que son como un ejército jerarquizado y disciplinado. Sienta así las bases de lo que sería la Iglesia de Roma, en sustitución del templo de Jerusalem, en el que el Señor vendrá a aposentarse sin tardanza. (Se ha de tener presente que al defender los derechos apostólicos de la Iglesia, para nada alude el Obispo de Roma a los altisonantes versículos de Mateo, XVI, 17-19, insertos evidentemente, por éstas y otras varias razones, años después, en la secuencia original de Marcos, VIII, 29-30). Los últimos párrafos de la epístola constituyen una impetración al Déspota pidiendo la paz y la concordia para los que moran en la tierra y orando a favor de los Emperadores, a fin de que éstos alcancen el sumo poder y ejerzan su gobierno sin inconvenientes.

Desde un punto de vista humano gran parte de ello pudiera tal vez justificarse pensando que Clemente trataba de aplacar la irritación del César, caso de que la hubiese, de manera que con su beneplácito la religión cristiana pudiera vivir y ganar adeptos sin persecuciones ni martirios. Pero muy otras tenían que ser las perspectivas que ofrecía para el bando de los seguidores de Pablo que contemplaban la realidad, no en términos humanos de pacífica conveniencia, sino en los términos divinos de quienes tenían vocación de mártires en la línea de su Maestro. De nada le servía al cristiano ni al cristianismo ganar el mundo si para ello tenía que rebajar el nivel sublime de sus doctrinas, o sea, perder su alma. De aquí que la predicación de Clemente, quien evita con todo cuidado referirse en su carta a la divinidad de Jesús que en vez de «hijo» se define para él como «siervo» (*pais*), sonara en sus oídos a blasfemia sacrílega. Luego de atribuirse las facultades de un legislador semejante a Moisés y de jactarse haber alcanzado las profundidades del conocimiento divino, Clemente había entrado, por sí y ante sí, en contubernio con el César pagano, la Bestia multicéfala, para desnaturalizar el sentido teológico de Jesús, pre-

244

dicado por Pablo que por esa razón había enfrentado continuas y gravísimas calamidades y ofrendado por último su vida.

Se sabe que el grupo de los profetas abandonó el campo, de manera que la Iglesia de Corinto entró en la paz del redil dirigido desde la ciudad de los Césares, siendo ésta la primera ocasión de que se tienen noticias de vinculación intereclesiástica. Sólo a partir de entonces la institución empezó a tomar cuerpo hasta constituir a la Iglesia de Roma como cátedra de Pedro y cabeza ecuménica de la cristiandad dirigida por un Sumo Pontífice. Dos siglos más tarde se convertiría en la religión del Estado, precisamente en vísperas de que Prisciliano fuera pasado a mejor vida. Puede por ello afirmarse que Clemente fue el primer organizador de dicha Iglesia, el primer Sumo Pontífice, aunque no se le designase con este título [56].

¿Fue el principal dirigente del grupo de los profetas relegado con este motivo a la isla de Patmos, según se refiere en el Apocalipsis, o es ésta una noticia de carácter simbólico como otras muchas del libro, significando el nombre de Juan «YHWH es gracia», y pudiendo asimilarse Patmos a *pazmos* «padecimiento» por el «Verbo de Dios y el testimonio o martirio de Jesús» (I, 9)? No puede saberse a ciencia cierta como tantísimas cosas más. Pero lo que se desprende de un escrutinio a fondo de las entrañas del Apocalipsis cotejándolas con la epístola de Clemente, es que su «profecía», según ella misma se reputa, rigurosamente coetánea a la carta del romano (a. 95 ó 96), fue escrita bajo la infinita indignación teológica que provocó en el Vidente y quizá en su grupo, la actitud y las predicaciones del Obispo de Roma. Es obvio que está escrita enfurecidamente, con el furor teológico a que en ella se alude y que ofende a A. Whitehead, no contra los emperadores —concepto infantil propio de quienes adaptados al mundo, temían, sobre todo más tarde, la persecución y el martirio—, sino contra un personaje religioso o «falso profeta», diabólico en cuanto «quién como yo» y «acusador» de sus hermanos, al frente de una iglesia «enriquecida con la sangre de los santos y mártires de Jesús», domiciliada en Roma, el cual se ha hecho además digno de la máxima pero disfrazada execración, por

[56] Este mismo Clemente fue, según lo anotado más arriba, quien en esta su epístola estableció su jurisdicción «hasta los términos del poniente», dejando aparte los mundos ultramarinos situados allende «el Océano infranqueable (*apérantos*) para los hombres» (*Corint.*, V, 7, y XX, 8).

haber exhortado a adorar al monstruo cesáreo —Domiciano se había proclamado *Dominus ac Deus*—, sacrificándole la divinidad de Jesu Cristo.

En el cerebro en llamas del Vidente de Patmos, la Biblia entera había entrado en prodigiosa ebullición. Las figuras más extraordinarias, unas procedentes de los antiguos profetas y otras novísimas, se suceden unas tras otras con una plasticidad que asombra y sobrecoge, en una interminable procesión que, conforme a la sintaxis de los números sagrados, gira en torno, tocando las trompetas angélicas, como en la toma de Jericó, hasta componer este libro único que es una maldición sin precedente contra la Iglesia de la ciudad de Roma y su falso profeta. El fin de la tragedia teológica es trasparente. Cuando suene la hora marcada por la trompeta del séptimo ángel luego de haber llegado el tiempo a su sazón y los pecados de esa ciudad babilónica hasta el cielo, se develará el «misterio de Dios» y verificará la destrucción de la gran prostituta identificada con todas las ciudades perversas, Babilonia, Sodoma, Egipto, etc., es decir, sobrevendrá el fin de una Iglesia que ha vendido al César, invirtiéndolas, las doctrinas sobrenaturales del cristianismo paulino, aunque hasta amparándose en el nombre del Apóstol, con el propósito de enriquecerse con la sangre de los mártires y ganar el mundo. En el momento cúspide dejará el tiempo de ser, se abrirán los cielos, apareciendo el caballo blanco, figura que representa a la tribu purificada de Judá («alabanza»), seguido por el ejército también ecuestre de los santificados y lavados por la sangre del Cordero, en oposición al ejército instituido por Clemente. Quien cabalga sobre aquel caballo —YHWH de los ejércitos—, llamado el Logos o Verbo de Dios, peleará con verdad y justicia y destruirá mediante la espada de su boca, al falso profeta, al monstruo cesáreo y a la ciudad pecadora de Roma. Cielo nuevo y tierra nueva. A continuación descenderá del cielo la celeste Nueva Jerusalem, que es una representación urbana del Paraíso, puesto que en sus calles crece el árbol de la vida, ciudad erigida bajo el signo de los doce patriarcas y de los doce apóstoles del Cordero, en *la que no habrá templo*. Termina la inenarrable profecía que a tantas generaciones ha aterrado a la par que electrizado con la esperanza de que advenga lo más pronto posible el único que puede, por ser «el primero y el último», transformar las cosas, creando «un cielo y una tierra nuevos». Termina así clamando: «Ven, Señor Jesús» (*Erjou Kyrie Iesou* = YHWH Salvador».

246

En suma, el Apocalipsis es una espeluznante profecía contra Roma y su Iglesia («Salid de ella, pueblo mío», XVIII, 4), que anuncia su caducación en beneficio de una «ciudad» espiritual innecesitada de templo, puesto que en ella, como en el Paraíso, la divinidad es inmanente. Por haber estado protegida por el nombre de Juan que se atribuyó al apóstol así llamado, logró este documento extrañísimo sortear las oposiciones que levantó durante no poco tiempo, hasta ser incluido oficialmente, como palabra terminal, en el Canon de las Escrituras inspiradas por el Espíritu Santo. Ocupa el último lugar por ser la revelación escatológica por antonomasia, correspondiente al *fin*. Por idéntica razón fue predilecta de la cristiandad española que, so pena de excomunión, impuso su lectura en el canon de la misa durante cierta época del año, a partir del siglo VII. No en vano era España la tierra del Finisterre. La coherencia es un prodigio de perfección.

Pero lo que rompe absolutamente todos los cánones es que el fin que se anuncia sea el de la Iglesia de Roma que ha asentado su razón teocrática de ser sobre ese cuerpo de Escrituras. Y se anuncia, si no me engaño, la destrucción de la bestia Europa de siete cabezas y diez cuernos, en contraste con las siete iglesias del Asia. Por consiguiente, en la actual coyuntura histórica y no antes ni después, al llegar la conciencia humana al borde de la Universalidad y del Nuevo Mundo del Espíritu, tras la cesárea destrucción de Europa, el vigor de la sentencia emitida en la remota profecía se dispone a ejecutar su sanción. A la vez que se descubre el valor apocalíptico del Patrón de España erigido en Finisterre sobre otro caso de martirio —también de cepa paulina— en el que los dignatarios eclesiásticos hicieron, prostituyéndose, causa común con el César, y cuando las iglesias españolas y romana han vuelto a prostituir gravísimamente las doctrinas evangélicas poniéndose al servicio de un César carnicero en el nombre de Cristo, esas Escrituras revelan su verdad. Se entiende la palabra, no atronadora, sino sigilosísima del Verbo que le dice a dicha institución eclesiástica: «Tus pecados han llegado hasta el cielo. Ven. Se ha cumplido tu misión. Sígueme. Sonó la hora de que des testimonio entregando tus carnes a la muerte».

Se trata, como apunté en su oportunidad, de un suavísimo jaque mate, digno de la más soberana de las Sabidurías —por designar su Realidad de algún modo—. Si la Iglesia no respondiera a la llamada pretextando que han abusado de su buena fe, aceptaría que era falsa la Revelación, de manera que habría sido engañada por el Espíritu Santo que dejaría ipso facto de ser tal para convertirse en una entidad demoníaca con detrimento total para el resto de las Escrituras. Al mismo tiempo se esfumarían sus derechos teologales como institución de derecho divino, quedando en la posición del Angel de la Iglesia apocalíptica de Laodicea («justicia del pueblo»): ante la puerta: «Tú dices: yo soy rico y estoy enriquecido, y no tengo necesidad de ninguna cosa; y no conoces que tú eres un cuitado y miserable y pobre y ciego y desnudo» (III, 17): ¿Y no está acaso establecido mediante la parábola del camello y del ojo de la aguja, que el rico no entrará en el reino? (Cfr. Mateo, XIX, 24; Marcos, X, 25, y Lucas, XXVIII, 25). ¿Y no significa Babilonia «puerta de Dios»?

El único modo de salvarse, no ella, sino de salvar el contenido trascendental —paulino-joanino— de la doctrina evangélica, es aceptar la muerte, seguir el testimonio del Maestro para que esplenda su verdad. Sólo en esta forma puede la Iglesia romana contribuir a salvar lo substantivo de ese orden sobrenatural, justificando los siglos en que ha actuado como lugar-teniente de algo que por fin se torna, diremos, *visible* y *audible*. Sólo así, dando testimonio, puede contribuir a demostrar que su religión era transitivamente verdadera.

Porque lo cierto es que ahora se escucha, no para unos cuantos privilegiados, sino como en los descubrimientos científicos, para la Cultura universal de la que todos sin exclusión formamos parte, la voz del Verbo, o sea, la emisión comunicativa de una potencia de tal naturaleza que desde hace diecinueve siglos tiene pronunciada la sentencia para nuestra coyuntura actual. Estamos en el Finisterre, cuando la primera tierra (Adán) y el primer cielo (Dios) desaparecen para dejar el sitio a esos apocalípticos cielo y tierra nuevos (*Apoc.* XXI, 11) a que se refería el descubridor de América. («Cuando él apareciese seremos semejantes a él porque le veremos tal como es» 1 *Juan* III, 2). ¿Absurdo? Por eso precisamente deja de ser inaceptable, es decir, se muestra adecuado no a las dimensiones de la razón, sino a las de la Imaginación.

Lo mismo cabe decir de esa sentencia reservada por una *censura* incomprensible, salvo como ingerencia de una ciertamente extraordinaria dimensión trascendental. En otro caso no se explicaría cómo la realidad histórica del Apocalipsis ha permanecido oculta durante tan largo tiempo, y en especial cómo no ha venido siendo ni sospechada a partir del siglo XII cuando algunas almas escandalizadas empezaron a reconocer

248

en el Papado los rasgos de la gran Ramera. Mas lo sobre todo inexplicable ha sido su absoluta resistencia a la comprensión de los innumerables investigadores e historiadores modernos que han analizado minuciosa y exhaustivamente con toda suerte de erudiciones y escalpelos esas sus imaginerías que han dado y siguen dando lugar a numerosas hipótesis arbitrarias. Lo cierto y deslumbrador es que el impedimento de dicha censura se parta de arriba abajo como el mencionado velo, a continuación de la tragedia española de fin de mundo, en su desenlace, dejando percibir un orden totalmente inconcebible e inadmisible para la razón teórica que entiende de los fenómenos cuantitativos. La conciencia humana es introducida como espectadora en otro ámbito, en el paradisíaco de la Logósfera. Puede darse cuenta por su propia Razón, del Advenimiento de un Ser ajeno a su psicología, el cual no es un objeto visible o audible físicamente, como siempre se ha pensado por interpretar a la letra el lenguaje mitológico de las Escrituras, sino una esencia enteléquica imaginable, exterior a nuestra conciencia racional y a las dimensiones de nuestra individualidad psicosomática; puro Espíritu, como no tenía más remedio que Ser [57].

Por maravilloso —ahora sí— que ello se nos declare, sería superfluo insistir sobre el particular. Los aspectos definidores del fenómeno han quedado expuestos. Se ha visto así que, al llegar a la hora ineluctable de la transformación histórica del mundo, los acontecimientos se han configurado en forma notabilísima de tragedia sobre la base de un crimen perpetrado a la vista de todo el mundo, en la persona de un pueblo, crimen que condena a muerte, satisfaciendo nuestra ansia espiritual de justicia, a aquello que en el proceso evolutivo tenía forzosamente que desaparecer. Pero tenía que desaparecer para dar paso a otra realidad más vasta y sublime, de la que la suya era precursora. El discurrir creativo de la historia humana se nos revela así gobernado por las razones intrínsecas de una Teodicea que resulta imprescindible si el punto de la crisis corresponde a la verdadera decisión del fin, cuando el Verbo esencial pronuncia el fallo definitivo.

A nadie de los atribulados por la monstruosidad del delito perpetrado en España pudo escandalizarle que Europa, en cuanto cabeza soberana del mundo, fuera derrocada y material-

---

[57] Detalles suplementarios sobre la materia pueden leerse en *La Espada de la Paloma* (México, 1956) hasta que se hagan públicos los cursos más elaborados dictados en esta Universidad. Cf. también *Teleología de la Cultura*.

mente destruida a continuación, y que desde entonces, partida en dos, su esperanza de reconstruirse sólo se muestre factible dentro de estructuras planetarias donde desempeñe oficios más modestos. Ni tampoco debería extrañar a nadie, si nuestra intuición no estuviese intervenida por otra especie de convencionalismos, que a los pocos años se revelara, en la vertiente del ULTRA, la sanción complementaria, ésta de orden espiritual, que a la vez que completa la desolación de la «gran ciudad» mediterránea en cuanto señora cultural que «decía en su corazón: Yo estoy sentada reina y no soy viuda y no veré llanto» (*Apoc.* XVIII) —parte negativa—, pone de manifiesto —parte positiva— los procederes modulados de un Logos que se cierne sobre los aprioris de tiempo y espacio, e independiente por lo mismo, de la existencia individualista que invierte, sodomíticamente, el orden de los valores. Se trata, pues, desde un punto de vista universal, de un fin y de un principio —omega y alfa— correspondientes a la verdadera operación de metamorfosis que está teniendo lugar en el planeta.

En perspectiva cenital se percibe en relieve cómo sobre las iniquidades atroces, odiosísimas, de la tragedia creadora que cebó sus llamaradas en el Finisterre hispano han resplandecido por fin las tres grandes coordenadas inherentes al Espíritu creador. Ante los ojos de la Conciencia de la Cultura, que no son los de nadie en particular, han hecho eclosión: la *Verdad* justificante en sus variadas proyecciones de pasado y presente en virtud de un futuro en el nivel de lo inenarrable; la *Bondad,* en cuanto que la substancia de los sacrificios dolorosos ha posibilitado el triunfo incruento del mayor bien presumible para el género humano, puesto que se trata del género y no de los individuos; la *Belleza* que ha organizado el tránsito en formas estéticas de tragedia teleológica, donde las luces y las sombras del Mal y del Bien en sus variados registros, han concertado sus contrastes en la forma exigida por la inmanencia del fin en quien se torna esplendoroso océano ese Amor sin otro objeto que aquello que justifica con creces —claro que desde un punto de vista no individual— los siglos de sufrimiento: la presencia infinita del Ser VIDA.

Complementos circunstanciales

Ahora bien, si lo tocante a la localización del aspecto destructivo de la sentencia trágica ha quedado perfectamente expreso, hasta ahora no puede decirse otro tanto del aspecto positivo, es decir, no se han presentado razones que conduzcan a una condicionalización suficiente. Lo que está lejos de significar que no existan. Bien al contrario, los efectos reveladores de la tragedia española, han alcanzado otras distancias. Varias veces hemos advertido ya las líneas que indican, por convergencia, cómo el proceso teleológico de la historia se proyecta inequívocamente al territorio americano que parece ser el blanco hacia el que propenden los impulsos de la transformación universal. Pero la percepción de esos contenidos un tanto recatados entre el follaje, tampoco ha sobrevenido aerolíticamente, porque sí, sino que no sólo ha coincidido con el desenlace de la tragedia española, sino que se ha debido a él.

Entre los esparcidos de la España Peregrina, residentes en la Nueva España, fue donde se aisló y tornóse visible el apocaliptismo significante de Rubén Darío, complementario del por él insospechado de la península. Más arriba se reseñaron las circunstancias en que comenzó a hacerse patente. El alma del centroamericano quedó desde sus primeros tiempos orientada hacia ese punto donde fulgían las esperanzas esenciales de nuestra cultura religiosa, columna medular de nuestra era. Mediante los detalles que de cuando en cuando emitió al herirse en las contras de su fragosa y desarreglada vida, se llega desde cierta perspectiva a la convicción de que entre su parábola existencial y la de nuestro siglo veinte se daba una consubstancialidad que remontaba sus raíces al siglo primero. Darío pudo modular así el canto supremo de su esperanza-espíritu en torno a la misma absoluta imprecación con que termina el Nuevo Testamento: «Ven, Señor Jesús». Aquí, en las entrañas de este mundo, está latente esa espectativa que tanta resonancia adquirió a comienzos del siglo pasado por las profecías del P. Lacunza, y que cien años más tarde Darío identificaría en su poema Pax, con el anuncio apocalíptico de la Cultura nueva de la que mucho hemos hablado. Mas con anterioridad había emitido su juicio contra la Iglesia de Roma en las prosas de La Caravana pasa y se había desentendido de su occidentalismo europeo, para remitirse, como cabeza de la nueva lírica, al futuro americano [58].

La profecía en cuya virtud Darío se engrana como la ruedecilla clave de un reloj con las grandes del mecanismo cultural para marcar la hora significativa de nuestro tiempo, por lo

[58] Véase Intensidad del Canto Errante.

certera y atrevida resulta en verdad sobrecogedora, casi del género que suele calificarse de sobrenatural. Y lo parece aun más al comprenderse su articulación, sobre tiempo y espacio, con el Dante, según he tenido oportunidad de indicarlo en varias ocasiones [59]. Resulta así que la concepción singularísima del mayor genio poético-profético de la Edad Media, en quien se condensa monumentalmente el sentido de aquellos siglos mediterráneos, cuya coincidencia teleológica con la del genio de Rubén Darío también se ha descubierto en las difíciles angosturas de la España Peregrina, es de una elocuencia sólo inteligible, en su ajuste extraordinario, mediante las teorías de las *Dilucidaciones* de Rubén relativas al alma del mundo y a la concepción del arte como una actividad reveladora que se cierne sobre el tiempo y el espacio. Uno y otro parecen haberse concertado para proyectar el polo antípoda de Jerusalem a un futuro paradisíaco, remoto para el Dante, inmediato para Darío, que se localiza con arbitrariedad sobrehumana en este lóbulo meridional del continente donde, bajo las estrellas en cruz, erige su significación onomástica, aunque fuera de toda conexión razonable, la ciudad de La Paz.

Quiere decirse que en virtud de los lineamientos trazados más arriba, se establece dentro de su orden la legitimidad trascendental de este conjunto de fenómenos que se enriquece con otros varios, como son: las intuiciones paradisíacas y apocalípticas de Cristóbal Colón y seguidores; los mitos neomúndicos, sobre los que abre sus alas el de la Cruz del Sur; la figura apocalíptica y patronal de la Virgen de Guadalupe; *El Paraíso en el Nuevo Mundo* de Antonio de León Pinelo, biblia del disparate racionalizado; la personificación de la humanidad paradisíaca en Santa Rosa de Lima, asimismo patrona, etcétera. En el ámbito de la Cultura como un todo, en su Logósfera, no hay manera de desentenderse de su extraordinaria articulación, porque está «hablando» para el oído alerta y afinado, capaz de comprender. ¿Que ello no coincide sino que pugna con la bidimensionalidad de nuestro lenguaje cuantitativo? Sería necio lamentarlo. Tales coordinaciones sintácticas, independientes de las concatenaciones existenciales de espacio y tiempo, sólo pueden atribuirse a una ultra-dimensión esencial, imaginaria, que se manifiesta de un modo que no es el de nuestros sentidos físicos y que, en el vocabulario trascendental de nuestra Cultura, se han de interpretar como peculia-

[59] *Obs. cits.* En especial *Teleología de la Cultura.*

res del «Verbo». Han de ser ab-surdos, buenos para sordos, por lo mucho que ofenden al actual oído común. Frutos de la lógica del Ser VIDA.

El absurdo Vallejo

Que este concepto del *absurdo* nos sirva de enlace para volver a establecer contacto, aquí obligatorio, con Vallejo. Se ha dicho que la atracción que el peruano manifestaba por el *absurdo* se debía a que el mundo, con sus graves injusticias sociales, le parecía un disparate. Desde uno de los ángulos de la realidad podría ser esto así, aunque en inversión dialéctica. Mas la perspectiva que ofrece la otra cara es muy distinta. Si para Vallejo sólo el absurdo es puro (140), según se complace en reiterarlo ya en Lima, al margen de toda preocupación social, se debe a que ansía por naturaleza amorosa algo con sentido contrapuesto, más allá de la razón reptil. El aforismo pascaliano es definitivo al respecto: «*Le coeur a ses raisons que la raison ne connaît point*». Vallejo invoca el absurdo porque el mundo de las dos dimensiones en que se ve inmerso le resulta de todo punto insuficiente, y reclama aquella dimensión que corresponde a la «tercera ala» (90) de la Imaginación que la justifique. No es ésta, por cierto, una cualidad que le sea privativa. Para todos aquellos individuos en quienes la Imaginación esencial tiene instalada una especie de colonia, es ésta una enfermedad común, como por la misma sinrazón lo fue durante siglos, para la conciencia cristiana como un todo. Inadaptables, desterrados, huérfanos —Darío entre otros muchos, como Shelley, Hölderlin, Poe, Baudelaire, que tanto insistió sobre el absurdo, Bécquer, Rimbaud...—, sus tendencias se enderezarán, en cuanto creadores en el campo del Verbo, vehículos de la «gracia» y por lo mismo, personalmente desgraciados, a transformar el mundo.

De aquí que la experiencia vallejiana encaje a la perfección y por lo mismo se justifique en el marco de los entramados culturales que dejamos expuestos. Todo en su vida pertenece al género absurdo, del que parece ser encarnación. En la prolongación del trayecto teleológico peninsular, nace en el «más allá, más arriba» de Santiago de Chuco, como cifra viviente del sentido originario de esta localidad fundada en homenaje directo a Santiago de Compostela por alguien oriundo de la ciudad del Finisterre galaico. Nace, pues, asociado al *Ultra*. Es un mestizo perfecto, no sólo de sangres, sino de culturas (dos abuelas indígenas, dos abuelos españoles y sacerdotes). Nada más absurdo, en apariencia, que ello pueda tener relación de ninguna especie con su destino literario de última extremidad, entrañado a la tragedia de la España ulterior. Sin embargo, es así. Pero las conexiones no son bidimensionales, racionales, ni vividas conscientemente, sino imaginarias y fortuitas, absurdas.

En su primer libro se menciona al Apóstol una vez. Pero en una enigmática oportunidad, a la que me referí en mi última disertación en las Conferencias, lo alude sigilosamente, entre líneas, en función del caballero del Apocalipsis, del «Verbo» que ha de venir, el mismo por el que clamaba Rubén Darío. Este poema, titulado precisamente *Líneas,* es uno de sus documentos capitales, puesto que en él se expone programáticamente tan temprano como en 1918, el sentido general a que se atendrá su existencia-experiencia hasta su muerte en la encrucijada española. Se refiere a la situación servil del ser humano bajo el pesado yugo de un destino que lo sujeta a muerte. Y se propone, nada menos, que la regeneración de la especie por el Amor «que desviará tal ley de vida hacia *la voz del Hombre*», reclamando para ello que en cada individuo «lata, envuelto en albas frágiles, el Jesús aun mejor de otra gran Yema». Héle, pues, ligado emocional, medularmente, al Redentor. Y como consecuencia se anuncia en dicho poema que en virtud de ese Amor, a los hombres «se nos dará la libertad suprema contra lo ciego y lo fatal». Se marca así el tránsito a una distinta, más avanzada situación. «Y después la otra línea», se lee en el poema. Frente a ella el poeta parece atribuirse cometido de precursor, puesto que añade:

Un Bautista que aguaita, aguaita, aguaita...
Y, cabalgando en intangible curva,
un pie bañado en púrpura.

Ya indicamos el valor excepcional, absurdo, significado por la inconcebible elisión del Sujeto y del «Verbo» principal, verdadero sujeto indefinido de esta cláusula, que alude indistintamente al invisible caballero del Apocalipsis y a Santiago Matamoros. Mediante ambos nos pone en comunicación eslabonada con el proceso teleológico que, iniciado en Jerusalem, estableció su punto europeo de despegue en ese mismo Finisterre español donde hemos visto cruzarse la espada verbal y la acerada. Es decir, nos sitúa en el climax de la

254

tragedia donde Vallejo —*España, aparta de mí este cáliz*—
asumiría la representación del «Jesús aun mejor de otra gran
Yema», blandiendo la espada del Verbo en oposición a la
arzobispal que pretendía hacer florecer el evangelio en los
surcos abiertos a punta de espada en las carnes populares. ¡Y
ese morir pausadísimo, como con estudiada lentitud, para desaparecer el día de Viernes Santo, expresando con su muerte
el significado de su vida!

¿No es todo ello maravillosamente absurdo, producto de
esa otra sublime dimensión que sobre tiempo y espacio su-
pervisa, dirémoslo así, los azares evolutivos del planeta? Y no
cabe desconocer el oficio que, al margen de su vida de relaciones mundanas y de sus escritos para el público, desempeña-
ba la figura apostólica de Santiago en el área de recato de Vallejo, en su «adentro» personal. Muy avanzada su existencia,
enquistado en la Europa del fin, el 18 de junio de 1929, a los
seis meses de su primer viaje a Rusia y de su convivencia con
quien cinco años más tarde contraería matrimonio, le escribe
a su hermano Víctor, residente en su pueblo natal, según arriba mencionamos: «Le ruego mande decir una misa al Apóstol a mi nombre... Le he pedido que me saque bien de un
asunto. Le suplico que mande decir esa misa. Así me he encomendado ya» (Espejo Asturrizaga, p. 204).

¿Superstición? Esta y otras calificaciones derivadas de los
criterios positivos, no modifican el fenómeno en modo alguno. También sería superstición el ESPAÑA, APARTA DE MÍ ESTE
CÁLIZ, así como la vocación vallejiana a ofrendarse en holocausto conforme a su propósito temprano de asociarse al «Jesús aun mejor de otra gran Yema». Como podría tildarse de
supersticiosa toda reincidencia de una figura o argumento ar-
quetípicos, *El Paraíso perdido,* por ejemplo, o cualquiera de
los innumerables *Prometeos,* y hasta la flor que proviene de
una semilla anterior. El hecho es que al reunirse los indicados elementos heterogéneos y confundirse, homogeneizándose
como en crisol, en virtud del fin, se desprende un sentido que
nos descubre el valor intrínseco de una situación histórica y
amplía en hondo grado la penetración de nuestra conciencia.

Ya en este campo, la identificación postrimera de Vallejo con el significado de la tragedia española no debe hacernos
olvidar que sus vínculos con la península, no siempre sigilo-
sos, arrancaban de bastante más lejos. Por lo pronto, de sus
dos abuelos españoles. Sucede, en segundo lugar, que el arquetipo del Apóstol venerado de su pueblo, con referencia a

Compostela, coentraña, bajo el signo de un mismo Santo Patrón, los valores mitico-religiosos de la península y los del medio en cuya atmósfera se crió y creció el poeta adolescente. En el orden de la imaginación, entre una y otra situaciones, se configura un estrecho parentesco espiritual de oscuras resonancias y derivaciones que han podido prolongarse hasta el definitivo límite. No sorprende, pues, que la entrega de Vallejo al empeño de renovación literaria se realizase bajo el signo del *ultraísmo* [60]. Todo es, en ambos casos, Finisterre, proyección al más allá, lo que quizá justifica en algún modo la amistad fraternal que a Vallejo lo unió con quien esto escribe.

Tampoco sorprende, por lo mismo, oírle decir desde Biarritz en septiembre de 1925, a punto de trasponer la frontera española por primera vez:

> Desde la costa cantábrica, donde escribo estas palabras, vislumbro los horizontes españoles poseído de no sé qué emoción inédita y entrañable. Voy a mi tierra, sin duda. Vuelvo a mi América Hispana, reencarnada, por el amor del verbo que salva las distancias, en el suelo castellano, siete veces clavado por los clavos de todas las aventuras colónidas (ARTÍCULOS OLVIDADOS, pp. 61-62).

¿No sucede aquí, al conjuro de esta «emoción inédita y entrañable» con motivo de España, que la referencia al «amor» del «verbo» arrastra inmediatamente en pos de sí la presencia alusiva del Crucificado en un contexto de «reencarnación» perfectamente afín al doce años posterior de ESPAÑA, APARTA DE MÍ ESTE CÁLIZ?

A partir de entonces fue Vallejo sostenido por la beca que le concedió la «*Madre Iberia*» y que si no utilizó para proseguir sus estudios en la península, le permitió liberarse de la esclavitud de una oficina y subsistir durante algún tiempo dentro de una economía apretada pero soportable. Luego se publicó en España la segunda edición de TRILCE, meses antes de que fuese expulsado de Francia. Ocasionó esto último su permanencia en España durante todo el año 1931 y comienzos del siguiente, su afiliación al partido comunista, ya que el de España fue el único a que perteneció, así como que escribiera y se publicaran en Madrid sus libros EL TUNGSTENO y RUSIA EN 1931. Mas sobre todo, dio lugar a que se encontrara en Ma-

[60] Véase *Aula Vallejo*, 5-6-7-, pp. 259-311.

drid el día trascendental del Advenimiento de la República. No eclipsaba este evento, claro está, al de la revolución bolchevique. Pero el poeta de alma popular que era Vallejo no pudo menos de impresionarse ante el entusiasmo popular enajenado de aquel 14 de abril, desbordante, jamás visto, que por más de un motivo pide compararse con la entrada entre palmas y vítores de Jesús en Jerusalem como preámbulo de la Pasión. Esta es cosa que declara con absoluta pertinencia la identificación final de Vallejo con la España de su cáliz, actitud enteramente absurda, inadmisible para una ideología marxista [61].

Los reseñados son elementos más que suficientes para demostrar la vertebración que en este aspecto de Santiago existe entre la experiencia de Vallejo y la de Rubén Darío que clamaba por el Advenimiento en relación con el famoso caballo blanco que a veces se le confundía con un Pegaso en cuya exhalación pudiera él mismo volatilizarse imaginariamente. Y cosa por demás notable en este terreno donde nos hemos puesto a distinguir el veteado trascendental y clandestino de la historia; si Darío percibió y corroboró la extraordinaria relación existente entre la profecía de la *Divina Comedia* y el destino sudamericano, Vallejo identificó ese su Amor llamado a vencer al tiempo y al espacio y regenerar al mundo, con el amor dantesco. El discurso que se lee en EL ROMANTICISMO EN LA POESÍA CASTELLANA sobre la «idea del amor» proviniente del «alegorismo florentino», define cualitativamente su modo de sentir en relación con el mundo. Cuenta el poeta veintitrés años. Ya no es precisamente un niño, aunque psicológicamente no haya dejado de serlo en más de un aspecto. Y el valor primordial que la existencia tiene establecido en el absolutismo de su sensibilidad, es «el amor en el mundo, ese amor que inspirara el verbo dantesco», presidido por «el paraíso celestial» en forma que, entreverados esos ideales con sus ilusiones juveniles, se vuelcan hacia «la pasión pura que hace ver en los ojos del ser amado, un lejano e inasible paraíso» [62].

---

[61] Como testigo presencial de los sucesos, cuenta el peruano Armando Bazán que al proclamarse en España la República, fueron «las muchedumbres de las ciudades españolas presas de un delirio pocas veces visto en la historia humana [...]. Entre los más exaltados manifestantes se encontraban Vallejo y sus amigos peruanos, Luis Vega [seudónimo del mismo Bazán], Juan Luis Velásquez —expulsados también de Francia— y Julio Gálvez, que desde hacía años se encontraba allí y que había sufrido parecida evolución ideológica» (Armando Bazán, *César Vallejo: dolor y poesía.* Buenos Aires, 1958, p. 140).

[62] Cf. sobre el particular *Aula Vallejo,* 5-6-7-, pp. 283-84.

Se escucha una vez más la resonancia del incomparable mito paradisíaco donde se realiza la unión de cielo y tierra, de lo divino y de lo humano, de Adán y de YHWH Elohim. Mas ahora nos llega condicionado por el espíritu del Medioevo que había cometido la temeraria sublime arbitrariedad de situar la conjunción de ambos paraísos, el terráqueo y el celeste, en el polo planetario antípoda de Judea. Es decir, de ubicarlo hacia los Andes donde se reúnen: el pueblo de Santiago donde Vallejo nació; el lugar donde se alza el Cuzco —«ombligo» para Garcilaso como Jerusalem lo había sido para Ezequiel (XXXVIII, 12)— en cuyo recinto volvió a «aparecerse» Santiago y se le erigió el templo llamado del «Triunfo» [63]; donde se ha descubierto la ciudad simbólica, perfecta y encumbradísima, de Machupicchu, esperanza de salvación lanzada por el destruido imperio de Sudamérica hacia el más allá, calificada por Vallejo de «ciudad de Dios» [64] y donde se construyó la capital más elevada del mundo, la «ciudad de La Paz» (Jerusalem), etc. Dante y Darío gravitan en este orden de valores superracionales sobre la personalidad vallejiana cuya significación se conjuga, fuera de tiempo y de espacio, como por armonía preestablecida, con la de la Rosa ostensiblemente paradisíaca de Lima. Se ha de recordar que la corona de espinas que para su cabeza se fabricó la virgen limeña constaba de tres secciones metálicas guarnecidas de treinta y tres púas cada una, o sea, por estupenda «casualidad», idéntica en su estructura a la de la *Divina Comedia* (tres libros de treinta y tres cantos cada uno). El poema dantesco se proyecta a la gloria de «la sacrosanta Rosa de las rosas» (Darío), mientras que la corona de la santa que se convertirá en Patrona de América, como Santiago lo es de España, califica en forma por demás notable el cerebro o mente paradisíaca de la Rosa representativa de nuestro Nuevo Mundo [65].

[63] La primera alusión literaria a la «aparición» proviene de un indígena, Tito Cusi Yupanqui, el segundo inca de Vilcabamba: «Dicen estos indios que vn cauallo blanco que por allí andaua (...) les hacía mucho daño» (*Relación de la Conquista del Perú*, Lima, 1916, p. 70). Luego hablarán del asunto Garcilaso, el P. Acosta, Poma de Ayala y Fr. Martín de Murúa. El prodigioso Poma de Ayala, que en la página 404 de su códice dedica un dibujo a la aparición, llama a la capital incaica *Santiago del Cuzco* (pp. 1041-42).

[64] J. L., *Del Surrealismo a Machupicchu*. México, Joaquín Mortiz, 1967, pp. 216-17.

[65] Se ha escrito: Vallejo «es el poeta más universal, católico en este sentido (el único sentido real) de este tiempo, el más católico y universal

Y ya en este ambiente «paradisíaco», de formalizaciones estéticas extra-individuales, y puesto que en virtud del Surrealismo nos hemos asomado a la jurisdicción de los «azares objetivos» burladores del tiempo y del espacio, no parece que cuadraría dejar pasar en silencio cierta compleja configuración complementaria que puede hacer tanto sonreír como dar escalofríos, o ambas cosas a la vez, o aun provocar el enojo de más de un dómine discrepante.

Apenas es preciso recordar que si Dante se sirvió de Virgilio como mentor para su obra trascendental, pasando en su seguimiento al polo antípoda del globo terráqueo, se debió más que a la calidad excelsa del poeta latino, a haber sido éste el autor de la Egloga IV que durante siglos se estimó profecía de la nueva edad de oro cristiana. (Dice Eusebio que en la «Asamblea de los Santos» o Concilio de Nicea, Constantino la leyó, traducida al griego, aplicándola al Salvador del mundo). Dante se refiere a la Egloga con suma alabanza en el Canto XXII del *Purgatorio* por boca del poeta Stacio que, entusiasmado por su anuncio del nuevo orden de los siglos, se había, según cuenta, convertido secretamente a la nueva fe.

Esto de un lado. Epocas después, Darío utilizaría el espíritu y los hexámetros de la misma Egloga pitagórica para componer su *Salutación del Optimista,* donde tras mencionar parecidamente a la Sibila, anunciando el «reino nuevo», aparece «de súbito, talismán, pura, riente / cual pudiera decirla Virgilio divino / la divina reina de la luz, ¡la celeste Esperanza!».

Los tres se refieren a una nueva «progenie», por más que en Darío el concepto haya adquirido significado distinto.

de todos los poetas modernos, el único poeta desde (¿quién?, ¿Dante?) que es en todo como Dante». Thomas Merton, «Carta a un poeta acerca de Vallejo», en *Aula Vallejo,* 5-6-7, pp. 324-25).

—No sin alguna reticencia me decido a recordar que la joven que ejerció tan decisivo papel sobre la sensibilidad juvenil de Vallejo era portadora de una extraordinaria mandala nominal. Llamábase Zoila Rosa Cuadra (¡Soy la Rosa!). ¿Influiría ese nombre extraordinario en la inclinación amorosa del poeta, que la llama «nueva madre mía»? Lo cierto es que con su motivo se produjo la primera escisión dramática del idealismo irrefrenado, «dantesco», de Vallejo, que inicialmente se centró en ella, y las inclinaciones sensuales que se hallaban incorporadas a dicho ideal y despuntarían entonces.

Virgilio: Iam nova progenies caelo dimittitur alto.
Dante: E progenie scende da ciel nova.
Darío: la alta virtud resucita / que a la hispana progenie
hizo dueña de siglos.

Pero de otra parte, iluminado por Mitre, Darío adoptó la intuición geométrica de Dante para aplicarla —primero subconscientemente en su poema *Visión,* y después con plena conciencia en *Salutación al Aguila*— a estas comarcas del Nuevo Mundo donde se alzan los Andes como peana de las mansiones paradisíacas hasta cuyos linderos el autor de la Egloga había acompañado al Alighieri. Así, pues, Virgilio, Dante y Darío se entreabrazan para anunciar, cada uno a su tiempo y manera, el advenimiento de la edad de oro que en la mente de la *Comedia* asume concreciones geográficas y en la de Darío culturales y de sustancia verbal. En su conjunto nos sitúan, en esta nuestra época de «vasto social cataclismo sobre la faz del orbe», ante el significado ingente de los Andes.

Pues bien, *Cisne de Mantua* se le dice a Virgilio. Cisne es el animal poético-profético por excelencia, como consagrado a Apolo, según se sostiene en el *Fedón* (84-85), el cual anuncia las excelencias de otro mundo. Y cisne es el emblema del modernismo dariano, al que con tan anecdótica perseverancia se ha intentado torcerle el cuello.

Precisamente Darío se sirve de él para augurar el porvenir:

> La América española, como la España entera
> fija está en el Oriente de su fatal destino;
> yo interrogo a la Esfinge que el porvenir espera
> con la interrogación de tu cuello divino.

No se hace aguardar la respuesta condicente con la virgiliana *Salutación del Optimista.*

> Y un cisne negro dijo: «La noche anuncia al día».
> Y un blanco: «¡La aurora es inmortal, la aurora
> es inmortal!» ¡Oh tierras de sol y de armonía,
> aún guarda la esperanza la caja de Pandora!

Sobre este horizonte se va a comprobar cómo en el círculo del Verbo principio y fin se tocan, absurdamente, por supuesto.

Si a Virgilio se le llama «Cisne de Mantua» es por haber nacido en esta urbe. «Mis padres eran mantuanos», se le hace decir a él mismo en el primer Canto de la *Comedia.* Sin embargo, Virgilio no nació en esa ciudad misma, sino en un poblado de sus contornos, a unos cincuenta kilómetros al noroeste de aquélla, donde se situaba el fundo de sus progenitores. Y ocurre que ese lugar de nacimiento del pitagórico cantor de la Edad de Oro o de Saturno (¡oh, Gerardo de Nerval!), cuya sombra iba a conducir al Dante, más allá del Purgatorio, a las alturas del monte antipódico enclavado en los mares del Sur bajo las cuatro estrellas cruciformes, esto es, la región donde se erige la cordillera andina, se llamaba por estupenda casualidad —la Sibila de Cumas y el Verbo divino nos protejan— *Andes.* De manera que en realidad estricta, el cantor de la fundación de Roma cuyo espectro iba a conducir al Alighieri a la montaña del Paraíso erguida en el polo antípoda de Jerusalem donde se entreabrazan ambos con nuestro Rubén Darío, resulta ser el profético *Cisne de Andes.*

¿No será este portento de «sincronicidad» orgánica en el campo verbal de la Cultura, es decir, en la Logósfera, algo así como un cuño más del fiel contraste? ¿Y no fue el teórico de la «supervisión» que va más allá de espacio y de tiempo quien cantó a la gloria de la latinidad del siguiente modo?

La latina estirpe verá la gran alba futura...
Y así sea esperanza la visión permanente en nosotros,
ínclitas razas ubérrimas, sangre de Hispania fecunda! [66]

De polo a polo

Algo hay en el actual panorama del mundo que, en relación con lo tratado, pide asimismo no ser pasado en silencio —siempre en la dimensión de lo absurdo, evidentemente—. Ocurre

[66] Parece casi seguro que mediante su expresión «reina de la *luz,* la celeste esperanza!», Darío aludía en su virgiliana *Salutación* a la *Divina Comedia,* aunando una vez más las dos vertientes, pagana o sensual y cristiana o espiritual. En la *Comedia* aparece una extraña personificación, *Lucía,* sentada en el empíreo frente a Adán y junto a la Rosa o Virgen María (*Par.* XXXII). Representa, según asentimiento común, la Esperanza, siendo ella la salvadora del Dante en cuanto que despachó en su auxilio a Beatriz (*Inf.* II), y ella misma lo traspuso, dormido, al Purgatorio (*Pur.* IX). Portentosamente, la figura del apóstol Santiago, suplantada por Lucía en Paraíso XXXII, Santiago de Galicia, para el Dante personificaba asimismo la Esperanza (*Par.* XXV). Aquí se afirma ser ésta la virtud teologal que arrebataba típicamente al Alighieri, como en su séquito arrebataría al autor de *Cantos de Vida y Esperanza.*

que si en el polo paradisíaco del hemisferio sur vemos reunirse, como los disparos junto al blanco, los indicados elementos determinativos —a los que conviene añadir el presagio del *Advenimiento* de Manuel Lacunza—, en el otro polo de origen, según la *Divina Comedia,* en el polo palestino de donde arranca el proceso teleológico entrañado al destino del pueblo y del Verbo español, están dándose acontecimientos de significación profundísima. Jerusalem ha dejado de ser hollada por las gentes. Ha regresado a su tierra, luego de la intervención apocalíptica del Exterminador, el pueblo de YHWH y de Israel. Los dos extremos del eje terráqueo imaginado en la conciencia cósmica del Dante, se tocan y escandecen en el tiempo, dando signos de vida trascendental. «El reino de Dios está cerca» (*Luc.* XXI, 31), lo que nada tiene que ver con el reinado eclesiástico, sino con el de la llamada Nueva Jerusalem donde *no habrá templo.* Se avecina el advenimiento del Adán de la Nueva Cultura, del hombre genérico, planetario, en el esplendor paradisíaco de la Mente del Universo infinito, donde se dé a gustar del árbol de la Vida cuyas «hojas eran para la curación de las naciones» (*Apoc.* XXII, 2). Si se salvan las barreras y falsillas cuadriculadas del racionalismo, nada más fácil de entender que este lenguaje simbólico que dota a la mente de alas de águila, y, dado el desarrollo de los acontecimientos, de aceptar que su significado.

Recapitulación y mapamundi

Quiero creer que con lo tan largamente considerado han obtenido respuesta suficiente, siquiera a grandes rasgos, los numerosos temas y dictámenes puestos sobre el tapete por la disertación de André Coyné. Si les hemos dedicado atención tan prolongada se debe a que nos han propiciado oportunidad para tratar a nuestra vez, con motivo de Vallejo, de muchos de los problemas de fondo que conmueven a la situación contemporánea, y de su proyección a un mundo nuevo, ante los cuales la personalidad del poeta peruano ostenta en la tragedia del pueblo español, significado acabadísimo.

Renunciamos a todas las demás explicaciones y consideraciones posibles, muchas de las cuales el lector interesado podrá realizarlas por cuenta propia. Nos limitaremos por nuestra parte a resumir y completar en unos cuantos párrafos el sentido que, a nuestro parecer, arrojan los acontecimientos de nuestra época, lo que elimina, también a nuestro parecer, cualquier duda respecto a la legitimidad de nuestro planteo en *El Surrealismo entre Viejo y Nuevo Mundo,* donde se invoca a esa dimensión más allá de la razón vulgar que todo lo deprime y achata. Recapacitemos pues:

Nuestro enigmático siglo veinte ha sido y sigue siendo un período de transformación planetaria, en lo material y en lo espiritual, mucho más decisivo y dramático que los anteriores. Artes, Ciencias —de la naturaleza y del espíritu—, técnicas aplicadas en todo orden de cosas y menesteres, panorama político y social del mundo con sus conflictos a granel, costumbres, creencias y lo demás —sin olvidar la actitud de varones y féminas ante los apremios sexuales—, todo ha dado un vuelco imprevisto cuya inevitable consecuencia es la constitución de un estado de humanidad diferente, con su conciencia propia.

El estallido de la ruptura que venía ya preparándose en los dominios del arte y de la ciencia puede decirse que irrumpió a superficie con la guerra del catorce. De ella procedieron la anemia de Francia, la revolución bolchevique, el auge industrial de Norteamérica, la expansión del Japón, a la vez que bajo su estímulo se difundieron a marchas forzadas la radio, la aviación y otras mil conveniencias de la tecnología incipiente. Al mismo tiempo quedaron sembrados los resentimientos, los odios, las ambiciones y demás estados de alma colectivos, es decir, los dientes del dragón que hicieron factible cuanto ocurriría de allí a pocos años.

De las violentas conmociones con que sacudió a la juventud la guerra del catorce, surgieron en las artes de Occidente, dadaísmo y Surrealismo, sobre las huellas de cubismo y futurismo que las habían preludiado. De ellos, el Surrealismo, más hondamente impregnado por los pesimismos de la catástrofe, se distinguió por su visión especialmente dramática de los problemas del hombre. Estimulado por los descubrimientos de la psicología analítica, ambicionó convertirse en el germen de la situación que se adivinaba y aún en su líder. Mas su intención revolucionaria se polarizó en los aspectos negativos, sin enjuiciar, sino al contrario, el esclerosado individualismo de Occidente. Y en cuanto a la psicología profunda, nunca pudo pasar de Freud.

En España mientras tanto, aunque respetada por la guerra, habíase asomado por los intersticios del momento la tendencia ancestral al *ultra* que dio ocasión al movimiento *ul-*

263

traísta. De poca monta fueron su entidad y consistencia, mas sus inquietudes sirvieron para concretar el punto hacia donde se orientaban los conatos peninsulares y para dar cuerda a algunos resortes impulsivos.

Todo ello no obstante, el mundo seguía enclaustrado en la luz onírica de su inconsciencia. Se gestaba la metamorfosis revolucionaria. Mas no la meramente social que había hecho presa al Este, entre Europa y Asia, sino la universal en que concurrían otros muchos factores procedentes de muy atrás y entre ellos con especial eficacia, el desarrollo de las urgencias de la Cultura con sus ciencias, artes y técnicas, y el crecimiento de las poblaciones del mundo a pasos gigantescos.

A resultas de las muchas y complicadas tensiones que reinaban en Europa, la primera manifestación del conflicto definitivo entre la vertiente del espíritu conservador arraigado en aquel territorio y la que se inclinaba al cambio, se produjo en España, península apendicular dividida desde antiguo, por su posición geográfica, en dos secciones ideales, citerior y ulterior, esto es, la mediterránea o católica, y la oceánica o verdaderamente abierta a lo universal.

Por los términos de flagrante injusticia en que se produjo y los excesos a que dio motivo, la guerra española caldeó los ánimos del mundo entero que se dividió, aunque a veces un tanto confusamente, en las dos mismas mitades del *ultra* y del *citra,* del *futuro* y del *pasado,* según una especie de balanza donde se juzgaba la dosificación de los valores. Las inclinaciones liberales y progresistas de América estuvieron prácticamente sin excepción de parte del *ultra* o bando republicano, puesto que esa era su vocación congénita, germinal. En ese momento fue cuando Vallejo, que por naturaleza y por evolución pertenecía al *ultra* y que en lo literario parece haber sido conmovido por el ultraísmo, hubo de dar testimonio mortal en nombre del Nuevo Mundo, identificado con el destino del *ultra* español que a la terminación de la guerra destacó hacia América un contingente representativo de su pueblo.

De inmediato sobrevino la catástrofe apocalíptica que, destruyéndola, puso fin a la hegemonía de Europa. El desarrollo evolutivo deseado por las gentes de buena voluntad era en exacta cuenta imposible. La universalidad del problema y los ingredientes en juego hacían inevitable la explosión correspondiente a la transformación planetaria. Terminado su cometido, si así puede decirse, Europa en cuanto entidad soberana desapareció. En Asia, en Africa, en Oceanía, se crearon situacio-

264

nes en las que los preliminares de una Cultura general se extendieron como un fuego incontenible sobre la faz del orbe.

Desde el punto de vista a que hoy se ha llegado, los aspectos materiales de la transformación cultural se distinguen holgadamente. Mas no sucede lo propio con los valores esenciales, necesarios para el fraguado de la Cultura universal en puerta. Ninguno de los sistemas vigentes hasta aquí, propios de las situaciones preparatorias, es valedero para lo que se exige. Todos están llamados a desaparecer, puesto que ninguno ofrece soluciones universales capaces de imponerse a la razón de los hombres todos, como sucede en el campo de la Ciencia. Frente a esos parcialismos, inclusive el católico, se requiere algo nuevo, diferente. Lo que no impide que, a lo que puede colegirse, tenga eso nuevo que estar vinculado, aunque niegue sus formas externas, con los valores esenciales de la tradición.

De aquí el significado trascendental de los sucesos españoles, de su amarguísima tragedia donde la víctima protagónica no es un individuo, sino un pueblo. En esta hora de mutaciones, se ha pasado del concepto individual al colectivo, base corporativa del Cultural. «España-Cristo», dijeron los poetas recurriendo a la figura que mejor correspondía, en su sentir, a lo que estaban viviendo y padeciendo. «Toda la sangre de España por una gota de luz», ofrecería clavada en su madero la misma voz de León Felipe clamando por un principio de Conciencia, cuando los aviones del crimen bombardeaban la ciudad abierta de Barcelona.

Por tratarse del *ultra* era preciso proyectarse más allá de la idea individual de ser, dejando el puesto a la colectividad que se expresa en otro lenguaje. El individualismo como absolutización de la idea corpórea del sujeto individual tenía que marchitarse hasta desaparecer por completo. Pero tratándose de un transporte a lo universal, lo particular, aunque colectivo, tenía asimismo que cruzar la muerte. «España-Cristo», el supremo arquetipo teológico volvía a hacer acto de presencia con todos sus símbolos atributivos: Muerte, Resurrección, Paraíso o Ascensión a lo Universal, Advenimiento.

En este escenario logosférico donde se arremolinan los símbolos trascendentales provinientes de la zarza ardiente y del Gólgota, es donde Vallejo viene a rendir testimonio de calidad al identificarse, como portador de la sustancia autóctona y cristiana de América, con el significado profundo de los acontecimientos españoles. Muere a su vez en cuanto individuo, en cuanto uno. Muere en holocausto de amor, crísticamente, en

265

representación del *ultra,* del más allá de la muerte a donde tendía desde sus primeras poetizaciones. Su significado es complejo. De una parte es como un cabo suelto de América, que viene a anudarse con el sentido de la tragedia española revelando el valor de la misma relativamente al destino americano. De otra parte, da testimonio de lo que América es, como fusión de lo indígena y de lo occidental, con proyección a un tercer término más allá de la muerte, corroborado por el sentido del acontecimiento español. El arquetipo del tránsito se vive en él en forma individual mas con obvio significado colectivo y con referencia tanto a los valores sociales correspondientes a la organización material del mundo, como a los trascendentales que pertenecen a lo que llamaba su «adentro».

Del conjunto de lo indicado se desprende que el mundo en su totalidad está yendo hacia una Nueva Cultura que por su constitución misma reclama la desaparición de las situaciones previas que le son incompatibles. En esta perspectiva se explica muy bien la formalización del Surrealismo empeñado en destruir el estado de cultura de Occidente a la vez que justifica la actitud de Breton frente al hecho soviético que es asimismo una situación previa. Y se explica por su congruencia la exaltación del seudo suicidio de Vaché que denuncia en forma indirecta la necesidad de la destrucción de su estado de espíritu así como sus impulsos teóricos hacia una cumbre definitiva aunque en la práctica se limitaran sus adeptos a hacer pinitos y excursiones de cabotage antes de derivar casi todos ellos a otras posiciones. A fin de cuentas, el Surrealismo es asimilable a la situación biológica de los anfibios que se mueven con dificultad y no pueden alejarse del elemento de que provienen.

De aquí que mientras el Surrealismo se empantanaba en los escarceos literarios que traducen la situación anímica de su espacio-tiempo pero que no conducen a ninguna parte, los impulsos del *ultra* español a que Vallejo estuvo entrañado, ofrezcan en el orden cultural perspectivas más firmes. Mientras que el Surrealismo no tuvo vislumbre de la necesaria inminencia de una Cultura nueva, Darío sí. El Surrealismo no sabía de soluciones positivas, como no lo sabía el Occidente, encastillado en su última extremidad. Sentía, prolongando la línea romántica, la apetencia de una nueva dimensión, pero intentaba obligarle al subconsciente a facilitársela por decreto, de manera que provista de un mito dinamógeno, su voluntad de poder acometiera la transformación del mundo. No se daba cuenta de que la luz del nuevo día requiere que salga el astro que la irradie, de cuya ausencia no es difícil dar testimonio fehaciente, mas sin que podamos lograr que ascienda en el horizonte en virtud de algún acto de hechicería practicado con tal propósito. La nueva aurora humana exige la intervención del Ser del universo. Esto es algo que se nos evidencia merced a los grandes símbolos que han venido circunstanciando en el proceso histórico las huellas precursoras del llamado a Ser. He aquí diagramado en el orden espirituniversal desde antiguo el Advenimiento que desintegre las estructuras del sistema anterior, manifestando su impropiedad a la vez que descubra los horizontes de la presencia infinita.

En esta oportunidad es cuando procede abrir los ojos al panorama siguiente. En un fenómeno procesal o caravana de fenómenos de creación evolutiva en el tiempo, no sólo importa la formulación de los objetos escalonados de dicha creación, sino que más importante aún, puesto que sin ello la verdadera creación —auto-creación— sería imposible, es el *modo* como el proceso se lleva a efecto y se concluye. Este modo o forma dinámica de realización es como el lenguaje que revela ante la conciencia espectadora el significado del fenómeno en su integridad objetivo-subjetiva, significado oculto, inconsciente para las parciales situaciones intermedias y consecutivas que son transacciones existenciales entre objeto y sujeto orientadas hacia fines en armonía sinfónica con el fin universal. Dicho *modo* o *forma* es lo que traduce a conciencia la razón espiritual del conjunto. Es decir, es lo que da testimonio revelador del Sujeto. De ahí que la fenomenología del proceso esencial con las especificaciones circunstanciales en que se modula su discurso, sea razón congénita, imprescindible en todo momento, de manera que al llegar al instante cúspide o centro del enredado laberinto, se haga conciencia presente el Ser cuya virtualidad ha venido dando vida a cada una de las situaciones precursoras. En los largos períodos de la oratoria latina era común que, tras el interminable desarrollo de oraciones subordinadas, la última frase del período concluyera, mediante un hipérbaton definitivo, con el verbo principal, clave de bóveda que determinaba el sentido de la construcción gramatical entera. De modo comparable, suele ser frecuente que al final de la representación del drama, más allá de su nudo y desenlace, aparezca en escena el autor. Otro tanto cabe decir del discurso dramático de la historia y aun de la Creación como un todo. Es obligatoria al final la presencia del Autor, sólo manifestable en estos casos por el Verbo deletreado en el *modo* como el proceso se ha desarrollado así como la trascendencia de su desenlace más allá del escenario.

En el trayecto de la experiencia histórica del hombre, sólo por este procedimiento es posible pasar en cuanto colectividad del nivel *faber* o cuantitativo, al nivel *sapiens* o cualitativo, es decir, del nivel *helénico* del individuo hacedor de objetos circunstanciales, que intenta vana pero significativamente conocerse a sí mismo, al nivel *israelita* en que el Ser —«el que es y el que era y el que ha de venir»—, al conocerse en nosotros en virtud del Verbo que establece la comunicación entre las objetivaciones parciales, desemboca en lo que Es, Espíritu. En otros términos, se pasa del jardín filosófico y racional de Akademos, al teológico y absurdo del Paraíso.

Conforme a estos esquemas cabe, al menos, tener la impresión de que se entiende en sus grandes curvas espirales el proceso de la creación planetaria sobre el fondo de la del Universo que, según se apuntó anteriormente, «habla» desde situaciones lejanísimas en el tiempo espacio a la conciencia de la razón teórica. Y especialmente se entiende el desarrollo progresivo de la vida orgánica en el planeta y, dentro de ella, la evolución del hombre a través de los diversos círculos culturales. Pero sobre todo se entiende y justifica el proceso teleológico que se ha expresado ética-estéticamente en el fabuloso Mito, con mayúscula, que condensa el sentido prospectivo y finalista de las generaciones humanas y justifica su «parirás con dolor». Gracias a ese mito con que se inicia la gran Revelación que carece de equivalente en las demás culturas, aunque el tema paradisíaco figure cuantitativamente en muchas de ellas, gracias a la concatenación de grandes períodos consecutivos como los caracteres del tetragrámmaton que simboliza el nombre impronunciable del Verbo divino, se establece en el orden esencial el sentido que preside el desarrollo itinerante de la Humanidad como un todo. Mediante ese instrumento trascendental que establece —en imagen— el contacto entre el principio y el fin, la conciencia genérica puede percatarse en la actualidad de que la creación histórica se encuentra donde relumbra y se asesta la espada del Verbo, es decir, en la puerta del llamado «Paraíso» o «jardín» a cuya luz intrínseca habrá de realizarse la convivencia de lo divino y de lo humano, o sea, proyectándose al horizonte que se entreabre tras la milenaria etapa anterior. Es la mansión, digámoslo así, cuyo acceso reclama, al final del proceso místico, la muerte previa del testigo que sirve de puente o pontífice.

Considérense los símbolos: *Adán,* el hombre genérico del que proceden simbólicamente los hombres todos y en el que, por lo tanto, todos se convocan; el ser humano tomado del «polvo» de la «tierra» a que corresponde el nombre de su materialidad colectiva [67], pero en estado perfecto, establecido en el jardín plantado por JHWH Elohim, o sea del Ser, según el alejandrino Filón lo traducía al griego *(ho óon).* Se le da a *cultivar* el huerto paradisíaco, lugar donde la muerte no tiene acceso. Desde nuestro actual punto de vista se trata del *Hombre Cultura* equivalente a la personificación de lo que llamamos *Cultura Universal,* donde la conciencia de ser del individuo, por no estar identificado con su ente corpóreo, se sabe ser inmune a las malicias de la muerte.

Por supuesto, la conciencia histórica nunca ha explicado el Mito así, aunque examinase al pasar cuantas interpretaciones le parecían posibles. En nuestra línea de ascendencia, dicho Mito ha sido comprendido, inclusive en conciencias poéticas tan perspicaces en otros aspectos y tan cercanas a nosotros como la de Baudelaire, como la expresión de un castigo debido a una falta, que situaba a la conciencia humana en estado abyecto, condenada a muerte, según tanto y tan sintomáticamente lo repiten los existencialismos. Reúne esta interpretación tradicional tres ángulos de significación. De un lado, satisface el orgullo natural del espíritu humano que se declara capaz de haber ofendido al Ser infinito con el que así se equipara. De otro lado, el sentimiento del castigo hace que esa situación inconsciente se caracterice por la ausencia dolorosa de algo consubstancial a dicho ser humano que de este modo es ascendido a un estado de más alta calidad espiritual, un algo que se juzga perdido en el pasado —estamos en el destiempo—, pero que en realidad histórica no lo ha sido nunca. Y en tercer término, se le impone a la conciencia inmediata la obligación ingénita de suspirar por la dicha perdida, y de intentar recuperarla aceptando y dirigiendo en cierto sentido el dolor que sirva de rescate y que en el fondo es el testimonio de la presencia —por ausencia— del Espíritu creador.

Seguiremos los desarrollos del Mito cuya interpretación generalizada se debió a San Pablo, exaltado por su aspiración

---

[67] A Abraham y a Jacob se les dice con referencia expresa a los cuatro puntos cardinales: «Haré tu simiente como el polvo de la tierra» *(Gén.* XIII, 16, y XXVIII, 14).

al más allá de la muerte, según predicaba a la Iglesia de Corinto. Para éste, Jesu Cristo se define como segundo Adán, que como «hijo de Dios» rescata la culpa y abre acceso al Paraíso a donde él mismo había sido arrebatado (2 *Cor.* XII, 4). Con él resucita el Hombre genérico de manera que cuando en el Cuarto Evangelio o de la «gracia de Dios», se le aparece Jesús resurrecto a María Magdalena en el jardín (*kerós*, XIX, 41), se identifica en modo indirecto por el sentimiento de ésta que lo creía el jardinero (*kerourós*, XX, 15), como el Adán paradisíaco, el cual se declara intangible por no haber ascendido aún al Padre de donde habrá de venir.

En este contexto figurativo es donde la tragedia colectiva de España adquiere su plena trascendencia como instrumento de la revelación de la Revelación. El desarrollo terráqueo acontecido en el campo de una Mente poética extraindividual no ajena a la Creadora del Universo que las actividades científicas están escrutando hoy día por los caminos bidimensionales de la razón teórica, se viene proyectando a una situación universal. Nada de este panorama es caprichoso, nada producto de la fuerza ni de su espada carnicera, sino del Espíritu. De aquí que el Nuevo Mundo paradisíaco cuya localización inicial hemos visto determinarse en virtud del sistema de fenómenos teleológicos, tenga un punto de aparición, así como el estado precedente se encuentra en el suyo crepuscular de desaparición. Este, espíritu de Europa, viejo mundo, agonizando. Aquél, América, espíritu de Mundo Nuevo con sus «países de la Aurora», amaneciendo. «Nuestro lucero de la tarde es la estrella de la mañana de los antípodas», es uno de los textos de Novalis recordados en mi *Surrealismo*.

Con ser todo ello infinitamente importante, lo sobre todo trascendental es que con este motivo de la tragedia española se haya hecho inteligible la presencia activa del llamado Verbo de Dios que desde fuera de tiempo y de espacio viene a pelear y a destruir lo llamado a destruirse, en el nombre del Ser del Universo del que es hipóstasis o personificación imaginaria. Nos ha consentido o ha consentido a nuestra razón acceso a esa dimensión superracional que ha estado gravitando cuantitativamente sobre todas las culturas suscitando el fraguado de sus mitologías, aunque por atenerse al *modo* de expresión que pide y revela la *uniquidad* de su esencia cualitativa, sólo haya descubierto su verdadera realidad a través de *una*. Advertiremos que se trata precisamente del mismo Ser, ahora manifiesto en la pantalla racional, que le hizo a Pascal renegar de la bidimensionalidad cartesiana para prorrumpir una noche por ello famosa que, muy notablemente, era la del 23 de noviembre, celebrándose, según expresa en su *Memorial,* la festividad del fundador de la Iglesia de Roma, ese san Clemente papa contra quien se asesta el *Apocalipsis:*

FUEGO

«Dios de Abraham, Dios de Isaac, Dios de Jacob» no de los filósofos y de los sabios.
Certidumbre. Certidumbre. Sentimiento. Gozo. Paz.
Dios de Jesu-Cristo.
....

Consecuencia de todo ello es que los acontecimientos esenciales nos precipitan hoy a una situación de Cultura Universal más allá del Catolicismo histórico que, en cuanto institución aparatosa de dominio, está llamada a desintegrarse («Salid de ella, pueblo mío». *Apoc.* XVII, 4). En efecto, el desliz de la creación histórica nos remite hoy a este estado de Espiritumanidad o Cultura Unica cuyo punto focal de iniciación parece ser América, y en el que sueño y realidad, o sea, la sustancia simbólica del Mito que nos ha envuelto placentariamente en su nube subjetiva durante siglos de dormición —como Adán—, y la realidad de la existencia extrovertida se unifican en una nueva Humanidad, creando aquella situación que Novalis adivinó ciento y pico de años antes que el Surrealismo y cuánto más certeramente: «Llegará día en que el hombre no cesará de estar despierto y dormido a la vez». He ahí el «Paraíso» tan suspirado —entre otros por el mismo Novalis—; la conjunción de lo divino y de lo humano, de la Imaginación creadora en su esfera absolutamente trascendental, y de la razón. El triunfo por partida doble del Absurdo.

En virtud de lo cual y de que el movimiento se demuestra andando, nos sentimos autorizados a terminar esta respuesta diferida con la misma pregunta con que dimos fin a nuestro incriminado *Surrealismo* después de analizar el caso Brauner: Todo ello, decíamos, «¿no demuestra auténticamente, mejor que cualquier otro género de consideraciones, que aquí en América tenemos *ya hoy día* siquiera un pie en el mundo poético de la Realidad?».

FIN

Sólo dos testimonios.

«La conciencia occidental no es en modo alguno conciencia universal; es un factor condicionado históricamente y limitado geográficamente, representativo de sólo una patre de la humanidad» (KARL JUNG, Commentary on «The Secret of the Golden Flower», *in fine*).

«Recientemente le interrogué [a André Malraux] acerca del sentido cabal de su reflexión y entonces me replicó: «El hecho principal de nuestros tiempos es la muerte de Europa, y esto no lo puede evitar ninguna futura corriente revolucionaria. Cuando yo tenía veinte años, los Estados Unidos tenían aproximadamente la posición del Japón hoy, en términos de su importancia mundial. No era todavía un super poder. Europa era el centro de todo y la superpotencia era el Imperio Británico.

Pero ahora todas las fuerzas dominantes en el mundo de hoy son extrañas a Europa. La mayor potencia la constituyen los Estados Unidos, y luego le sigue la Unión Soviética. Como factor de poder, Europa, virtualmente, ha desaparecido, y este cambio se ha operado en un tiempo sorprendentemente breve.»

(Del artículo *Visión de Europa a largo plazo,* de C. L. Sulzberger, del «New York Times», reproducido en «La Nación», de Buenos Aires, el 1 de febrero de 1972.)

POST SCRIPTUM

André Coyné acaba de añadir un segundo volumen a su estimable bibliografía vallejiana (*César Vallejo*, Buenos Aires, Nueva Visión, set. 1968). Con dudoso miramiento a la respetable edad de mi *El Surrealismo entre Viejo y Nuevo Mundo*, ha vuelto a traerlo por los cabellos en una de sus páginas (180-81). Y lo ha hecho sin indicar su fecha de aparición ni advertir que se trata de una tesis *poético-cultural* con miras al futuro americano —de la que disiente—, donde a Vallejo muy apenas y de pasada se le cita.

En cambio, son muchas las veces que en el texto y en las notas de su nuevo libro ha estimado Coyné oportuno pronunciar mi nombre y otras las que ha utilizado elementos de mi contribución al conocimiento de la vida y de la obra de Vallejo sin declarar su procedencia. ¿Me atreveré a insinuar que no siempre es del todo acertado y justo el modo como se ocupa de mí? El improbable lector a quien interesen tales naderías habrá de averiguarlo por sí solo. Personalmente me limitaré a facilitarle una pizca de información a fin de que juzgue si la crítica de Coyné se encuentra siempre a la altura de sus credenciales académicas.

Con referencia al poema XLVII de TRILCE, «Ciliado arrecife donde nací»..., el autor empieza por aceptar como válida la brevísima explicación de sus primeros versos, que esbocé al discutir en *Aula Vallejo* uno de los desvaríos de la «crítica» de Xavier Abril (n° 5-6-7, p. 253).

> Ciliado archipiélago, te desislas a fondo,
> a fondo, archipiélago mío!

El poeta, decíase, se refiere al «arrecife» de su pueblo, Santiago de Chuco, y al «archipiélago» familiar que se «desisla» y se va «a fondo» una vez disuelto el vínculo de la madre. Pero Coyné toma de inmediato pie en las «islas» para proceder contra ciertas alusiones al poema I del mismo TRILCE, que hice muy levemente en el «Correo Vallejiano» (*Id.* p. 427), donde en respuesta a una pregunta di a entender que no me parecía del todo satisfactoria la interpretación que de él ha hecho Coyné en su primer libro (p. 82) —y sobre la que ahora insiste—. Coyné había sostenido, en efecto, que «*el segundo verso del poema* [se] *relaciona con una actitud corpórea determinada*: *el hombre está tomado en el acto humil-*

273

de (?) *de defecar*: *Trilce I es un poema de la defecación trans-
puesta en términos universales, cósmicos».* Recordaremos que
los dos primeros versos del poema I son: «Quién hace tanta
bulla y ni deja // testar las islas que van quedando». ¿Sería
inoportuno invitarle a Coyné a que nos explicase cómo ese segundo verso de las «islas» se relaciona con semejante actitud
corpórea?

Día llegará de exponer por qué puede juzgarse insuficiente
esta exégesis de Coyné —compartida por Espejo Asturrizaga
de quien quizá provino la especie rodando por vía oral —frente
a otra bastante más complejamente significativa y por lo
mismo más propia de la genialidad de Vallejo y de la trascendencia humana de su libro. Pero no es esto lo que interesa
ahora, sino la nota con que acompaña las censuras que me des-
tina a causa de que mi rápida interpretación del comienzo de
TRILCE XLVII no explique —no se piense que él se anima
a hacerlo— «por qué Vallejo convierte en 'arrecife' el valle
santiagueño (...) y en 'archipiélago' a los miembros de su familia (33)».

> 33 ¿Cree, por ejemplo, Larrea, que la misteriosa
> asociación «*ciliado* arrecife / *ciliado* archipiélago» que-
> da totalmente esclarecida cuando al lector que pre-
> gunta ¿por qué ciliado?, se le responde: *porque ceja
> significa figuradamente la parte superior o cumbre
> de un monte o sierra?* ¿No incurre aquí el autor de
> *Considerando a Vallejo* en una de esas confusiones
> aclaratorias que con sobrada razón censura en Abril?
> «Ciliado» no tiene que ver con las «cejas» del ojo ni,
> por lo tanto, con las del monte, sino con las «pesta-
> ñas», y sustituir sin explicación alguna «pestaña» por
> «ceja», resulta algo aventurado. La simbología poética
> no condice con semejantes aproximaciones y sería me-
> jor, a veces, no querer *aclarar* a toda costa los elemen-
> tos de un poema... (pp. 184-85).

Al expresarse de este modo, atribuyéndome propósitos no
muy fáciles de probar, Coyné no razona, evidentemente, en el
español de Vallejo, sino en el francés de su infancia. En francés, en efecto, la dicción *cilium* que en latín significa «el borde
del párpado superior; párpado», ha dado lugar a *cil,* «pestaña»,
con su derivados. Así, por ejemplo, en un libro en prosa de
André Breton se lee el siguiente alejandrino:

le bord de la paupière longuement cilié [68].

Pero cuando se trata de remediar una carencia del latín, la española no es una lengua supeditada al genio de la francesa. En español la evolución fonético-semántica ha respondido al libre arbitrio de nuestra peculiaridad. Ni el más deslenguado aprendiz de filología romance se aventuraría a pretender que nuestra «pestaña» procede de *cilium*. En cambio, *ceja*, sí. *Ceja* viene, por sencillísima derivación lógica, de *cilia*, plural de *cilium*. (Cf. hijo-a, consejo-a, etc.). De ahí nuestro *entrecejo*, proviniente de *intercilium*, que no quiere decir *entre pestañas*, sino que designa ese *entre ceja y ceja* en que, según parece, Coyné me tiene atenazado.

Le bastaba al autor haber abierto el Diccionario de la Lengua Española para no cometer pifia semejante. En él se lee —y pido disculpa por tener que proseguir lección tan párvula.

> *Entrecejo*. (Del lat. intercilium, de *inter*, entre, y *cilium*, ceja) m. Espacio que hay entre las cejas. // fig. Ceño, sobrecejo.
>
> *Ceja*. (Del lat. *cilia*, cejas) f. Parte prominente y curvilínea cubierta de pelo, sobre la cuenca del ojo... // 5. fig. Parte superior o cumbre del monte o sierra.
>
> *Ciliar*. adj. Perteneciente o relativo a las cejas.

Obviamente, en las mencionadas y otras ocasiones en que, en vez de aplicarse a aclarar en lo posible las abstrusas elocuciones vallejianas, Coyné prefiere utilizar la «misteriosa» técnica del río turbulento, no puede decirse que haya estado muy feliz. *Ciliado* nada tiene que ver en español con las «pestañas» y sí con las «cejas», es decir, con la «sierra» de Santiago de Chuco cuyo «arrecife» le fue a Vallejo sugerido, muy posiblemente, por una expresión del poema *Ecuatorial* de Vicente Huidobro, según se indicaba en otro lugar del mismo número de *Aula Vallejo*, de lo que Coyné parece no haberse enterado (*Id.* p. 106). A lo que por sí solas añaden claridad «archipelágica» estas líneas del poema *Telúrica y Magnética* relativas a la sierra «peruanísima» del «cerro colorado», o sea, al paisaje de Santiago de Chuco donde ese cerro se recuesta:

[68] A. Breton, *Les Vases communicants*. Ed. Gallimard, 1955, p. 59.

> ¡Oh campos humanos!
> ¡solar y nutricia ausencia de la mar,
> y sentimiento oceánico de todo! (187).

Mas no se pretendía, a lo que se deduce, practicar con alguna perspicacia la virtud académica de la prudencia, justificando, por serranos, los «ciliados» arrecife y archipiélago en el *sentimiento oceánico* de su autor, sino aprovechar una supuesta oportunidad para equiparar en cierto modo mi análisis y comentarios sobre Vallejo con la crítica de Xavier Abril. Sólo que, como en la explicación del segundo verso del poema I de TRILCE, donde no parece que se peque por omisión de «aproximaciones» abusivas, a Coyné le salió el tiro por la otra punta de la cerbatana. Porque ¿quién de los dos, el autor de *Considerando a Vallejo* o el del reciente libro sobre el poeta, será el que, en el caso presente, se ha manifestado digno rival del «crítico» limeño?

Pero todo ello apronta terreno firme para establecer ciertas conclusiones a las que hasta aquí me había resistido. Que en vista de este último incidente, unido a su actitud en las Conferencias, donde trató Coyné de disminuir de varios modos a Vallejo y a Darío, así como de desconceptuar mis tesis poéticas sobre el porvenir cultural americano, me atrevo a estimar sostenible que las causas determinantes del comportamiento de aquél hacia mí y mis convicciones teleológicas, deben ser:

1. Haberme sentido obligado, por razones extrapersonales, a echarle en cara a Coyné que, en compañía de Georgette Vallejo y, con motivo del autor de TRILCE, procurase desacreditar sin discriminación ni justificación alguna —y contra la opinión documentada de Vallejo [69]— a los intelectuales españoles que lucharon a favor de la República, en el homenaje que en París, Octubre de 1957, organizaron ambos en la revista *Les Nouvelles Lettres* (Ve. Aula Vallejo, 1, p. 76).

2. Haber demostrado, palabra por palabra, que la traducción firmada por los mismos del poema *París, Octubre 1936,* e incluida en ese mismo homenaje, era defectuosa por no haber comprendido sus autores la enjundia poética de la composición. (*Id.* pp. 74-76). En realidad Coyné reconoce tácitamente lo fundado de mis reparos, puesto que no ha opuesto objeción alguna a los mismos.

[69] Vallejo, «Las grandes lecciones culturales de la guerra española», en *Repertorio Americano*. San José de Costa Rica, 27 de marzo de 1937.

3. Razón no menos decisiva para su actitud parece ser también que, en cuanto francés de Europa, Coyné sólo encuentra admisibles aquellas tesis que contribuyan a cimentar la scpremacía de la cultura francesa sobre la aún en cierne de estos países jóvenes. Se explica así el tema intempestivo de su disertación sobre el Surrealismo, con no pocas de sus intervenciones, embellecido el conjunto por la aberración tan sintomática del *ciliado*. Procura de esta manera difundir con motivo y contra Vallejo las «maravillas» del Surrealismo de Breton y hasta las afrancesadas de César Moro, dificultando cuando no impidiendo que prosperen aquellas otras proposiciones imaginativas que tienden a la plena emancipación cultural de Hispanoamérica, con su horizonte universal característico. En suma, con Georgette y compañía, sigue Coyné pensando a Vallejo «a la francesa» y no en la lengua de esa Madre España —su madre verbal— en cuyas manos el poeta encomendó su espíritu.

En la crisis actual de Occidente puede esto último ser uno de los méritos de un celoso funcionario francés, no lo pongo en duda. Mas no será del modo practicado por André Coyné como se contribuirá a fomentar el prestigio de esa cultura en América del Sur, ni a articular un aparato crítico, en el nivel de la interpretación de la «simbología poética», de Vallejo, que impida la formación en estos países de una Cultura original, novísima.

Córdoba, 24 nov. 1968

INDICE

VISOR

COLECCION VISOR DE POESIA

1. A. Rimbaud.
   UNA TEMPORADA EN EL INFIERNO.
   2.ª edición. 94 págs.
   Traducción de Gabriel Celaya.
   Prólogo de Jacques Riviere.

2. Tristán Tzara.
   POEMAS.
   Traducción de Fernando Millán.

3. E. E. Cummings.
   POEMAS.
   2.ª edición. Bilingüe. 112 págs.
   Selección, traducción y prólogo
   de Alfonso Canales

4. A. Blok.
   POEMAS.
   Selección y traducción de Samuel
   Feijóo y Nina Bulgakova.
   116 págs.

5. Nazim Hikmet.
   ANTOLOGIA POETICA.
   2.ª edición. 248 págs.
   Selección, traducción y prólogo
   de Solimán Salom.